祈りの教育者 上代《かじろ》淑《よし》

―示範《しはん》による人間陶冶《とうや》―

齊藤育子［著］

キリスト新聞社

（山陽学園所蔵）

1897（明治30）年　マウント・ホリヨーク・カレッジ卒業時

（山陽学園所蔵）

1915（大正 4）年　校長時代

目次

まえがき

本書は、著者が三〇年来取り組んできた――全国的には必ずしも有名でないが――本質的に卓抜の教育者、上代《かじろ》　淑《よし》（一八七一―一九五九）に関する一連の教育人間学的研究を集成したものであり、全六章から構成されている。

本書の主たる対象である上代　淑なる人物について、先ずここでは簡略に紹介することから始めよう。彼女は、米国初の女子高等教育機関として名高いMount Holyoke Collegeに四年間留学、「理学士」（Bachelor of Science）の学位を得たのち教職に復帰した、当時の日本を代表する最高の女性の一人であった。じっさい大正七年、愛知県会議事堂において、当時名のあった下田歌子と嘉悦孝子に加え、四七歳の上代　淑も交えた「三大女流教育家」の合同講演会が催されたが、それを熱心に聴講した一識者が、最後に登壇した上代が最も信頼すべき教育家である旨を直後に公表している。それほどに彼女は、学識のみならず人格や識見においても遙かに他を凌ぐ、「知る人ぞ識る」稀有《けう》の教育実践家であった。因みに後年、彼女の母校マウント・ホリヨーク大学において、正に聖書に謂う「地の塩」「世の光」として、誠実そのものの教育実践に長年尽力した功績により同校出身の四名の「聖人」（saints）の一人に算えられている。さらに米国最古（一七七六年創設）の大学優秀卒業生たちからなる、権威ある同志的友愛組織〝Phi Beta Kappa〟の会員にも選ばれてもいる。このように、むしろ外国で知名であった上代　淑が、わが国女子学校教育の黎明期にあって、例えば新渡戸稲造から東京女子大学校の創設に当たり、学監として強く懇望されたにも拘らず、最後まで地方都市岡山の「山陽高等女学校」に留まり、実に六五年間も孜々として女子教育に挺身しつづけたのであった。加えて、岡山博愛会や岡山孤児院、岡山教会婦人部をはじめ、YMCA、日本キリスト教婦人矯風会等々での社会教育活動にも熱心に参加し、さらに教会の日曜学校では少年少女たちの優しい教師として、死の直前までひたすら奉仕活動を続けたのであった。

この上代 淑によって典型的に代表されるような、正に「地の塩」に譬えられて然るべき教師たちが、地道に着実な教育実践に勤しんだ結果、近代日本の女子中等・高等教育が発展・向上できたのである。中でも名利を排し、本質的に最も勝れた教育活動に邁進した人物こそ、本書で取りあげる上代 淑その人である。彼女は生涯を通じて目の前にいる生徒一人ひとりに対し、キリスト教的な「隣人愛と奉仕」としての陶治活動に専念した。その私利私欲私心には無縁の、純真そのものの人生態度・生活信条・倫理的信念が、上代から直接に薫陶を受けた当人たちは固よりのこと、その子弟・子女、さらには孫子に至るまで、実に持続的かつ深甚の人格的影響を及ぼした。この〝山陽スピリット〟と賞揚された上代 淑の精神が、世代から世代へと次々に承け伝えられていった奇跡的事実は、まことに瞠目すべき出来事と云ってよいであろう。

このような真正の「キリスト者」であると同時に「教師」としても秀抜であった上代 淑の「人と実践」に関して、あくまで本書では対象その人の「実存的内実」に直かに迫りゆくこと――これが本書全体を貫く基本的な課題意識なのである。それゆえ本書は、上代 淑の単なる伝記的研究でも評伝でもなく、上代の人と思想と実践とに関わる、教育学的探求を意図するものである。それと云うのも、本書の標題からも何ほどか賢察いただけるように、彼女において「キリスト教徒」としての信仰生活と、「教師」としての職業生活とが単に両立しているというだけでなく、寧ろ上代自身の内面で、これら両者が自然に生き生きと一体化した全体的相関を形づくっている点に着目し、その基本的人格特性に筆者が多大の感銘を覚えたからに外ならない。それ故に又、彼女自身の心的実相へと具体的に近づき迫る努力を通じて、究極的には「教育とは何であり、教師とは如何にあるべきか」という根源的な問いを、著者なりに索求しようと志したからでもある。

ところで今述べた上代の性格ないし心性上の特徴は、必ずしも彼女だけの個人的特色というわけではない。その背景には、実に米国一八三〇年代いらいの精神的伝統があったのである。彼女についての研究を進めるにつれ、次第にその人間形成過程の全容も自ずと見えてきたのである。

けれども、そうした諸事情については序章第二節に、さらに第一章および第二章を通じ詳述するので、この「まえがき」では、上代 淑その人も正に最たる代表に外ならない「クリスチャン-教師」という、いささか耳慣れない名辞について一言しておきたい。何故なら、この用語は謂わば本書の〝陰の主題〟とも云うべき中枢概念だからであって、それゆえ全篇いたる処に登場してくる筈であり、それだけに――たとえ一般的・抽象的であっても――この最初の段階で、「クリスチャン-教師」と呼ぶ人々に特有の心的構造連関について、読者の方々に一応の予見を得ておいていただく方が、向後の各章各節における、それぞれ具体的な事例に即した文脈の中で、その生きた内的意味合いが了解され易いように思われるからである。

さて、つい先ほど指摘した上代 淑の人格上の特質と同種・同系の、ある独得な気質ないし風儀を有する――性別も国籍も無関係の――教師たちのことを、本書では総じて「クリスチャン-教師」と表記することにしている。その際の〝半角ハイフン〟の含意は、ごく単純化して云えば要するに、一方における「キリスト者」としての心情と、他方の誠実な「教育者」としての陶冶意志との本質的・必然的な相即性ないし相関性を、敢えて視覚的に表示するための符号なのである。そこで、「クリスチャン-教師」の人格内裡で生起する特徴的動きについて、――いささか分析的に整理すれば――次のように表現することも可能であろう。すなわち、キリスト者としての醇乎たる心情の内実である「神への祈りと愛と感謝、そして帰依・奉仕・恭順など」が、翻って直ちに神意に副うべき実践課題として意識され、それが「隣人への愛・善意・親切・奉仕・思い遣り等々」の徳性を誘発し、それらが具体的・現実的形で発現される時、必然的にそれは他者への、とりわけ年若い世代に対する「魂への善き配慮・面倒見・指導」に外ならない〝人間性陶冶〟の活動へと転化することとなる。しかも、このような実践的次元の尊重・重視に際しては、いま摘記した心的諸契機に加えて、更にそれらを背後から保障・補完する「勇気や志操や情熱・憧憬など」といった「人間らしく生きる力」としての諸情感も、「クリスチャン-教師」特有の「人となり」を十全に構成すべき不可欠の要件となるであろう。こうした内的諸要件が全て生き生きと統合化され、一個の人格的全体として力動的な有機的相互連関が形づくられているのである。こうした特徴的な心的様態に認められる宗教性と陶冶性との自然な相関を成立させる根本的動機こそ、実は実践性を尚ぶピューリタニズムの伝統的〝エートス〟(倫理的人生態度)にあった、と云って間違いないであろう。

そして、そのような独自の気質ないし風儀を有する「クリスチャン-教師」たちの嚆矢と目される最も著名な人物が、先に触れた米国初の女子高等教育機関を創設したMary Lyon(一七九七-一八四九)だったのである。かてて加えて、本書のヒロイン上代 淑は、少女期よりM・ライオンの伝記に強く惹かれ、やがて長じてから一旦教職を中断してまで、予て私淑・傾倒してやまなかったライオンが創ったマウント・ホリヨーク大学に留学し、見事優秀な成績で卒業を果たした後、筋金入りの「クリスチャン-教師」として再び山陽女学校に復帰したのであった。その時、淑の胸には密かにM・ライオンの陶冶理想を、日本人教師として自ら引き継ぐだけの確たる覚悟が出来ていた。その間の彼女の内なる真剣な思いの仔細については、第2章第3節に見られる通りであり、帰国後の彼女による教育実践の諸相については、第三・第四章の各節を通じて論究する予定である。

上代 淑は、たしかにライオンから直接に薫陶をうけた訳ではない。したがって客観的事実としては、「ライオンの娘たち（Lyon's daughters）」の一人とは呼べないけれども、しかし精神的には明らかに、ライオンの〝衣鉢〟を自覚的に受け継いだ稀有の「クリスチャン-教師」であった。こうした比較教育史的〝事実〟も、本書によって皆様方に了知していただけるなら、著者として望外の喜びと云わねばならない。

ところで「クリスチャン-教師」の内面では、総じて「宗教的実存」と「陶冶的・教育的な実存」との緊密な有機的相互連関が生起しているであろうことは、上述の通りある。その本質的な特徴を解釈するに当たっては、まず対象者をめぐる個々の具体的な諸事例を慎重に検討・確定した上で、それらに基づき更めて、当人の人格的構造全体に考察を集中するのであるが、その過程で用いるべき基本的方法ないし手法についても、予めこの「まえがき」の中で説明しておく方が望ましいであろう。

本書に登場するのは、上代 淑をはじめ殆ど女性「クリスチャン-教師」であるが、――先に示唆しておいたように――彼女らの胸中で揺るぎなく形づくられている独得な精神構造に、直に接近・肉迫することが本書の課題であった。重複を厭わず敷衍するならば、彼女らが抱懐する生き生きした「クリスチャニティ（Christianity）」――キリスト者としての実践倫理的な心ばえ・信条・生活態度・人生観など――が一方にあり、他方には自他の人間的陶冶を旨とする「教育者」の真骨頂が――すなわち、とりわけ年若い隣人たちに対する「魂への善き配慮」によって、例えばM・ライオンが常に強調してやまなかった〝気高い独立・自律〟（noble independence）の心術などを、真心こめて啓培しようとする願望――が明確に存在しており、その双方が基本的にピューリタン的「責任倫理」（M・ウェーバー）を媒介動機として、分かち難く統合化されているところに、独得のダイナミックな人格的特質が自ずと成立している。その力動的な心的内実に直かに近づくことが、すなわち本書の本来的課題なのであった。

　してみれば、その課題遂行にとって適切妥当な手法とは、どのようなものであるべきか著者として入念に検討した結果、M・J・ランゲフェルドやO・F・ボルノウが説く所謂「解釈学的教育人間学」の方法に倣うことが最も適当と判断したのである。それと云うのも、ここに謂う〝解釈学〟（Hermeneutik）とは、必ずしもフッサール流の学理論を指すのではなく、寧ろそれは、解釈する主体自身が自らの「直覚」力を頼りに、対象の内奥に深く立ち入り〝内側から〟（von innen her）、その生き生きと作動している心的特性を、「人感的・共感的（empathisch）」に洞察する遣り方を意味するからである。

　さて以上で、本論への謂わば〝序奏〟としての「まえがき」を終えるに当たり、上代 淑という人物における実存的内実の変化について、一言つけ加えておきたい。確かに淑が胸中に宿す理想は、一貫して「クリスチャニティ」を中核とする人間であろう。ただ、上代が他者に対する応接の具体相を知れば識るほど、彼女の実存的・人格的在り様に関して、次のような実感を禁じ得ない。

　四年間の留学生活を終えて教職に復帰し、真摯な「クリスチャン-教師」として多様な体験を重ねた上、いよいよ校長職を引き受けた後の淑は、所謂「福音主義」の狭い枠を超え出て、「人間存在」として一層の円熟味を具えた、実に大らかで寛やかな、清々しく温かく優しい〝朗達〟な心情の持ち主へと変わっていったように見受けられる。その微妙な変化は、端的に「教育法」というよりは、その根底にある「人間陶冶」

への基本姿勢にも自ずと反映されているのではないだろうか。理念や理想を大上段から教え込むのではなく、生徒をはじめ多くの隣人たちに対して常々日常生活の具体的場面に即して、それぞれの必然性の中で自己自身の善意そのものの行為・行動を率直に呈示し、それを他者が「お手本・模範」(exemplar)として見倣い、自律的に自分を立て直すのをひたすら祈り待つ——そのような人間性陶冶の本道を志し願っていたように思われる。

そうした上代校長の人間として清々しく晴れやかな人柄のゆえに、彼女が行く先々では人々がすっかり心安らかになり、幸せな気分に浸りつつ心を開くと同時に、心底から彼女に信頼を寄せる結果となる。このような寛大で親切な晴朗性(serenity)が、壮年期以降の彼女の最も素晴らしい人間的魅力と云ってよいであろう。その醇篤な善意、晴朗な心ばえ、度量の大きさ等々、すべての美徳・美質の究極的源泉こそ、人間を遙かに超えた絶対的存在への、すなわち神に対する上代 淑自身の、限りない愛であり、感謝であり、そして祈りであったと云えよう。

さて以上をもって、予備的考察としての「まえがき」は終えることとし、以下全篇六章のご照覧を心から懇請する次第である。

序　章　問題意識の所在

第1節　課題の設定

本書で取り上げる上代《かじろ》淑《よし》（一八七一―一九五九）は、現在までのところ教育史上においてもキリスト教史上においても、全国的には無名の人物である。この世俗的名利への無頓着ゆえの無名性にこそ、実は教育者としての彼女の真骨頂を見出し得るのであるが、その点については、後に改めて主題的に論ずるとして、先ずは、本書を通じて多角的に明らかにする上代淑なる人物が、教育者としてまたクリスチャンとして、いかに傑出した人物であったかを端的に示すエピソードを、取りあえず三つ掲げることから始めたい。

一つは、大正七（一九一八）年、新渡戸稲造が東京女子大学校の創設に当たり、学監候補者として強く希望していた一人が彼女であったことを示す、次のごとき断言的な言葉が伝えられている。「キリスト教による女子の高等教育の任に当り得る人は、現在、関東においては安井てつ女史、関西においては上代淑子《ママ》女史のほかにない[1]」と。二つには、同じ年、名古屋の金城女学校主催によって開かれた大正天皇即位第6回御大典記念講演会に、下田歌子、嘉悦孝子と並ぶ「三大女流教育家」として招かれたさい、上代が愛知県議事堂で行った講演について、当時の名古屋新聞主筆、長野浪山なる人物が次のように絶讃している署名入り記事である。「精神教育家としての権威が現はれて崇高なるものがあつ《ママ》た。……私は三女史中上代女史の熱誠の溢れた話振りには特に敬意を表せざるを得なんだ一人である。我名古屋市にも斯《こ》んな女子教育家が欲しいと想いながら同女史の講話を謹聴したのであった」[2]と。そして三つには、上代が留学した米国の名門女子大学、マウント・ホリヨーク・カレッジ（Mount Holyoke College）において、実に卒業後九〇年を経た一九八九年一〇月二九日に、大学チャペルの説教で牧師エレノア・マクローリンが、帰国後の山陽女学校における淑の長年にわたるキリスト者としての誠実な教育実践を顕賞し、「マウント・ホリヨーク出身の四人の聖女たち（four Mt. Holyoke Saints）」の一人に算えて大いに讃ている[3]ことである。

このように、本書で考察しようとしている上代 淑は、単に地方都市の岡山で尊敬を集めた教育者というだけでなく、当時の日本において、その学識のみならず人格・識見においても、正に「知る人ぞ識る」最高水準の教育者の一人であったのである。加えて、わが国のみならず、米国初の女子大学として声名高いマウント・ホリヨークにおいても、創設者「メアリー・ライオンの衣鉢を継ぐ娘たち」（"Mary Lyon's daughters"）の代表格の一人として、今なお大きな尊敬を集めているのである。

けれども、そのような彼女の外的な評価が必ずしも本書の狙いではない。むしろ、上述のように内外の賞讃を克ち得た上代 淑とは、いったいどのような人格の持ち主であり、教育者としての彼女の内的特徴はいかなるものであったのだろうか。つまり、端的に表現すれば「クリスチャン‐教師」としての上代 淑の「人と実践」について、内在的研究を進めること――これが本書全体を貫く基本的な課題意識に外ならないが、その一端を垣間見るよすがとして、次に極めて印象深い一つの書簡を紹介してみたい。幼少期に「サンヨー

サンヨー」という母の口癖を訳もわからず真似ていたという、ある卒業生の子息が、医師として成功を収め古稀の齢に達したのを機に、母の母校たる山陽学園の同窓会に寄付を申し出た際の書信の一節である。「亡き母の一生を支えた山陽の誇りの高きを思い　その偉大さに敬意を表します。私は　その誇りと共に厳しく正しく生きた母を誇りに思って居ります。それが又私の生き方に大きく影響していますので　深い感謝の念を禁じ得ません。立派な教育というのは受けた人のみでなく、その子弟にまで影響するものと思われます。有り難いことです[4]」と。この感動のこもった書簡中にある「サンヨー」ないし「山陽」とは、云うまでもなく形式的には山陽高等女学校[5]であるが、内容的には同校を名実ともに代表する中核的人物を指すであろう。すなわち、多くの卒業生たちから「山陽の宝」と慕われ讃えられ[6]、全生涯を同校に捧げ尽くした上代淑、その人である。文中から迸り出る感動と感謝の念は、上代の薫陶を受けて「厳しく正しく生きた」母の人生態度が、寄付者自身の生き方にも多大の影響をもたらしたという点に由来する。自己の生涯を顧みたとき、母と同様に能く厳正な人生を辿り得たという矜恃と共に、そうした生き方ができた自らの人生そのものに対する感謝の念が生じ、翻ってそれは、実母に対するそれのみならず、さらには、その母を教え育んでくれた山陽高等女学校、とりわけその中心たる上代淑の偉大な陶冶力への敬意と感謝に連なっている。非凡な人物による強烈な感化力ないし人格的刻印力は、正にこのような濃密な人間関係の連鎖において、脈々として世代を越えて持続されるものなのであろう。

後続の諸章を通じて詳述するように、上代は常づね教え子たちに対し、「人は何のために生れてきたか[7]」と問いかけつつ、偏に「ひとを喜ばす為に生きましょう。これが、一番尊い生き方です[8]」と諭し、じっさい彼女自身も身を以てその言葉通り実践し続けたのであった。キリスト教信仰に生きた上代の生活は日々実に多忙であったが、生徒たちは起居を共にする同じ生活空間の中で、折りに触れて目の当たりに観ることが出来た。その上代の日常的行動を通じて、彼女の生活態度、信条、価値観、信念等々、要するに彼女自身の人生に対する姿勢そのものが、多感な思春期を過ごしつつあった生徒たちの内面に、どれほど深く浸透していったかは推して知るべきものがあろう。事実、この二〇年らい筆者が続けてきた、多数の上代の教え子たちに対するインタヴューからも、それは如実に感得できるところである。「恩師上代 淑先生の想い出話を聞かせて頂きたい」との申し出に対して、例外なく誰もが心から喜んで応じてくださったばかりでなく、初対面とは思えないほど親身なお心遣いを数々頂戴して今日に至っている。遙か以前の少女時代の話を、まるで昨日の出来事のように嬉々として語り聞かせてくれた彼女たちの「先生」の姿は、それぞれに場面は異なっていても、一貫した確乎たる上代 淑像を筆者に与えてくれている。というのも、想い出話をする教え子自身が、まるで上代その人であるかのような錯覚に陥るほど、彼女たちが間違いなく「上代の娘たち」であることに気づかされたからである。教え子たちが異口同音に、先生と一緒にいるだけで「まるで母親に抱かれているような温かさ」を感じたといい、恩師の姿をあたかも目の当たりにするかのように、数々の具体的場面での訓え一つ一つを、老齢になってもなお声に出してそらんじ、しかもそれを、見事に拳拳服膺して生きている上代の「娘たち」の活き活きした言動は、真実の教育とは正にこのような熱い人間的実質をもたらすものかという強烈な印象と感動を、第三者たる筆者にも与えずには措かなかった。ましてや、このように上代 淑の教訓を身に体した母親から、日々手塩にかけて育て教えられた上記医師が、どれほど深甚な人格的影響を受けたかは測りしれないものがあると云えよう。そして、このような事例は決してこの寄付者独りにとどまるものではなく、多くの卒業生とその係累に共通するものであることは、後続の諸章に見る通り、幾多の証

言から明らかなところである。(9)

さて、「受けた当人のみでなく、その子弟にまで」人格的影響を及ぼした上代 淑の教育の秘密を探ること、別言すれば、上代 淑という卓抜な教育者の「人と実践」について具に吟味すること——これこそ、後に続く各章を通じて究明すべき本書の課題である。けれども、それに先立ち若干の予備的考察が必要であろう。すなわち、多数の卒業生を通じ世代を越えて強力な内面的形成力を発揮した非凡な教育的個性たる上代 淑とは、いったいどのような生い立ちの人であり、どのような人間形成のプロセスを経た人物であったのか。また彼女が生涯教育実践の場として選んだ「サンヨー」とは、当時の明治期の教育状況において如何なる類いの女学校であったのか。次に、これらの諸点について、第1章以降の行論にとって必要最少限の知識を予備的に提示しておかねばならないであろう。というのも、先に触れた通り、上代 淑に関する信頼に足りる伝記や纏まった先行研究は皆無に等しく、(10)これまで彼女は殆ど無名の教育者のままだったからである。

第2節　上代 淑の生涯と山陽高等女学校

筆者が正確を期して二〇年らい調査・作成してきた年譜については、本章の末尾に掲げるとして、ひと先ずここでは、上代 淑の略歴とその生涯の活動拠点であった「サンヨー」について簡述しておこう。淑は一八七一（明治四）年六月五日、愛媛県松山市三番町に父知新《ともよし》、母さいの長女として生まれた。上代家はもともと松平家の家臣であったが、キリスト教信仰の関係で家族そろって大阪に転居し、梅本町教会で新島襄から受洗した父は、後に按手礼を受けて牧師になっている。この父も創設者の一人であったキリスト教主義の梅花女学校（現在の梅花学園）の小学科に、八歳で入学した淑は一三歳で本科に進学、一八歳で同校を卒業した。その間彼女は、成瀬仁蔵、沢山保羅をはじめ宮川経輝や米国からの宣教師デフォレスト（J. H. DeForest）、さらには多くの婦人宣教師たちからも愛され、生家において培われていた信仰をより不動のものにした。卒業と同時に、岡山の山陽英和女学校に教師として招聘され、以後、米国初の女子大学であるマウント・ホリヨークへの留学期間を除いても、およそ六五年の長きにわたり同校の教育に力を尽くし、うち約五〇年間は校長職の重責を担った。その間、岡山博愛会や岡山孤児院、岡山教会の婦人部をはじめ、YMCA、日本キリスト教婦人矯風会等々における各種の社会教育活動にも参加し、また日曜学校の教師としても、死の直前まで誠実に撓まざる奉仕活動を続けたのであった。

上代が生涯を捧げた「サンヨー」、すなわち山陽英和女学校は、明治期に創建された多くのプロテスタント系「キリスト教主義女学校」[11]の中でも、とりわけ「日本人による独立自給」を望んだ米国最大の伝道団体アメリカン・ボード（American Board of Commissoners for Foreign Mission）と、日本側における「自治、独立、自給」を旨とした日本基督教伝道会社とに深く関わって設立された、純粋に「自給」主義の女学校であった。[12]同校は完全に「自給」（self-support）の原理に拠るキリスト教主義女学校であったため、アメリカン・ボードからは、教師として派遣される宣教師たちの人的援助のみで、いわゆるミッション・スクールにおけるような資金的援助は一切受けていなかった。そのため、経営難に陥ることも屢々であった。しかし同校は、明治三一年一〇月一五日に高等女学校としての認可を受け[13]、翌三二年の六月には岡山県から初めて補助金を受けるに及んで[14]経営難からは一時的に脱却できたものの、同時に、文部省訓令第一二号の「学校における宗教教育の禁止」規定を守らざるを得なくなった。それ以降、現在に至るまで同校は、表面上・形式上はキリスト教主義の女学校ではなくなったのである。けれども同校では、「クリスチャン・教師」上代淑の実践を通して、実質的にはキリスト教精神を基盤とする一般的人間教育が脈々と堅持されていったのである。というのも、淑は一八歳（一八八九年）から八八歳（一九五九年）までの全生涯にわたり、現役の教師として同校の教育実践に文字通り献身しているからである。

ところで、明治以降のわが国女子教育の発展を顧みるとき、とりわけ明治前半期に創設されたプロテスタント系の「キリスト教主義女学校」が果たした役割を見過ごすことはできない。というのも、これら草創期のプロテスタント系女学校は、公立系の女学校が整備されるまで、女子のための中等教育機関としての役割をほぼ全面的に担っていたからである。のみならず、これらの学校からは所謂「近代的女性」が、すなわち、一個の人間としての尊厳を自覚し、独立心をもって自ら考え自ら判断し、かつ自らの責任において行動する先駆的女性が多数輩出されており、この点も見過ごすことの出来ない理由として挙げられ得るからである。これらプロテスタント系女学校出身者のなかには、禁酒運動や廃娼運動など社会改良への道に進んだものや、学校教育ならびに社会教育の面での地道な活動を通じて、より一般的な女性の地位向上に貢献したものが少なくない。わけても、教員養成制度が整備され確立されるまでの間は、卒業後母校に教師として奉職したり、同系列の学校に赴任したりしたものが多く、在任期間の長短にかかわりなく献身的な働きをしている点は注目に値する。(15) このような教員が生みだされた理由としては、もともと「キリスト教主義女学校」が多かれ少なかれ女教師の養成を意識していたこと、そしてそれとの関連で、「給費生」の義務として卒業生が教師となったケースが多々あったことがまず考えられよう。また、所謂「鹿鳴館時代」（明治一六―二二年）に入り、欧化の風潮とともにプロテスタント系キリスト教主義女学校（以下では、便宜上これを、単に「キリスト教主義女学校」と略称）が続々と設立され、これに伴って起った教師不足も理由の一つに算えられよう。だが、理由はともかくとして、キリスト教主義女学校から、優れた女性の「クリスチャン-教師」が多数輩出された事実は、疑いもなく日本の近代教育史上特筆すべき出来事であった。

上代 淑も、こうしたキリスト教主義女学校出身の最も優秀な教師の一人であった。総じて彼女たちに共通する特徴ではあるが、上代も神の召命に応えて自らの「天職」（calling）として教職に就き、教育実践に生涯を捧げたのであった。ただし、彼女が山陽高等女学校で実践した教育は、決して狭い教条主義的なキリスト教教育ではなかった。もっと広い、人間性の全体を陶冶する「リベラル・アーツ」（Liberal Arts）としての教養教育が主眼であり、より普遍的な人間教育が目指されていたと云ってよいであろう。そしてその点で特に注目すべきは、なんと云っても、幼少期から青年後期まで直接・間接に受けた「マウント・ホリヨーク」からの測り難い精神的影響であろう。二二歳の淑が四年間学んだ留学先がマウント・ホリヨークであったことは先にも触れた通りであるが、そこに至る成長期に学んだ梅花女学校も、実はマウント・ホリヨークをモデルに設立され、教育活動も当初から同校の出身者らによって主導されており、少女淑の心に同校創設者メアリー・ライオンへの強い憧れを芽生えさせたのも、恐らく彼女らによる感化の一端と見て差し支えないであろう。(16)

そもそも、明治期のキリスト教主義女学校の設立・運営にも、またそこでの教授活動にも、直接携わったのが米国の婦人宣教師たちであったが、彼女たちの多くは、当時最も先駆的でハイレベルの女子高等教育機関であったマウント・ホリヨークの出身者であった。(17) 同校の出身者たちが及ぼしたわが国女子教育への影響については、すでに平塚(18)によって指摘され、秋枝、碓井、(19) 岡本各氏らによって種々の角度から分析されている。特に秋枝氏は、明治二二年の活水女学校（現、活水学院）と初期のマウント・ホリヨークの教科目を比較・分析し、これを通じて両者の緊密な関係について論考しており[20]、また、岡本氏も、神戸英和女学校（現、神戸女学院）に奉職したマウント・ホリヨーク卒業生による理科教育や英語教育における功績を指摘し、教科教授面での両者の密接な関係を考究している[21]。なお、筆者自身の研究に触れるならば、明治一八年に創建された金沢女学校（現、北陸学院）が、米国で「西部のマウント・ホリヨーク」と評されている[22]「ウエスターン・フィーメル・セミナリー」（Western Female Seminary）をモデルに設立された、謂うなれば従妹校であることを論じたことがある[23]。

けれども、この米国きっての女子教育の名門校が、「高潔な独立心」（noble independence）をモットーに設立されたことは広く知られているものの、そのそもそもの教育理念は如何なるものであり、創設者メアリー・ライオンが当初より養成しようと志していた理想の教師像とは、具体的にどのような内実のものであったのかについては、筆者の旧稿[24]を除けば、残念ながら信頼するべき先行研究は見当たらない。この点を明らかにするには、幸いにも筆者が発掘できた――同校創設に当たってライオンその人が書き下ろした最終的募金趣意書と目される――第一次資料の分析が不可欠であろうが、詳しくは次章での考察に譲るとして、ここでは取りあえず、上代淑もその一人であったキリスト教主義女学校における「クリスチャン・教師」の「原型」として、初期のマウント・ホリヨークが陶冶理想として掲げていた教師像について予め簡単に触れておくことにしたい。すなわちそれは、米国内は固より海外においても立派に活躍できるよう、まずもってキリスト教信仰をバック・ボーンとする豊かな教養の持ち主であると同時に、近代科学を中心とする専門的知識と実際的諸技能をも具え、かつ心身ともに健康な女性教育者だったのである。

このような教師の養成を主目的とするマウント・ホリヨークでの四年間にわたる学生生活は、豊かな知性と感受性にめぐまれた若き上代 淑の人格形成に深甚な影響を及ぼしたであろうし、また翻ってそれが、帰国後の彼女の教育実践に直接・間接に反映するところ極めて大だったであろうことは、十分予想されるところである。そうだとすれば、以上を通じて次のように考えることができるであろう。すなわち、若き日の淑は少女期にも青年期にも、一貫して濃密な「マウント・ホリヨーク」の心情と精神的雰囲気の中で成育し、そこから「クリスチャン‐教師」としての基本的資質を身につけていった、正に「申し子」的存在であったのではないだろうか。

第3節　本研究の意図と基本的方法に関して——若干の原理的省察

概ね以上のような問題関心のもとに、本書では上代 淑という——全国的には無名ながら、近代日本の女子学校教育の黎明期にあって、あくまで地方に留まりつつその発展・充実に文字通り粉骨砕身した——稀有の教育的個性における人と実践について、掘り下げた考察を進めてゆきたいと念じているが、それに先立ち、まずは筆者としての基本的立場を明らかにするため、本研究の意図や方法に関して、ここでは原理的観点から若干の予備的考察を試みておこう。

一般に教育の歴史的研究に取り組むばあい、しばしば卓越した「教育的天才」とも呼ぶべき少数の人物に関心を向けざるを得ない。しかし、それは——従来行われてきたように——ソクラテス、ペスタロッツィ、フレーベル等々といった、教育史上の超弩級の「偉人」に必ずしも限ることではない。これら巨大な山並の頂きと頂きとの間にあって、本質的に「教育的」な実践者たちにも、今後は肌理細かい解釈学的な「対話」(Dialogos：ロゴスの共有・分有）を試みる必要があるように思われる。このことは、実は「教育」自体の本質に基づく要請なのである。断るまでもなく、教育の対象は単なる科学的な操作の対象ではない。いかなる教育においても大切なのは、先ずもって「人間」そのものであり、人間はどのようにあらねばならないか、人はなんのために生きるのかといった実存的な問いと、教育は常に無関係であり得ないからである。この点に関して、われわれ教育学の研究者は、その対象たる優れた教育の実践者たちとの絶えざる「対話」を迫られているのである。

というのも、そこには、あらゆる歴史的条件からは独立に、直接われわれの心を動かし、魂を揺さぶるものが存在しているからである。われわれに対して、それらは絶えず「現在的」あるいは「同時共働的」な存在として立ち現れてくるからである。ここにおいて、はじめて勝義の「出会い」(Begegnung) が生まれる。そこでは、われわれの営みが絶望的に不十分であるとの自覚と共に、内面の震撼を抑えることができない。こうして優れた実践家は、われわれに「教育」を新たな局面から根源的に見直させ、その視点から改めて教育課題をより深く認識させることになる。これまで自明とばかり考えていたことの迂闊さから、われわれを自覚的に救い出してくれるのである。つまり、教育に対する根源的な目覚めを促してくれる「覚醒者」とよんでよいかも知れない。

ディルタイがかつて「教育的天才たち」(pädagogische Genien) について語った意味[25]は、正にその点に、つまり彼らとの解釈学的な「出会い」ないし「対話」の重要性を具体的に示すにあったと云ってよい。彼らは、日常的にルーティーン化した見方や考え方を打破して、教育的現実 (pädagogische Wriklichkeit) を根源的に見直し、われわれにもそれを迫らずにはおかぬ強いインパクトの持ち主たちなのである。その意味で、地味ながら上代も、「教育的天才」の一人であったと云って過言でなかろう。何故なら彼女も、そもそも「教育とは何か、どうあらねばならないか」という問いを、われわれに新たな根源性の中で問い直させずには措かぬ人物だからである。彼女の教育実践の内実ないし実相に解釈学的に肉迫することを通じて、われわれは〝教育的〟にものを観、捉え、考える力を養い得るのであり、自己自身の努力だけでは到底獲得できない深みにおいて、あらためて教育（学）的な意味連関を会得することが出来るようになるのではなかろうか。そしてそれ故に、また教育責任の意識をもますます深く把握させられる結果となるであろう。

そうした期待をもって、本研究と取り組む所存ではあるが、しかし右に述べたことは、決して容易で単純な事柄ではない。実は、苦労の多い困難な「解釈」（Hermeneutik）[26]を通じて、はじめて人格的・実存的に把握可能な類いの営みであることを、予め重々覚悟してかからねばならない。それには、哲学や教育学の世界で、常々「カントに還れ」とか「ペスタロッツィに還れ」（Zurück zu Pestalozzi !）とか云い慣らわされてきたところの、本源にたえず立ち還りつつ「教育とは何か、いかにあるべきか」を繰り返し追尋しつづける努力が不可避である。それは又しても、人間の本質に深く根差しているからである。けだし人間は総じて、自己の生の最も充実した状態――ここでは、むろん「クリスチャン-教師」の典型である上代淑との「対話」に由る、「教育」のより深い「了解」（Verstehen）そのものに外ならないが――を、いつも生き生きと保持しつづけることは出来ない。われわれ教育に携わる身は、日常の教育実践の中で疲れ、硬化し、頽落し、たえずルーティーンに埋没しかねない。本来的に〝教育的〟でもないものへと堕する危険が、つねに付きまとっている。しかし、だからこそ教育者は、本来的な生き生きした自己の本質を不断の努力によって獲得し直してゆかねばならない。そしてそのための要請が、例えば「ペスタロッツィに還れ」であり、また「上代に還れ」でもあろう。

ところで上代には、先にも指摘したとおり、体系的な著作はもとより、自ら書き残した文章らしき文章もない。自筆のものとしては、雑多な内容が折りにふれ記入されている備忘帳と、再度の渡米中に約七ヶ月間認められていた英文日記のみである。ただし、時に応じてなされた講演、誨告、訓話等々の記録が、主として教師たちや同窓生らの手によって纏められている外、淑が修身の授業中生徒たちに書き取らせた「お守り帳」と呼ばれるノート、更に生徒をはじめとする身近な人々が書き残した、淑をめぐっての各種エピソード、思い出話、感謝や決意などが記された様々の文書や手紙類、そして唯一の出版物である『日めくり』と称されるカレンダーに、一日一語の形で書き込まれているモットー集等々、断片的ではあるけれども、かなりの数が残されている。これらの個別的素材にバラバラに「表出」（Ausdruck）されている彼女の精神ないし内的な「体験」（Erlebnis）をボルノウの謂う「哲学的人間学の方法」（anthropologische Methode）に倣って、全体として意味ある生きた連関へと再構築することで、上代 淑という「人間」とその生涯を賭けた営みとしての教育実践の実相に、可能な限り接近を試みたい。

こうして、筆者は教育に携わる者の一人として、本書では上代 淑との「対話」ないし「出会い」を通じて、教育の根源に迫る努力を重ねることになろう。恐らくそれは、不断に新たな解釈の努力を積み重ねることに依って、世間に流布している浅薄皮相な教育理解に抗し、あらためて自らの実存を賭して克ち獲られるべきものなのであろう。そうしてこそ、ディルタイの所謂「教育の原現象[27]」（Urphänomen）なるものもやがては見出すことが出来るかも知れない。そして、この教育の根源的「了解」が、生きた教育概念として筆者の内面に浸透・定着してゆく時、はじめてそれは、現代における諸々の現実に接近してゆくさいにも、実り豊かな「力」として生きて働く「教育（学）的根本概念」として役立つのであろう。ともあれ筆者は、そのことを密かに願い、かつ心底から祈念しつつ、上代 淑との実存的・解釈学的「出会い」を、後続の各章を通じて繰り返し果たしてゆきたいと思う。

註

（1）松隈俊子『新渡戸稲造』、みすず書房、一九六九年、二二五頁。
（2）長野浪山「反射鏡」、『名古屋新聞』大正七年二月一四日付記事。
（3）Mount Holyoke College Library / Archives 所蔵の資料。Eleanor McLaughlin が同大学の Abby Chapel で、一九八九年一〇月二六日に行った説教（英文タイプ五頁）。この日付については、同資料に二六日とタイプされているものの、筆者が入手した複写には、誰によるかは不明ながら、手書きで二九日と書き込みがなされており、目下のところ確定はしがたい。なお同資料は、淑の孫に当たる当時の東京工業大学教授、上代淑人氏から一九九五年に拝受したものである。同氏もこのエピソードについて、「山陽学園図書館新聞一〇〇号を記念して〈マウントホリヨークの四人の聖者〉――上代 淑先生――」（『山陽学園　図書館新聞』一九九八年七月一五日）と題する一文を草しておられる。
（4）これは、大正五年に山陽高等女学校を卒業した喜多（旧姓、妹尾）慶氏の長男、舒彦氏が平成九年五月一六日付けで、当時の同窓会長中島智恵子氏に宛てて書かれた書簡である。同会長の御好意により、これのコピーを頂戴することが出来た。（一九九七年七月九日）

（5）創設当初は、山陽英和女学校であったが、その後山陽女学校、さらに山陽高等女学校と度たび名称変更が行われているため、本書では便宜上、最も長い期間用いられた校名である「山陽高等女学校」を一般的には用いることとする。

（6）堀 以曽編『上代先生を語る』、山陽学園同窓会、昭和三一年、八一頁。

（7）上代 淑手書きメモ、「岡山医科大学婦人講座講義 Outline〝生活改善〟」（昭和一四年二月二一日付）参照。

（8）昭和一五年入学の三好初美氏「お守り帳」等、多くの生徒の「お守り帳」に書き残されている。本書第4章、第1節参照。

（9）本書、第3、4章参照。

（10）現在までに、上代 淑の生涯を紹介した文献としては、岡山女性史研究会のメンバーで、山陽女子高等学校で長年社会科の教師を勤めた西川 宏氏による「愛と奉仕と感謝――上代 淑」（岡山女性史研究会編『近代岡山の女たち』、三省堂、一九八七年、第二章「教育にささげる女たち」中に所載）がある。これは、短いけれども、山陽学園に残された諸資料に基づく誠実な労作である。また、後に山陽学園大学長となった秋山和夫氏による「山陽学園の教育精神と上代 淑」（唐澤富太郎編著『図説　教育人物事典――日本教育史の中の教育者群像――』下巻、ぎょうせい、昭和五九年所収）と題する簡単な紹介がある。さらに、松本幸子氏による『翠ふかく――上代 淑私伝』（山陽学園、昭和六一年）は、その生涯を描いてはいるのもの、中・高校生を対象とする伝記風の読み物で、正確な資料的裏付けを欠くフィクションと言ってよい。

なお、上代淑自身の書簡や日記、あるいは彼女をめぐる人物や事項に関する研究としては、山陽学園大学による雑誌『上代淑研究』（上代淑研究会編、山陽学園大学、一九九六年―二〇〇二年）が、創刊号から第七巻（以降廃刊）まである。同誌には、個別的な資料に基づく上代淑に関する論文が多々見られるが、いずれも、限られた資料に基づく、限られた視点での、限られた岡山という地域内での研究であって、彼女の人間形成過程はじめ、その教育理念や教育実践の特徴等々、上代淑の全貌を伝えるものではない。

(11) ここに謂う「キリスト教主義」女学校とは、聖書やカテキズムを用いた教義や教理の解釈を専らにする、狭義の「キリスト教教授」の場を指すのではない。むしろ、内外のキリスト者たちによって設立・運営された女子の普通中等教育機関としての女学校の総称である。

カトリック系の女学校は、明治二〇年以降になってようやく設立されたが、その数も同四三年までに合計八校にすぎない。これに対してプロテスタント系の女学校設立数は、明治二二年までに既に五八校を算える。合併・廃校・移転など、それぞれの成立過程が複雑なため、実は数値的統計処理は極めて困難であるが、以下に列挙する先行諸研究や諸資料を照合しながら、筆者ができるだけ正確を期して試算したのが上記の数値である。基督教学校教育同盟編『日本におけるキリスト教学校教育の現状』、基督教学校同盟出版、一九六一年一〇月、四一―五二頁、六五―六七頁。秋枝蕭子「鹿鳴館時代の女子教育について」、福岡女子大学文学部刊『文芸と思想』第二九号、昭和四一年一二月、四二―四三頁。『女学雑誌』第四七〇号、明治三一年八月二五日。手塚竜麿『東京の女子教育』都市紀要九、東京都、昭和三六年一一月、一七二頁。平塚益徳『人物を中心とした女子教育史』、帝国地方行政学会、昭和四〇年六月、一六三―一七七頁。渋川久子・島田恒子『信仰と教育と――サン・モール修道会東京百年の歩み』、評論社、昭和五六年六月、八〇頁。拙稿「明治期〈キリスト教主義女学校〉に対する米国マウント・ホリヨーク・セミナリー出身者の影響――熊本女学校の〈自治自修〉に焦点づけて――」、日本比較教育学会『日本比較教育学会紀要』第一〇号、一九八四年、九三頁参照。

（12）拙稿「明治二〇年前後のキリスト教主義女学校における《自給》（Self-Support）について――山陽英和女学校の場合」、甲南女子大学大学院文学研究科『教育学論集』第二号、一九八二年。

（13）山陽学園『山陽学園百年史』、昭和六一年、五六頁。

（14）山陽学園『山陽学園九十年史』、昭和五四年、四〇頁。

（15）これら女教師の全国規模での総数については、未だ明確にされていない。しかし個別的には、例えば明治八年に創設された神戸英和女学校の初期卒業生について、『神戸女学院百年史　各論』（二〇四―二四五頁）では正確に調査・把握されている。そのほか、同志社女学校については『同志社百年史　通史編一』（一九七九年、同志社）二一七頁、静岡英和女学校については『静岡英和女学院八十年史』（一九七一年、静岡英和女学院）九六頁、北陸女学校（もと金沢女学校、現在の北陸学院）については『北陸学院八十年史』（昭和四一年、北陸学院）六二頁に、そして山陽女学校については『みさお二七回』（明治三七年、山陽高等女学校行餘会）三頁に、それぞれ、初期卒業生のうち教師になった者の数が明示されている。次の表は、筆者がそれらに基づいて作成した一覧である。

女学校名	統計期間	統計期間卒業生総数	教師数
神戸英和女学校	明治一五―二八年	一三三	二七
同志社女学校	明治一五―二七年	七三	一四（五）
北陸女学校	明治二三―三七年	六九	一〇（三）
静岡英和女学校	明治二六―四五年	一一一	二六
山陽女学校	明治二四―三七年	一五五	一四

＊上記の数値に、小学校教師および幼稚園保母等になった者を含む場合は、（　）内にその数を記入した。

（16）これらの点については、いずれ第2章において改めて詳述することにしたい。

（17）Cf. Thomas Woody, *A History of Womens' Education in the United States*, Octugon Books, NewYork , 1974, Vol. I, p.458.

因みに、米国最古で、かつ最大の規模を誇っていた伝道団体「アメリカン・ボード」(American Board of Commissioners for Foreign Mission) の資料によると、一八六九年から一九三五年まで、日本に派遣された宣教師総数は二九九名であるが、うち婦人宣教師は約七一%の二一二名を占めている。彼女らの出身校についてみれば、最上位を記録するのが「マウント・ホリヨーク・セミナリーおよびカレッジ」の二九名であり、これは全体の約一四%にあたる。(Drley Downs, *Outline Annals And Misson Roll of the American Board, 1935,* pp.9-22.)

（18）平塚益徳「女子教育の問題点」、日本女子大学女子教育研究所編『日本の女子教育』、一九六五年、九八頁。

（19）碓井知鶴子「明治前半期のキリスト教女子教育にみる外国文化摂取の一形態」、京都大学教育学部比較教育学研究室『比較教育試論』第三集、一九六九年、四三―四八頁。同氏は、マウント・ホリヨークの日本への影響を二つのタイプに分け、間接的影響の例としては桜井女学校、直接的影響のそれとしては神戸英和女学校と熊本女学校を取り上げて検討している。
（20）秋枝蕭子「キリスト教系女子教育研究のしおり――明治時代プロテスタント系女学校について――」、福岡女子大学『文芸と思想　第二五号　別冊』一九六三年、六〇―六一頁参照。
（21）岡本道雄「近代日本の女子教育と神戸女学院――婦人宣教師の教育活動とその影響について――」、神戸女学院大学百年史編集委員会『神戸女学院百年史　各論』、昭和五六年、二五五―二六一頁参照。
（22）Cf. Nark Nelson, *Western College for Women*, Western College, Oxford, Ohio, 1967, p.87. なお、この Western Female Seminary の創設者 Helen Peabody は、云うまでもなくマウント・ホリヨーク出身者であった。
（23）拙稿「創設期の金沢女学校とアメリカの Western Female Seminary」、甲南女子大学大学院文学研究科『教育学論集』第一号、一九八一年。
（24）拙稿「Mary Lyon の女性〈教育者〉（Educator）の理想像――Mount Holyoke Seminary の『創立趣意書（一八三七年五月）』を中心として」、山梨英和短期大学『山梨英和短期大学紀要』第二三号、一九八九年。
（25）Cf. W.Dilthey, *Pädagogik—Geschichte und Grundlinien des Systems*, Gesammeltc Schriften, Bd. Ⅸ, SS.200ff.
（26）人間を真に理解するには、換言すれば、人間の内的真実としての「体験」（Erlebnis）を「了解」（Verstehen）するためには、対象たる人間の精神、ないし内的「体験」が客観化されて外に「表出」（Ausdruck）されたもの（言語・美術・文学、さらには超個人的な文化の総体としての歴史も）を通して、それらが生み出された元の生き生きと体験されていた精神的内実を、あらためてリアルに把握するという「解釈の方法・術」（Hermeneutik）に依るしかない。つまり、「解釈学」という謂わば間接的な方法によってのみ、人間の理解ははじめて可能になる。――要するに、これがW・ディルタイの説いた「体験―表出―了解」という解釈学的連関なのである。

本書の基本的方法として見倣おうとしているO・F・ボルノウの所謂「哲学的人間学の方法」も、基本的にはディルタイの解釈学に則り、更にそれを具体的に徹底させて、微妙な人間の内面的襞にまで分け入り、人間関係の中で生ずる様々な情感・表情・仕草さをも含む、すべての個別的現象を人間的生の全体の中で解釈し、位置づけ、意味づけようとする方法である。

（27）Dilthey, op.cit., S.201.

上代　淑　年譜

この年譜は、元山陽女子高等学校教諭　西川　宏氏の長年にわたる資料蒐集の成果である「上代　淑先生年譜」（上代　淑記念館発行）を母体とし、筆者が過去二〇年間調査して得た諸資料をも加えて、今回新たに作成したものである。

一八七一（明治　四）年　六月五日　〇歳　愛媛県松山市三番町に、父知新母さいの長女として生まれる

一八七七（明治一〇）年　六歳　梅本町（大阪）教会にてJ.H.DeForestにより幼児受洗（一二月三〇日）※[1]母から祈りを教えられる

一八七八（明治一一）年　七歳　父に導かれ梅花女学校開校式に出席。妹ハナ誕生

一八七九（明治一二）年　八歳　梅花女学校小学科入学

一八八〇（明治一四）年　一〇歳　妹千代誕生

一八八二（明治一五）年　一一歳　成瀬仁蔵、M.A.Doughaday, A.M.Colbyらに学ぶ

一八八三（明治一六）年　一二歳　三―四月落合に滞在、母の看病にあたる。母さい四月永眠

一八八四（明治一七）年　一三歳　宮川経輝のもとで信仰告白（一月六日）※[2]梅花女学校本科に進学

一八八九（明治二二）年　一八歳　梅花女学校卒業。山陽英和女学校教諭に九月就任

一八九三（明治二六）年　二二歳　山陽女学校辞職。Mount Holyoke College 入学
一八九五（明治二八）年　二四歳　ボストンで開催された世界キリスト教共励会に出席
一八九六（明治二九）年　二五歳　Mount Holyoke College で火事にあう
一八九七（明治三〇）年　二六歳　六月 Mount Holyoke College を卒業、帰国
一八九八（明治三一）年　二七歳　山陽女学校教諭に再任。岡山教会婦人会、旭東日曜学校、岡山孤児院、岡山博愛会の事業に参加
一九〇〇（明治三三）年　二九歳　梅花女学校から招聘されるが辞す
一九〇一（明治三四）年　三〇歳　上道郡春季総会で講話「家庭の心得」。女学奨励音楽会参加協力
一九〇二（明治三五）年　三一歳　教頭就任。倉敷聖書懇話会で講演（月一回）、共立絹糸紡績会社の夜学校で修身を担当
一九〇三（明治三六）年　三二歳　中川横太郎のなきがらを、停車場に学校代表として迎える。邑久高等小学校同窓会で「勤労と愛情」講演
一九〇四（明治三七）年　三三歳　山陽女学校拡張につき石井十次に相談、校長候補の一人となる。岡山博物学会で講演
一九〇五（明治三八）年　三四歳　第三寄宿舎大福寺に田邊教諭とともに舎監となって移る
一九〇六（明治三九）年　三五歳　倉敷婦人会、児島郡婦人会で講演
一九〇七（明治四〇）年　三六歳　六月欧米教育視察旅行出発。シアトルで開催された第二三回国際キリスト教共励会※3に日本連合キリスト教共励会代表の一人とし

一九〇八（明治四一）年　三七歳　三月岡山帰着。一二月校長・理事就任。通俗講演会で講演「家庭改良」
一九〇九（明治四二）年　三八歳　岡山市教育会で講演「家庭における主婦の責任」
一九一〇（明治四三）年　三九歳　女子教員懇話会で講演
一九一一（明治四四）年　四〇歳　山陽裁縫塾創設　ＹＭＣＡ操山寮の運営に参加
一九一二（明治四五）年　四一歳　上代家菩提寺（松山市木屋町、寶林寺）に、上代家累代之墓建立して出席
一九一三（大正　二）年　四二歳　邑久郡連合婦人会で講演「理想追求」。鞆婦人会で講演
　　石井十次の正座会に出席
一九一四（大正　三）年　四三歳　産婆看護婦協会、矢掛婦人会で講演
一九一五（大正　四）年　四四歳　日曜学校協会岡山部会総会で講演
一九一六（大正　五）年　四五歳　基督教婦人矯風会岡山県支部会長就任。第一回同窓会修養会で講演「充実せる生活」
一九一七（大正　六）年　四六歳　片岡晧三を養子とする。名古屋金城女学校で講演
一九一八（大正　七）年　四七歳　愛知県会議事堂講演。二月、嘉悦・下田歌子とともに新渡戸稲造より東京女子大学校に招聘されるが辞す。旭東日曜学校創立。六月基督教婦人矯風会講演会に矢嶋楫子を迎え、支部会長として上代祈祷

一九一九（大正　八）年　四八歳　関西婦人連合大会出席　同大会発起人代表として申し合せ事項を発表。愛国婦人会上房郡幹事会で講演

一九二〇（大正　九）年　四九歳　上道女教員会総会にて講演。倉敷婦人会にて婦人の覚醒を促す講演

一九二一（大正一〇）年　五〇歳　市内児童遊園地・小図書館建設を提案。岡山婦人読書会発起
家政女塾10周年記念講演会・慈善市開催。脳溢血を発病。一二月父知新須賀川で永眠

一九二二（大正一一）年　五一歳　病気のため寄宿舎を出る。生活改善同盟岡山支部評議員就任

一九二三（大正一二）年　五二歳　同窓会より家屋を寄贈される（遠藤新設計の洋館、星島家所有地）

一九二四（大正一三）年　五三歳　勲六等叙勲

一九二五（大正一四）年　五四歳　ファイ・ベータ・カッパ（Phi Beta Kappa）会員、母校の Mount Holyoke College の推薦

一九二六（大正一五）年　五五歳　三月家政塾閉鎖。学校より表彰

一九二七（昭和　二）年　五六歳　阿哲女教員会で講演「真の教育者となるには」

一九二八（昭和　三）年　五七歳　梅花五〇周年記念式で祝辞。庄内婦人会で講演

一九二九（昭和　四）年　五八歳　山陽新聞に寄稿「惜しみなく働いて何かを生み出せ」

一九三〇（昭和　五）年　五九歳　倉敷婦人会、後月郡北川女教員会で講演

一九三一（昭和　六）年　六〇歳　ラジオ放送修養講座「明るい歩み方」。校長別宅建築

一九三二（昭和　七）年　六一歳　還暦祝賀会。ラジオ放送「神様の提燈」「忠犬ペス」「新しき第一歩」
松山学事視察各地で講演。愛国婦人会岡山県支部副長就任

一九三三（昭和　八）年　六二歳　ラジオ放送「婦人と祈り」。三月口内炎を患い療養。病床より卒業
式に出席（頭にひどい痙攣）。愛国婦人会幹事等四〇名と長島愛生
園訪問。帝国教育会五〇周年記念に際し、教育功労者として表彰

一九三四（昭和　九）年　六三歳　四月孫三世子永眠。愛国婦人会総会臨席東伏見宮大妃殿下賜饗、
単独拝謁。御津郡婦人会、上房郡豊野小学校、赤磐郡婦人会講演。
私立中等学校恩給財団、全国私立中学校協会より表彰。東北凶作
地方学童救済募金協力感謝状授与

一九三五（昭和一〇）年　六四歳　八月大分県久住高原で静養

一九三六（昭和一一）年　六五歳　岡山県教育会、愛国婦人会、高等女学校会、岡山市教育会より表彰。
邑久郡婦人会　アダムス帰米に際し、同女史の社会事業について
訓話、全校生東山通りに整列。長島愛生園住宅寄付（山陽創立
五〇周年記念事業）

一九三七（昭和一二）年　六六歳　全国女子連合青年団から表彰、倉敷市において表彰状メダルの伝
達式。大日本連合婦人会より表彰。金川町婦人会で講演。ラジオ
岡山放送「明るい生活」

一九三八（昭和一三）年　六七歳　愛国婦人会より特別有功賞。岡山ラジオ放送（子どもの時間）「チ

一九四〇（昭和一五）年　六九歳　ンさんとトンちゃん」「イタロー」。岡山県地方物価委員会委員長就任

一九四一（昭和一六）年　七〇歳　ラジオ放送「国民総和」。御真影奉迎、校長室に安置。文部大臣、岡山県教育会、岡山市教育会、日曜学校協会、高等女学校校長協会、私立中等学校恩給財団より表彰。古希祝賀時の贈呈金に加え、金五千円を山陽高女拡張資金として寄附

一九四二（昭和一七）年　七一歳　国鉄二等青切符を用いるようになる

一九四四（昭和一九）年　七三歳　国防婦人会より感謝状。愛国婦人会岡山市連合会より表彰。ラジオ放送「健全なる家庭」。岡山市軍事援護婦人委員就任

一九四五（昭和二〇）年　七四歳　高等女学校校長協会より表彰。山陽挺身隊結成式挙行

一九四六（昭和二一）年　七五歳　自宅に旭東日曜学校を再建

一九四七（昭和二二）年　七六歳　復興募金に奔走。校長辞任を勧告される（御真影焼失の責任問題や校地問題が原因と云われる）

一九四八（昭和二三）年　七七歳　ラジオ放送「健康と幸福のためのお薬」

一九四九（昭和二四）年　七八歳　岡山PTA新聞「現代の日本女性に望む私の言葉」「平和幸福の道」日本基督教団、岡山県教育委員会より表彰。『よいこのかるた』作成

一九五〇（昭和二五）年　七九歳　生誕八〇周年祝賀会

一九五一（昭和二六）年　八〇歳　山陽新聞文化賞受賞。中・高校長、理事就任私学連合会より表彰。室内でつまずき怪我、一時入院

一九五二（昭和二七）年　八一歳　読売教育賞受賞。一ドル運動を展開

一九五三（昭和二八）年　八二歳　文部大臣より表彰。基督教青年同盟より感謝状

一九五四（昭和二九）年　八三歳　県知事より表彰。日めくり『日々の思い出』作成

一九五五（昭和三〇）年　八四歳　さつき会長より表彰。岡山教会より表彰

一九五六（昭和三一）年　八五歳　学園功労者として表彰。『上代先生を語る』刊行。岡山県教育委員会より表彰

一九五七（昭和三二）年　八六歳　『上代淑先生訓話集』刊行。原水爆禁止岡山県大会に出席。藍綬褒賞受賞。日本基督教団ＳＳ教師六七年間勤続表彰

一九五八（昭和三三）年　八七歳　岡山市名誉市民に推挙。県知事より感謝状。世界連邦人の会会長就任

一九五九（昭和三四）年　一一月二九日八八歳　信仰生活七七年で表彰。勲四等叙勲。岡山大学附属病院にて永眠

※１　「公会事務録（大阪教会）」自明治一〇年―至明治一八年参照。（梅花学園資料室、複写所蔵）

※２　『大阪教会会員名簿』自明治七年―明治二四年参照。（梅花学園資料室、複写所蔵）

※３　本会は「世界キリスト教共励会」と同一組織による主催と考えられる。本書では、淑自身が保管していたペティ氏による証書（本書第２章、第２節 註63参照）に記載されていた〃The Twenty Third

International Christian Endeavor Convention〟の日本語訳を一貫して用いている。

第1章 「クリスチャン-教師」の原型

——メアリー・ライオンにおける女性「教育者」の理想像——

第1節 女子高等教育の先駆者メアリー・ライオン——素描

メアリー・ライオン（Mary Lyon, 1797-1849）の名は、一九世紀前半の米国において、名実ともに高等教育の名に値する教育を初めて女性たちに「門戸開放」したパイオニア[1]として、余りにも高名である。けれども、マウント・ホリヨーク・セミナリー（Mount Holyoke Seminary）創設以前の彼女の消息については、日本では必ずしも詳らかにされていない[2]。そこで、行論に関係する限りにおいて、ごく簡単に彼女の略歴について最初に記しておこう。

彼女は、ニューイングランドの敬虔で善良なクリスチャンの家庭に生れたが、貧しかったため早くも一七歳の時（一八一四年）から自活を始め、最初の郡学校（district school）で初めて教壇に立った。しかし、その後も苦学生としてアシュフィールドとアマーストのアカデミーに学び、一八二一年にはバイフィールド・セミナリーで、当時女子教育者として名高かったJ・エマーソン（Joseph Emerson,1777-1833）の許で勉学した。彼女の最初の伝記作家E・ヒッチコックによれば、「それまでは、心情よりも知力の方に注意を払っていた彼女が、両者の均衡を得なければならないことを教わったのは、J・エマーソンからであった。……彼女は後々まで、自分の教育に関する見解を完全に変えてくれた学校として、彼の学校を賞讃しつづけた[3]」と云う。恐らく、ライオンの教育観に多大の影響を与えたのがエマーソンだったのであろうが、間もなく彼女は、上記アシュフィールド市のサンダースン・アカデミー（Sanderson Academy）で教鞭をとるようになった。そして二四年には、極めて重要な出会いが待ち受けていた。すなわち、後年マウント・ホリヨーク校の理事となったばかりでなく、やがて上記の最初の伝記作家ともなったヒッチコック（Edward Hitchcock）牧師の知遇を得たのであった。メアリーにとって彼は、生涯にわたり最も良き理解者・支援者となるのであるが、当時アマースト・カレッジの教授でもあった同牧師からは自然科学を、また同夫人からは製図や絵画も学ぶことができた。二五年の冬季からはバックランド市で女学校の教師も勤めた外、引き続きアシュフィールド市でも教職経験を重ねながら、さらに同カレッジのA・イートン（Amos Eaton）教授の化学や自然史の講義にも出席するなど研鑽を重ねた。やがて一八三〇年–三四年までの四年間、Z・グラント（Zilpah Grant,1794–1874）校長のもとで、当時は数少ない女子の最高教育機関の一つたるイプスウィッチ・セミナリー（Ipswich Seminary）の副校長の任に当たったが、病身であった校長に代わって実質的には彼女が、教育面のみならず管理・運営に関しても、同校における指導的役割を全面的に果たしたのであった。ここでの貴重な体験が、マウント・ホリヨーク創設の直接的動機と実践的基礎とを与えたことは云うまでもない。

彼女がマウント・ホリヨーク・セミナリーの創設を企図し、そのための基金調達の準備にかかったのは一八三四年からである[4]。この年から同校が開校される一八三七年一一月八日までの間に、創設基金の獲得や学生募集のために公刊されたパンフレットは計八種類に及ぶとされている[5]。それらのうち、彼女自身の手で最も総合的に同校創設の趣意と教育理念について書き記されたものが、すなわち序章で触れておいた最終的募金趣意書、『マウント・ホリヨーク女子セミナリーの概要――その拠って立つべき諸原理と全体計画』（*General View of the Principles and Design on the Mount Holyoke Female Seminary*）なのである。この総頁数二〇ページの小冊子（以下、『趣意書』と略記）は、正確に云えば、開校を目前に控えながら資金不足に悩んでいた一八三七年二月に初めて公けにされたが[6]、さらに二ヶ月後の四月一二日に開催された同校理事会（the Board of Trustees）での採決により、二〇〇〇部の再版が行われたのであった[7]。本書で資料として用いる『趣意書』は、この理事会の命により一八三七年五月に再発行されたもので、現在マウント・ホリヨーク大学のウィリストン記念図書館（Williston Memorial Library）に保存されている[8]。この貴重な原資料に基づき、以下では、女子高等教育に関するライオン自身の思想を具体的に分析することにしよう。

第2節　マウント・ホリヨーク創設の主目的

この『趣意書』の冒頭において、ライオンは設立の趣意について次のように述べている。「本校は、マサチューセッツ州のサウス・ハドレイに設立され、主に女性教師の養成に力を尽くすことを目的とする。と同時に、その他の有用な諸領域に関しても、女性が十分に活躍できる資質を賦与するであろう。本校の企図するところは、堅実で広汎かつ均衡のとれた教育を英語によって授けることであり、このような教育は、人格全般の改善や道徳的陶冶、さらには義務に関する見識の啓培などと密接に関わるものであり、これらのものこそは、若い女性たちを、従来の技術的な意味での単なる教師（mere teachers）にではなく、かえって子供や青少年たちにとっての真の教育者（*educators*）たるに相応しく準備する当のものであろう。このような教育は、学校の運営・指導・管理の任に当たる場合にも、あるいは、彼女たちの行う慈育活動（care）に身を委ねている子供たちの、学習過程と人格形成の全てに責任を負う場合にも、要するに、こうした類いの仕事に携わるあらゆる女性にとっては、欠くことのできない必須の教育なのである。また、この種の教育を受けた女性は、たとえ正規の学校で教鞭を執らなくなるような場合でも、自分の専門を棄て去ってしまう訳ではない。依然として彼女は、自分自身の家庭の長たる位置にあって家庭生活を導いてゆくさいに、このような均衡のよくとれた教育を必ずや必要とするであろう[9]。」

ここで直ちに明らかなのは、女性教師の養成がマウント・ホリヨークの主たる設立目的とされていることであるが[10]、その具体的準備に着手する二年も前の一八三二年一〇月二二日に、実は「ニュー・イングランドにおける教師養成のための女子セミナリー」（New England Female Seminary for Teachers）と題するアッピールをライオンは公にしていたのである[11]。これは彼女の初めてのセミナリー構想であり、当時ライオンは、先述のとおりイプスウィッチ・セミナリーでの副校長の任にあたりつつ、やがて実現すべき理想の女子セミナリーについて想を練りつつあったと考えられる[12]。その標題を一見しただけでも、すでに当初から「女性教師の養成」が彼女の主目的であったことは瞭然であろう。

ライオンがマウント・ホリヨークの創設を策していた一九世紀前半の米国では、初等教育レベルでの「普通教育」（universal education：あらゆる人々に対する普遍的教育）への熱意が高まり、コモン・スクールの教師が数多く必要とされた[13]。西部・南部の急激な開発に伴う教師不足に対応すべく、この分野への女性の進出が当時緊急に求められていたことは、『趣意書』中にも繰り返し述べられている通りである。因みに彼女が、親友でもあったZ・グラントのもとで副校長をしていたイプスウィッチでは、一八三〇年から同三五年迄の五年間に、実に五三名以上の若い女性教師が西部および南部に進出している。[15] こうした一般的情勢の中で、「女性教師の養成」がマウント・ホリヨークの主目的とされたことはけだし当然といえよう。東部に比して、文化的にも物質的にも極めて苛酷な条件下にあった辺境の西部や南部に出向いて行って、十二分に活躍できるだけの心身ともに優れた資質と能力を持った女性教師の養成は、正に時代の要請する緊急の課題であったからである。

では、二〇年以上に及ぶ教職経験に基づいて構想を温めてきたライオンが、いよいよマウント・ホリヨークの開校を目前にした時点で胸裡に描いていた理想の教師とは、一体どのような人間像だったのだろうか。次にいよいよ、彼女が養成しようと志した「女性教師」の特徴について考察することにしよう。

第3節　理想の「女性教師」――その基本的諸特徴

先の『趣意書』冒頭には、ライオンが養成しようとする「教師」とは、「従来の技術的な意味での単なる教師」ではなく、「子供や青少年たちにとっての真の教育者」でなければならないことが明確に述べられていた。そして真の「教育者」を養成するために、「堅実で広汎かつ均整のとれた」教育が授けられねばならないと説かれていた。これは、彼女自身が回想している「暗記（学習）とその復唱（study and recite）以外は何もしなかった[16]」という言葉に端的に象徴される如き、当時極く一般的であった[17]知育一辺倒の、しかも暗記中心の学習に対する強い批判・反省なのであり、同時にこれは又、彼女が今後目指すべき――知・情・意、心・技・体の全てを調和的に発達させるための――独自な新しい教育への自負に満ちた宣言とも受けとれよう。

ここで先ず第一の特徴として注目されるのは、ライオンがねらっているのが単なる狭い職業陶冶(Berufsbildung)としての教師養成ではなく、人間としての全面的発達を目指す「一般陶冶」(Allgemeinbildung)であったという点である。教師養成を目的とはするものの、それは決して、あれやこれやの特殊的な知識や教授技術や教育手法の獲得を目指すのではなく、あくまでも「人格全般の改善、道徳的陶冶、義務に関する見識の啓培」が目指されていたのであり、このようなトータルな人間としての一般的・調和的陶冶こそ、結果として、児童・青少年に対する真に良き「教育者」を育成すると考えられているのである。

この点、開校後の一八三八年春に出された『年次要覧』(*Annual Catalogue*)所載のカリキュラム[18]を分析した岡本道雄氏が、マウント・ホリヨークの「基本性格はリベラル・アーツの理念に基づく[19]」と述べている結論とも完全に符合する。ライオンが養成しようとしたのは、一般的人間陶冶を目指すリベラル・アーツの学習を通して、正に人間ならではの知・情・意の諸力が統合的に陶冶された「全人」(ganzer Mensch)、あるいは、包括的で高度な知性と実際的な諸技能と道徳的な心情・態度とが全体的に発達を遂げた調和的人格であったといって過言でなく、そしてこれこそが、真の「教育者」の一般的・前提的な必須要件と考えられているのである。けだし、彼女がいみじくも表明している通り、「そのケアに全てを委ねる一人ひとりの子供たちの、学習過程のみならず、人間形成の全てに責任を負う」べき教師は、先ずもって自己自身が「人格全般の改善、道徳的陶冶、義務に関する見識の啓培」を十全に実現していなければならないからである。

第4節　マウント・ホリヨークの学問的水準

前節では、ライオンの描く理想の女性教師像の最も一般的な特徴について述べた。では、右に見たごとき「全人」教育を目指しながら、彼女は具体的に、どのような能力と資質をもった女性教師を、どのような方法で鍛え出そうとしたのであろうか。その手掛りを与えてくれるのが、差し当たり『趣意書』の前半部に書かれている設立の基本方針であろう。その要点を、順序に従って列挙すれば次のようになる。①広義の「キリスト教的仁愛」(Christian benevolence) の理念に依拠する。②確固たる法律的基礎に立つ。③永続的な女子のための最高の教育施設として設立する。④全般的な教育課程や基本性格は、イプスウィッチ・セミナリーのそれと同様。⑤やがて淑女 (lady) となるべき（あまり年令の低くない）女子青年を対象とする。⑥すべての教師、すべての生徒が例外なく学内に止宿し、あたかも一家族のごとき共同生活を営む。⑦廉価な学費で、最善の教育を提供。⑧生徒間の完全な平等。⑨高等教育機関としての全体の独立性・自律性を確保するとともに、各人の「高潔な独立心」(noble independence) の啓培、健康の改善、幸福の増進を図るため、全生徒が例外なく、寮内での家族の一員としての家事 (family work) を分担する。

そこで先ず、「女子のための最高の教育機関」として「最善の教育を提供する」と謳われているマウント・ホリヨークの学問的水準について見ることから始めよう。しかし、この『趣意書』に関する限りでは、「イプスウィッチ・セミナリーと同様」とあるだけで、その詳しい教育課程については何らの記載も見当たらない。ただ、発足準備中の一八三五年九月に発行されたパンフレットには、総頁数一二のうち二頁分を割いて、[20]

モデルとなったイプスウィッチの教育課程が紹介されている。それによれば、正規の課程は、「予科」課程(Primary studies)に続く二年間の「前期」(Junior)課程と「後期」(Senior)課程とによって構成され、その教科目は次のとおりである。[21]

予科課程――暗算、筆算、英文法、ユークリッド幾何学の第一巻、近代および古代の地理、合衆国の政治、近代および古代の歴史、植物学、ワッツ著『精神改善論』。

前期課程――筆算の仕上げ、英文法の続き、ユークリッド幾何学の第二巻から第四巻、自然哲学、化学、天文学、認識論、修辞学。

後期課程――既習科目の復習とその続き、代数学、教会史、自然宗教および啓示宗教との類比論、キリスト教証験論。

これらは、先の一八三八年春の『年次便覧』に記載されている教育課程と、多少の違いはあるものの、本質的には全く変わっていない。イギリス中産階級をモデルに一八世紀末からニュー・イングランド地方で広く行われていた伝統的女子教育は、音楽・舞踏・手芸・絵画・裁縫・フランス語[22]等々といった、要するに〝お嬢さん芸〟がその内容であったのに対し、イプスウィッチやマウント・ホリヨークにおける教育課程は根本的に異なり、はるかにレベルの高い知的内容が用意されていた。先の岡本氏が正しく評価されているように、これは「同じ時期の男子の大学のカリキュラムに比して、……古典語が欠けているのを除きほとんど遜色のないもので、……男子の大学に負けない学校を創るという意欲がこのカリキュラムにもよく表われている[23]」ことは、まず疑いない。おそらくライオンは、かつて多大の影響を受けたと云われる恩師エマーソンと同様、女性の知的能力を深く信じ、人間ならではの「精神的活力」(vigor of mind)を刺激する高度の知的諸教科を設定したのであった。このように、彼女の理想とする「女性教師」は、先ずもって、男子の大学教育にも引けをとらぬ十分な知的陶冶をうけ、高度で多方面にわたる知識と敏活で強靭な思考力とを身につけた勝義の〝知識人〟（intelligentsia）でなければならなかったのである。

第5節　ファミリー・アレンジメンツ

前節では、ライオンによる設立の基本方針のうち③④⑦に関わる「知的陶冶」の面について述べた。そこで本節では、管理・運営の面はさておき、マウント・ホリヨーク教育の最も際立った特色である独自の「情・意の陶冶」について論じてみたい。これには、基本方針の①⑤⑥⑧⑨が全て有機的に関連し合っているため、それらを個別的に論ずることは不可能であるとともに無意味であろう。予めこの点に注意した上で、まずは⑥の「全寮制」を切り口に考察を進めてみよう。

全寮制の採用は、ライオンのマウント・ホリヨークに関する限り、一般に云われているように「経済的な配慮ないし生活上の便宜によるもの[24]」などではなく、初めから明確に、特別の教育的意図と配慮に基づいて行われたものであった。すなわち、後述のごとき独特の家族的共同生活を通じて、全生徒の「人格全般の改善・道徳的陶冶・義務に関する見識の啓培」を積極的に図るための具体的方策だったのである。ライオンはすでに前述の『ニュー・イングランドにおける教師養成のための女子セミナリー』の中で、女子高等教育機関における学寮（boardinghouse）の必要性をその教育目的との関連で述べていたのであるが[25]、『趣意書』では一層明確にそれが具体化されている。以下暫く、その所論について見てみよう。

学寮では、「家族の申し合わせ」（family arrangements）と称せられる、女性の教育機関ならではの共同生活上の約束ごとが提案されており、それを通じて諸種の実際的技能の習得、倫理的態度の涵養、人格的資質の陶冶が目指されているのであるが、このような訓育上の方法と目的は、従来の女子セミナリーには見られなかったマウント・ホリヨーク最大の特徴といえる。筆者は以前、これについて別稿で紹介したことがある(26)が、今回さいわいに原資料としての『趣意書』を発掘できたので、これに忠実に依拠しながら、ここでは女性教師の育成という視点からいま一度見直してみたい。

「家族の申し合わせ」とは、寮生「全員が例外なしに、家族の一員として家事（domestic work）を分担すること(27)」であるが、ここに謂う「家族」（family）とは、云うまでもなく、学寮で共同生活を営む全ての教師と全ての生徒を意味する。そして、全員が「キリスト教的仁愛」の絆で結ばれ、あたかも大きな「一つの家族」を構成する者同士として、居住区をはじめとする各施設内外の衛生・掃除・整頓や食料の調達・炊事・後始末等々、日常生活の維持に欠かせない諸々の家事を分担することによって、マウント・ホリヨークという共同体に「偉大な統一性と整然たる秩序」を保証するところのものと考えられている。しかも、その究極の目的とするところは、「教育の大義たる、救世主の王国（the Redeemer's kingdom）を実現するために、自らのあらゆる才能を活用すべく準備する(28)」にあると考えられ、そしてこの同じ目的意識のもとに集い協力するものこそ、マウント・ホリヨークという大きな一家族のメンバーたり得ると考えられているのである。したがって、このようなマウント・ホリヨーク独自の目的と方法を十分に理解出来ない精神的に未熟な者や、自分自身の身の廻りの世話すら出来ない年少者などは、もともと入学許可者の対象とはなり得ないとライオンは言明しており、少なくとも一六歳以上の、「より年令の高い女性のため」の教育機関であることを強調し

ている。(29)

この「ファミリー・アレンジメンツ」なる家事分担についても、——入学条件や、授業料をはじめとするあらゆる納付金、各種の学校規則等々、他の一切に関する場合と同様——「生徒間における完全な平等の原理」(the principle of entire equality among the pupils)(30)が適用され、「やがて淑女になるべき」生徒「全員に例外なく」課せられる。しかもそれは、決して「僅かばかりの報酬のため嫌やいやながら行う奴隷的な労働としてではなく」、自分もその「家族」の一員として「そこに所属している母校に対する感謝にもとづき、学校共同体全体の改善と向上のための自発的な奉仕(31)」として、自発的に行われるものでなければならない。このような家族的共同体への自発的・主体的な「奉仕」(service)の精神ないし態度は、同時にまた、それを行う生徒各自の人格的改善と向上のために、自ずと資する所以のものでもあるのである。

のみならず、この「感謝の念に発する無償の奉仕(gratuitous service)(32)」こそは、教育者としての最も重要な資質の涵養にも通ずると考えられている。それは、神への奉仕としての「無私」ないし「己れの抛棄」(self-denying)(33)であり、したがって又それは、総ての人にたいする「仁愛の心」(benevolence)へと連なるのである。私利・私欲を棄て専ら神のため、神の栄光をいや増すために、全身全霊を傾けて他者に尽くすことは、別けても弱者たる子供や若者に対し、仁愛の心をもって相接し相関わる教育的姿勢に直結するのである。このように、「キリスト者」としても「教育者」としても必須な「キリスト教的仁愛」の精神態度が、実は極めて日常的具体的なファミリー・アレンジメンツの実践を通じて、自ずと啓培され体得されることが目論まれている点は、けだしライオン教育の白眉とも称すべきキー・ポイントであろう。

第6節「クリスチャン‐教師」とは

ところで、右に述べたごとき日常的な家事の実践が、それに携わる女生徒たちに「家庭の仕事に対する関心や喜びを促進[34]」させると同時に、「実際生活に役立つ有用な諸能力」を習得させることは云うまでもない。卒業生たちがやがて赴任するであろう当時の初等教育機関の大半は、まだ「一教室一教師（one room, one teacher）」という状態にあったが[35]、そうした環境の中で彼女たちは、自分の身の廻りは固よりのこと、あらゆる教育活動をはじめ学校の維持・運営・管理に関わる一切の仕事を、誰にも頼らずに行わねばならなかったのである。こうした教師としての生活のためだけでなく、また女性が家庭に入った場合にも、「自らの家庭生活を導いてゆく」上で右の「実生活に役立つ有用な諸能力」が不可欠なことは云うまでもない。

だが一層重要な点は、全員に家事の分担を義務づけることの、より深い意味が考えられていることである。ライオンは別のパンフレットの中で、家事を「神の掟が女性に課した義務[36]」と見做しており、したがって学寮内の約束ごととして課せられる家事の実践は、同時に神から授けられた義務の遂行にも当たるわけであり、こうした神的義務の絶対的遂行の習慣は、「義務」一般に対するキリスト者としての真摯な心術、ないし内的生活態度を自ずと培うことになる。そして、その義務を果たし得た時の、より高くより大いなる歓びをも味得することとなる。かてて加えて、この家事の日常的実践によって自ずと習得される実際的な諸技能は、使用人に頼らず家事万端を自らの手によって整序する能力の基礎となり、人を「あの陰鬱な依存心」（the depressing dependence）から解放せしめる具体的保証に他ならない。それは、精神的にも実際的にも、人間としての独立と自立を獲得することに他ならず、高潔なるべき人間にとって真の喜びを克ち得る所以のものなのである。

その上、この「家事の分担」という方法は、「毎日少しずつ最も好適な類いの運動を生徒たちに与えることになり、これによって彼女らの健康上の改善[37]に資することにもなる。ライオンが早くから女生徒たちの健康に強い関心を抱いていたのは、健康の維持こそが女性教師の自立・独立を支える基礎的要件であると確信していたから[38]であるが、マウント・ホリヨークにおける一日一時間の家事の強制は、——開校後に同じく実施された散歩や遠足、課業として行われた声楽や柔軟体操とともに——身体を鍛え、健康を改善するための健康教育の一環でもあったのである[39]。

以上に見たごとく「ファミリー・アレンジメンツ」とは、実に多様な教育的意味と機能の複合体ないし有機的連関を謂うのであるが、その本質的核心についてライオンは、結論部分で次のように述べている。「全寮制の採用と、全員に例外なく家族の一員としての家事を分担させる」この方法は、結局「そこに学ぶ女生徒たち全体に《高潔な独立の態度》(attitude of noble independence) を啓培するに違いない。そして、これこそは本校のあらゆる構成員の志を、いやが上にも高尚にしつづけずには措かぬ所以のものなのである[40]」と。この「高潔な独立」とは、恐らくは、神の前に立つ一個の人間として、何びとにも依存すること無く、自らの力で自らの生を陶冶し、誠実かつ着実に自己の人生を開拓し続けてゆくと同時に、この自らの独立性のゆえにこそ、また他者に対してはあくまでも「キリスト教的仁愛」をもって相接し、相関わる態度を謂うのであろう。してみれば正にこれは、いつ何処においても、いかなる悪条件下にあっても存分に自己の力を発揮しようと努める真摯な女性教師にとっては、不断に自己を励ますべき確かな「モットー」であったに違いない。

ここに至って、特に注目したいのは次の点である。いま見たように、ライオンの理想的教師像においては、敬虔な「キリスト者」であることが、同時に真の「教育者」であることと極く自然に直結していることである。換言すれば、神信仰ないし神奉仕が、そのまま直ちに隣人愛の発露としての教育実践に繋がっていることである。この「キリスト者」と「教育者」との自然な相即性という点にこそ、実はライオンの理想的教師像における最大・最高の特色が存すると云うべきであり、そして又、この点こそは――これまで敢えて定義を下さぬまま――序章で「クリスチャン-教師」と呼んできた当の概念の、実は本質的内包そのものなのである。

以上、一八三七年五月の『趣意書』を中心に、メアリー・ライオンがマウント・ホリヨークを創建した当時、胸中ふかく陶冶理想として描いていたであろう真の「（女性）教育者」としての「クリスチャン-教師」について、その内的諸特徴を浮き彫りにしようと試みてきた。いま仮に、それを端的に箇条化するとすれば、次のように整理することが出来るであろう。

（一）この地上に、キリストの王国を実現することこそ「教育の大義」（the cause of education）であることを自覚し、己を空しうして他者――なかんずく児童・青少年――に尽くす「キリスト教的仁愛」（Christian benevolence）の実践者であること。

（二）神の前に立つ平等な人間としての諸義務を果たし、そこに独立した人格主体としての真の幸福を見出し得る「高潔な独立心」（noble independence）の持ち主であること。

（三）右のごとき「敬虔なキリスト者」としての精神面に加えて、実際生活においても有用な諸種の技能や能力を具備するとともに、それらを現実に役立て得る身体的健康をも促進する、総じて優れた〝実践人〟であること。

（四）男子の高等教育にも劣らぬ優れた知的陶冶を通じて、高度で多方面にわたる知識と敏活かつ強靭な知性の力とを身につけた、真の〝知識人〟ないし〝知性の人〟であること。

（五）あれこれの特殊的な教育技術を身につけた単なる職業的教師（a mere teacher）ではなく、上述のごとき、知・情・意、心・技・体の調和的・全面的な発達を遂げた〝全人〟としての「真の教育者」であること。

上来の論述から明白なように、著者が今ここで分析的に抽出した五点の特徴は、とりもなおさずライオンの抱懐する「真の（女性）教育者」たる「クリスチャン-教師」像の基本的構成要件にほかならない。そこからは、歴史的には相互に異なる三つの契機が結び合って、独自の理想を形づくっているのが看取されるであろう。すなわち、「キリスト教精神」（Christianity）を根幹に、ギリシャ・ローマ以来の伝統的「自由教育」（liberal education）の理念と、さらには近代に特徴的な――わけてもアメリカ的な――「労作人」（homo faber）の理想とが、三者渾然一体をなしているのが認められる。けれども、その精神史的・思想史的追求は自ずと別の問題となるので、このさいは本書の基本課題に副って、特に次の点を強調しておかなければならない。

創設いらい一二年間にわたり、ライオンが手塩にかけて育てあげた多くのマウント・ホリヨークの卒業生たちは、国内の西部・南部はもとよりのこと、アジアやアフリカの国々における初等・中等教育のため、なかんずく女子教育振興のため、「真の教育者」として世界に羽ばたいて行ったのである。そのさい彼女らは、間違いなく「メアリー・ライオンの（衣鉢を継ぐ）娘たち」（Mary Lyon's daughters）として、右に列挙したごとき諸特徴を身に体しつつ、それぞれの使命に邁進していったのである。そしてわが国においても、序章で指摘しておいた通り、明治期の女子中等教育の普及・進展に特段の寄与をなしたのは、多くの場合、正にこれら「メアリー・ライオンの娘たち」だったのであり、ライオンが精魂こめて育成した「クリスチャン‐教師」たちに外ならなかったのである。しかも本論文の主題たる上代 淑は、後続諸章に詳しく見るように、直接・間接的にマウント・ホリヨーク出身者たちの影響下で少女期を過ごし、次いで自ら憧れてやまなかったメアリー・ライオンの創設したマウント・ホリヨークに留学を果たし、そこで四年間にわたり、ライオンの理念が色濃く残っていた教育的雰囲気の中で鍛え上げられたのであった。その意味で、上代 淑も正しくメアリー・ライオンいらいの「クリスチャン‐教師」の正統的伝統の中で生い育った、謂うなればマウント・ホリヨークの「申し子」（disciple）であり――少なくとも精神的には――明らかに「ライオンの衣鉢を継ぐ」典型的な一人と呼んで差しつかえない人物なのである。

註

（1）Willystine Goodsell は、その著 *Pioneers of Women's Education in the United States : Emma Willard, Catherine Beecher, Mary Lyon*, New York, AMS Press, 1970. において、アメリカの女子高等教育の〝先駆者〟として Mary Lyon を含む三名について論じている。また、アメリカの女子教育史家として名高い Thomas

Woody は、著書 *A History of Women's Education in the United States*, Octagon Books, New York, 1980. において、Mary Lyon の創設になる Mount Holyoke Seminary の果たした先駆的役割について縷説している。なお、彼女のパイオニア的役割について考察されたものとしては、碓井千鶴子氏の第四一回日本教育学会大会（一九八二年八月二七日、東北大学）における口頭発表、「Mary Lyon の女子教育思想——一九世紀アメリカ女子高等教育の先駆的役割」がある。

（2）日本語で記された Mary Lyon の伝記としては、明治期に出された『メレイライオン一代記』（米國遣傳宣教師事務局、明治一六年、神戸女学院大学所蔵）と、『女學雑誌』（一一五号—一一八号、明治二一年）に連載された「米國女學校最初設立者メレイ、ライヲン女史」があるのみである。彼女の生涯に関しては、当然のことながら、母国で出版された次の諸著が有益である。E. Hitchcock, *The Power of Christian Benevolence Illustrated in the Life and Labors of Mary Lyon* , New York, American Tract Society, 1858. B.B. Gilchrist, *The Life of Mary Lyon* , Boston and New York, Houghton Mifflin Company, 1910. M. Lansing, *Mary Lyon Through Her Letters* , Boston,Books,INC.,1937. A.C. Cole, A *Hundred Years of Mount Holyoke College : The Evolution of an Educational Ideal*,New Haven, Yale University Press, 1940. W.T.Thayer, *Good Girl and True Woman Or Elements of Success Drawn from the Life of Mary Lyon and Other Similar Characters*, T.Y. Growell, New York, No date.

（3）Cf. Hitchcock, op.cit., p.35.

（4）Cf. M.Lyon, *General View of the Principles and Design on Mount Holyoke Female Seminary* ,Boston, Perkins & Marvin, 1837, p.13.

（5）Cf. E.A. Green, *Mary Lyon and Mount Holyoke : Opening the Gates* , New Hampshire, University Press of New England, 1979, p.111, pp.113–120.

（6）Cf. Green, Ibid., p.119.

（7）Cf. Green, Ibid., p.361; Cole, op.cit., pp.32–33.

ただGreenによれば、この二月に発行されたものは総頁数が二〇であるという。けれども、Goodsellの*Pioneers of…*（op.cit., pp.227–285）の中で、一八三七年発行のものとして転載されている同名の文書ははるかに短いものである。筆者が発掘して、ここで取り上げようとしているのは五月刊のそれで、ページ数の点ではGreenの記述と符合している。ともあれ、Lyon自身が何回も手を加えた末の『趣意書』が最終的に発行されたのは五月であることからして、これが内容的にも最も充実し、資料的にも最も信憑性の高いものと云えよう。

（8）本資料は、筆者が交付を受けた「一九八八年度山梨英和短期大学教育研究助成金」により、Mount Holyoke Collegeで資料蒐集に当たった際に幸い発見し、許可を得て複写させていただいたものの一つである。同ライブラリー史料室の司書Mrs. Elaine D. TrehubおよびMs. Patricia Albrightからは種々の高配と多大の便宜を頂戴した。ここに特記して、心からの謝意を表す次第である。

（9）Lyon , *General View…*, op. cit. , p.3.

（10）秋枝蕭子氏の「キリスト教系女子教育研究のしおり——明治時代プロテスタント系女学校について」（福岡女子大学『文芸と思想　第二五号　別冊』一九六三年）によれば、マウント・ホリヨークの設立目的は、「第一に敬虔にして教養高い家庭婦人の養成、第二には女教師の養成、第三に婦人宣教師の養成」であった、とされている。しかし少なくとも、目的の順番に関しては、筆者がここで取り上げているライオンの創設『趣意書』の主旨とは、相反していると云わざるを得ない。なお、同氏が参照されたという Arthur C.Cole の著 *Hundred Years of Mount Holyoke College*, Yale Univ. Press, 1940（梅花学園資料室所蔵）の第Ⅲ章には、筆者が見る限り、残念ながら該当する記述を見出し得なかった。

(11) Cf. Green, op.cit., p.85.

(12) Cf. Lansing, op.cit., pp.104–138. Hitchcock, op. cit., pp.90–158.

(13) Cf. Woody, op.cit. , p.457.

(14) Zilpah Polly Grant（1794–1874）は、後に William Banister 夫人となった。彼女は、Lyon と同じく Joseph Emerson に師事し、Adams Academy および Ipswich Seminary の校長を務めた。Lyon の良き先達であり、親友であった。Emma Willard, Catherine Beecher, Mary Lyon とならぶ米国女子高等教育の先駆者である。

(15) Cf. Woody, op.cit., p.457.

(16) Hitchcock, op.cit., p.35.

(17) 潮木守一『キャンパスの生態誌──大学とは何だろうか』、昭和六二年、中公新書、一七―一二一頁参照。

(18) Cf. Cole, op.cit., p.38; Goodsell, op.cit., pp.244–245.

(19) 神戸女学院『神戸女学院百年史　各論』、昭和五六年、二四六頁。

(20) Cf. Green , op.cit., p.116., p.361.

(21) Cf. Goodsell, op.cit., pp.226–267.

(22) 梅根 悟監修『世界教育史大系三四　女子教育史』、昭和五二年、講談社、一八四頁参照。

（23）註19参照。
（24）梅根 悟監修『世界教育史大系一七　アメリカ教育史Ⅰ』、昭和五二年、講談社、三〇九頁。
（25）Cf. Goodsell, op.cit., pp.255–266.
（26）拙稿「明治期〈キリスト教主義女学校〉に対する米国マウント・ホリヨーク・セミナリー出身者の影響——熊本女学校の〈自治自修〉に焦点づけて——」、日本比較教育学会『日本比較教育学会紀要』第一〇号、一九八四年、特に九〇―九三頁参照。
（27）Lyon , *General View*…, op.cit.,p.7.
（28）Ibid., p.6.
（29）Ibid., p.5.　ただし、この『趣意書』には具体的に「一六歳」という年令制限の明記は見当たらない。けれども、Greenの研究（op.cit., p.193）では、開校後まもなく一六歳以上を入学資格としたと云われる。
（30）Lyon , *General View*…, op.cit., p.7.
（31）Ibid., p.7.
（32）Ibid., p.7.
（33）Ibid., p.8.
（34）Ibid., p.7.
（35）上掲『世界教育史大系17　アメリカ教育史Ⅰ』八九頁。
（36）M.Lyon, *Tendencies of the Principles Embraced and the System Adopted in the Mount Holyoke Female Seminary*,1839, Goodsell, op.cit., p.294.

（37）Lyon, *General View*…, op.cit., p.8.

（38）Cf. Lyon, *Tendencies of*…, op.cit., pp.288-290.

なお、Lyonと親交のあったCatharine Beecher（1800-1878）は、当時のアメリカ女性の健康について調査し、健康教育（physical education）の必要を訴えている。（Cf. Page Smith, *Daughters of the Promised Land*, Boston, Little, and Co.,1970, pp.134-135）それによれば、当時の女性たちの健康状態は極めて良くなかったと云われる。Lyonの健康に対する強い関心には、また先述の恩師Emersonが説いた「教育は、強健な身体に力強い精神を生みださねばならない」という考え方（Gilchrist, op.cit., p.74）の影響も認められよう。ともあれイプスウィッチ時代の彼女が、健康問題には深い注意を払い、早寝早起きの習慣の体得を特に高調していたことは確かである。（Cf. Hitchcock, cit., pp. 90-92）

（39）Cf. Lyon, *Tendencies of*…, op.cit., p.290.

（40）Lyon, *General View*…, op.cit., p.8.

第2章　上代 淑の若き日の人間形成過程
――「隣人愛」の体験と教職への決意――

第1節「愛と奉仕」への目覚め――梅花女学校時代

「神と人とに愛されて其生涯を女子教育の為に捧ぐ」とは、岡山市平井山にある上代 淑の墓碑の背銘である。この銘は、上代 淑の養子で最もよく上代の教育精神を理解していた山陽学園の後継者、故上代晧三氏(1)の手になるものである。この飾りのない簡潔な碑文には、敬虔なキリスト者として「愛と奉仕」の教育活動を貫いた上代の生涯が、間然するところなく表されているといってよい。では、この「愛と奉仕」の精神が上代 淑においてどのように芽生え、やがて彼女が女子教育に関心を持つに至る経緯は、如何なるものであったかを、次に探ってみることにしたい。

淑は、先述のように一八七一（明治四）年六月五日愛媛県松山市三番町に父上代知新《ともよし》（旧姓名、菅 有政）、母さいの長女として出生した(2)。父は松山藩の家老職菅家から同藩家臣上代家の養嗣子になった人物(3)であるが、のちキリスト教の信者となって大阪に移住し、梅本町公会（後大阪教会）の仮牧師(4)として梅花女学校の創設にも関わった(5)。このことは、上代 淑の信仰の萌芽が、当時まだ数少ないクリスチャン・ホームであった生家において、先ずは培われたことを意味するであろう。彼女の最晩年（昭和三四年）になされた証言、「私のあかし」には次のように述べられている。「後に父は大阪教会の牧師となりましたが、母は父にもおとらぬ信仰の篤い人でありましたから、私の六才の頃から祈りを教えてくれました。……幼い心にきざみつけられた《祈り》が私の生涯の信仰生活の大指針となりました」と。[6] 淑はこの母を不幸にも一二歳のときに失うが、母に教えられたこのキリスト者としての「祈り」の生活は、実に幼少時から今わの際までも全生涯を通じて、あらゆる場面で忠実に実行され続けたのであった。

この両親によって培われたキリスト教信仰は、梅花女学校の小学科に八歳で入学（明治一一年）し、一三歳（同一七年）で本科に進学、一八歳（同二二年）で同校を卒業するまでの一〇年間に、[7] より確乎たるものに磨き上げられていったと思われる。わけても生涯にわたる教育活動の基底をなす他者への「愛と奉仕」の精神は、同校在学中に育まれたものと考えられる。じじつ彼女自身、同校のことを絶えず特別の思いをこめて〝the sacred place〟（聖なる場所）と呼んでおり、ここでの貴重な体験こそが、後に山陽高等女学校校長の重責を果たす「原動力」となったと繰り返し語っている。[8] そこで次に、彼女の所謂「聖なる場所」たる梅花女学校で彼女の精神的成育に関わったと考えられる人物の幾人かを取りあげ、それを通じて淑の精神的成育の跡を探ることにしたい。

(i)「成瀬・澤山」体験――クリスチャン‐教師の「原像」

梅花女学校は、大阪の地に「自給主義」[9] を標榜して創設されたキリスト教主義女学校である。一八七八（明治一一）年一月七日、澤山保羅の司式のもとに[10] 挙行された開校式での同校教師・成瀬仁蔵の祝辞には、同校設立の趣意が高々とうたわれている。「……愛ヲ倍養（ママ）スルノ本ハ世ノ婦女子ニ關スル大矣其婦女子ヲ倍養（ママ）スルハ愛ナル女學校ヲ設立シ、愛種ヲ以テ婦女子ナル田ニ蒔ニ如クハナシ。……」[11]と。また、同じ成瀬が同校の「自給」問題で辞任する年の一八八二（明治一五）年八月二四日付の日記には、「女學校　神の榮ノ為メナリ。故ニ女ヲ教育して聖書ニ合フものとする事也。第一信仰ヲ育てる事　第二聖書（第三）世ノ情ヲ捨テ實ニ潔白の心ヲ育てる事（第四）柔和ナル心ヲ育、又愛等……（第六）忍耐ヲ施し。神ニ奉げる事（第七）學校之友或ハ其他ノものニ道ヲ傳ヘ常ニ神の榮ノ擧る事を目的トセシメ一生神の榮ノ為ニ働く性質を神ニ由て教育すること……」[12]と認められている。これら祝辞ならびに日記の一節からも、キリスト教信仰にもえる青年教師成瀬の目指した同女学校の目的が、「神の栄のために愛をもって働く女子の育成」にあったことは一目瞭然である。さらに成瀬後年の英文著作 *A Modern Paul in Japan* には、同女学校が米国のマウント・ホリヨークをモデルにつくられたこと、したがってそれとの同一の精神、すなわち「独立心、節制、忍耐、他者への奉仕」が大いに鼓舞されたことが明記されている。[13]そうしてみると、この女学校の上記開校式に、早くも父に伴われて列席したとされている[14]少女　淑が、それ以降五年間にわたって、理想に燃える成瀬仁蔵から受けた有形無形の影響は、まさに測り知れないものがあったと云うべきであろう。開校式当時わずか七歳であった上代には、同校の設立目的が「神の愛を培養する女子の育成」にあったことなど、無論まだ明確な理解はできなかったであろう。しかし凛然と語る若き教師成瀬への憧憬とともに、この「愛なる女学校」への深い興味が、この時点で芽生え始めたであろうことは想像にかたくない。因に、上代晩年のかなり長い年月を共に暮した教え子の堀　以曽女史は[15]、「成瀬先生が先生に及ぼされた教育」について、次のように語っている。それは「まことに大なるもので、成瀬先生によって先生は女子教育者と仕上げられたものといっても過言ではありますまい[16]」と。しかし、上代が当時この成瀬からどれ程の教育を受けたか、その詳細については残念ながら今のところ資料的には不明である。けれども、七歳から一一歳の多感な少女期に、草創期の不安定な梅花女学校で奮闘する若き成瀬から受けた鮮烈な印象は、「神への愛と奉仕」をモットーに生きた理想の教師像として、恐らくは生涯忘れ得ぬものとなったであろう。上代最晩年の回顧でも、「九十才に垂んとしている老境においても成瀬先生を思えばさながら目のあたりにその教えを承つているかのよう、ひしひしと感じます[17]」と、恩師への深い尊敬の念を生き生きと語り出している。

この成瀬が同校教師となったのは、他ならぬ同校の設立に尽力した澤山保羅の推輓によったのであるが[18]、成瀬が去った後の明治一六年に校長となった澤山保羅も、淑が多大の影響を受けた人物として指摘しなければならない。同校の創設者である澤山は、決断の人とも、また愛の人、信仰の人とも評されている[19]。彼は神の愛にもとづいて、自他の人格を変えていくことが信仰の業であると主張し、他者のための祈りの生活を現に実践していた人物である。この澤山について、上代は後年次のように回想している。「教師館のあの薄暗い応接間の椅子に腰をかけておいでになり、私共その前に跪きまして、さうしてもう、先生とかうからだをひっつけるようにして、先生は私達一人々々の頭の上に手を置いて祈つて下さいました[20]」と。そしてそのことが、子供心にも身に沁みて嬉しかったことをはっきり記憶していると語っている。明治二〇年に三六歳の若さで永眠した澤山の、半紙二枚に書かれた「主の爲に盡くすべき婦人の職分[21]」と題された遺稿には、女性に対する彼の強い願望が記されている。すなわち、「……男女老少、尊卑健病其他ノ別ナク誰人モ神ヨリ特別ノ仕事ヲ賜ハラサルモノハナケレバ誰レトテモ我レニハ別ニ神ヨリ賜ハリタル職ハナシ、我レ一人別ニ働テ働クヿ」ナクトモ別ニ神ノ國ニ害ハ來ルマシ杯ト決シテ思フヘカラサルナリ。聖書ニ爾ラハ皆ナキリストノ肢ナリト、サレバ誰レモ其ノ居リ場ハ異ナリ其ノ職ハ不同ナレト一人トシテ肝要ナル務ヲ持タサルモノナシ……」と、人間には神から与えられたそれぞれに励むべき使命があり、女性も「キリストノ肢」としての使命をもつことが強調されている。その具体例としてケンクレア教会のフィベの例などが挙げられ、「キリストノ肢」として社会における不幸な人々のために働く女性が讃えられ、そして「……私カニ神ニ近ツキ祈禱ヲ怠ルベカラズ、然ラザレバ其ノ務ヲ悦デ盡クシ神ニ榮光ヲ奉リ互イニ幸福ヲ与ヘル働キノ力ヲ賜ハラザルナリ」[22]と、ひたすら祈りをもって神の栄光のために相互奉仕に勤しむよう力説されている。それゆえ成瀬の去った後も恐らくは、同様の思想が校長澤山の教訓という形で、引き続き日常的に少女淑の内面に浸透してゆき、自ずと他者の幸福のために働く女性の尊さが強く心に刻みこまれていったと思われる。また、そうした澤山の姿は、祈りつつ教育の業に励む教師の謂わば「原像」（Urbild）とも云うべき姿となって、強烈な印象を伴って淑の内面に刻みつけられたに違いない。

(ii)「愛と奉仕」への憧れ

梅花女学校時代、成瀬や澤山のほかにも、キリスト者としての「愛と奉仕」の精神を彼女に身をもって教えてくれた人々がいた。明治一七年に淑に洗礼をさずけ[23]、澤山の没後校長となった宮川経輝（明治二〇—二五年在職）[24]。また、幼くして失った母親や地方伝道に絶えず外出していた父親に代わって、あたかも養女のように淑の面倒をみ、寄宿舎が閉鎖される休暇中には自宅に居室まで提供してくれた[25]アメリカン・ボードの宣教師デフォレスト（J. H. DeForest, 1844–1911）夫妻。そして更には、後年上代が「真の娘のように愛して下さいました[26]」と懐かしむ数名の外国婦人宣教師たち。これら「隣人愛」の権化のような人々に対する終生かわらぬ感謝の念には、彼女が母校の思い出に触れるたび必ず語られている程深いものがある。わけても、彼女が幼少期から寄宿舎生活をしていた点を顧慮するとき、最も身近かな母親代りとしての外国婦人宣教師たちから、人間的にも信仰上にもどれほど大きな感化を受けたかは推して知るべきものがあろう。

　例えば、明治一六年から九年間にわたって梅花女学校に奉職し、「教場においては厳格なる師として寄宿舎にては慈母として」教育を行なっていたドーディー(M.A. Doughaday, 1844–1919)が居る。彼女はオールバニー師範学校とメープルウッド神学校において高等教育をうけた女性であったが、[27]「彼女は祈りの人であった、朝の早い時間はきまって祈りの時に費やされる、よく眠れましたかとたづねるといつも彼女は《我が祈らんがため　主われを起したまへり》と答えられた」[28]と伝えられるほど、絶えず他者の幸福のために忍耐と感謝と祈りの生活に明け暮れていた宣教師であった。[29]絶えず他者の幸福のために忍耐と感謝と祈りの生活をしていたこと、さらに音楽に深い愛と造詣を持っていたこと等、後の上代 淑の教育者としての生活と非常に似通った点が多い。[30]のみならず、日本における「女子教育」促進への熱き志においても両者は極めて近く、前者から後者への強い感化があったことは、まず間違いないであろう。明治二五年の『女学雑誌』に掲載されたドーディー女史の論文「日本に於ける基督教主義女學校の目的如何」は、彼女が高いレベルの教育を受けて来日し、婦人の地位向上という明確な意図のもとに自覚的に女子教育に献身していたことを如実に物語っている。キリスト教主義女学校の目的を、「日本の青年女子をして賢く強き基督教徒とならしむるにあり」[31]と捉えた同女史は、さらに「日本の女子を重んずるの一人として、殊に多年彼等を観察したるの一人として、予《ママ》は日本に於る多くの女子の温厚優和なる美性を養ふべき自由教育を受けざるを知り、これを受たるものは静粛なる淑徳に知識と品位とを加えて、その無学にして不幸なる姉妹より遥かに高尚なる位置にあることを知れり[32]」と説きすすみ、教育の振興・普及を通じて知徳兼備の日本女性が多数出現することに熱い期待を寄せている。半月後に発行された同論文の後半で、女史はさらに母国アメリカにおける女子の高等教育就学状況についても報告しているが[33]、実はその翌年に、上代淑は女史の母国へと留学の旅にのぼることになるのである。そうしてみると、直接的史料は目下のところ未発掘ではあるが、敬虔なクリスチャンとしての生き方だけでなく、女子教育の促進とそれを通じての日本女性の陶冶ならびに地位向上への強烈な志向という点でも、淑が親しく薫陶をうけたドーディー女史から燃えさかる松明の火を受け継いだと見るのは、むしろ極めて自然であろう。

同様の強い影響をうけたと考えられる外国婦人宣教師としては、コルビー（A.M.Colby, 1847–1917）[34]がいる。上代は回想している。「私が梅花女學校に過しました間の十三から十八まで位、ミス・コルビーから特別の感化をうけましたが先生はいつでもお話のはじめに必らず《人の幸福のために生きよ》と申されたものでした。……ずっと頭にしみこんで過して参りましたが私の生涯を指導し支配するものとなったのであります[35]」と。しかも、同女史も婦人の地位向上について繰りかえし語っていたことは興味深い。上代と同期生の大塚常（旧姓、立石）による同女史の追悼談にも、「故師の君の同情心の厚く特に我國女子に對しては非常に一種の憐れみを以て男子の束縛より離れ我々の女子の地位を向上せしめんことに力を致され何れのお談に際しても結論は何時もそこに落ちるのが例であった[36]」とある。

こうした外国婦人宣教師たちから、日常の具体的生活場面で身を以って示された敬虔なクリスチャンとしての生き方と、高い教育を受けた独立心に富む婦人の社会的・教育的な活躍ぶりは、上代が当時繰り返し愛読したボルトン（S.K.Bolton）の著『有名になった少女たち[37]』（*Lives of Girls Who Became Famous*）のなかに出てくる、マウント・ホリヨークの創設者ライオンやかの看護婦ナイティンゲール（F.Nightingale）の像とも重なり合って、彼女の内面に、「愛と奉仕」の精神に加えて「女子教育」への認識と情熱を自ずと育んでいったと見て差し支えないであろう。じじつ彼女自身、同女学校在学中に特定の場所を選んで、仲間たちと共に祈りあっていたことを「尊い思い出」として次のように回想している。「あの細長い建物、あの懐かしい建物の一端の狭い運動場の隅にたつてゐた柳の木の下か、教師館の傍らの煉瓦の蔵の後ろの狭い所かゞ、私どもの祈りの場所でございました。そして三人が岡山の言葉で申しますと、そこにしゃがんで、《今晩は学校のために》、《今晩は先生方の為に》、《今晩はお友達の為に》と一生懸命、神様に祈りました[38]」と。

以上に見たように、直接に指導をうけた成瀬や澤山ならびに外国婦人宣教師たちが、それぞれに身を以て教えてやまなかった「愛と奉仕」の精神は、女子教育への深い志と熱い情熱と共に、上代 淑の胸裏に深く体得されていったのであろう。

かくして上代は、一八八九（明治二二）年六月一八日土佐堀青年会館で四年ぶりに挙行された卒業式[39]で、極めて優秀な成績をもって梅花女学校を卒えた。そして同年九月、岡山在住のアメリカン・ボード宣教師ペティ（J.H.Pettee, 1851–1920）の推輓に由る山陽英和女学校からのたび重なる招き[40]に応えて、ついに彼女は教育者としてのスタートを切ったのであった。このとき上代は、実はこの招聘に応じるか否かかなり悩んだようである。その間の事情については、彼女から相談を受けた前記デフォレストの伝記に詳しいが、それによると、卒業直後の上代には、職業上の選択肢が二つあった。一つは婦人宣教師の助手であり、他の一つが上記の「岡山の小さな女学校」での教職であった。いずれかの選択を迫られていた彼女にたいし、一貫して養父のごとく接してくれていたデフォレストは、次のように助言した。「もしお前が、クリスチャンとしての力を使える何かほかの仕事を得ることができるなら、けっして宣教師の手伝いなどになるべきではありません[41]」と。それに対して、上代自身はずいぶん思い迷ったようである。

「梅花女学校にその後も残って、教鞭をとりながら（ママ）。高等科の勉強をつゞけたいと存じ、その道も開かれて居りましたところ、その八月　当時のこの山陽英和女学校からの招聘をうけたのでございました。でも私はどうしても梅花女学校に残りたくて岡山に来る事に我まゝを云って居りました[42]」と当時を回想している。この職業選択にまつわるエピソード[43]には、一個の独立した女性として成長してほしいと願うデフォレストの期待と、なによりも向学心に燃える年若い娘上代 淑のひたむきな心情とがよく表れている。しかし、「たゞ神様の不思議なお導きによってこの岡山に参りました[44]」と後に述懐しているように、彼女は「祈り」の果てに山陽英和女学校の招聘に応じる道を選んだのであった。

　このようにして上代は、一八八九年九月から一八九三年四月までの三年半のあいだ山陽英和女学校で教鞭をとった後、一旦同校を辞職して、憧れのマウント・ホリヨークに留学することになる。年若い女教師上代が、より良き教育実践のため是非とも「メアリー・ライオンの学校」に学びたい、と切なる願いを神かけて祈っているのを知った宣教師はじめ多くの米国人たちが、その実現のため個人的人脈を総動員してくれた経緯と、さらに彼らの隣人愛と祈りに呼応して、米本国の友人知人たちも同じ「隣人愛」によって終始一貫上代の留学を経済的にも支援してくれた事情、さらには、この留学生活を通じて出会った人々から多大な人格的影響をうけ、その結果、彼女の人生航路上決定的に重要な局面を迎えるに至った内的経緯についても、次節で詳述してみたい。

第2節 「隣人愛」の人々との出会い——留学の実現と渡米中の内生活

(i) アメリカン・ボードの宣教師たち

上代 淑が、米国マウント・ホリヨークに留学した事実そのものについては、同学園の『九十年史』にも明記されているところである。(45) けれども、そこに至る具体的な経緯や留学中の状況等については一切明らかにされていない。(46) そこでここでは、彼女の留学が、アメリカン・ボード(47)所属の米人宣教師たちをはじめ、米国の片田舎の村の文字通り名もなき人々の善意に支えられてこそ実現し得た経緯ないし実情について、現在までに筆者が蒐集し得た資料に基き可能な限り詳かにしてみたい。それと言うのも、上代 淑はマウント・ホリヨークが「セミナリー」(Seminary)から「カレッジ」(College)に昇格した一八九二(明治二六)年の新学期九月に入学し、(48) 一八九七(明治三〇)年六月二三日に「理学士」(Bachelor of Science)の学位を授けられて卒業しているが、(49) この留学をめぐって体験した様々な米国人との「出会い」こそが、彼女の人間形成上重要な意味を持つのみならず、帰国後の六二年間におよぶ彼女の力強い教育実践を根底から支え、その後の人生態度を決定づけることになったと考えられるからである。

上代 淑が、自らのマウント・ホリヨーク留学に関して、直接に語っている資料は殆どない。(50) そこで取り敢えず、淑の教育理念の最もよき理解者・継承者で、しかも彼女の養子であった故上代晧三氏(51)が、淑の伝記作成のため準備しておられた未発表の遺稿を手がかりとして、留学の経緯ないし事情について検討してみたい。この「上代 淑のマウント・ホリヨーク College 入学の経緯」と題された備忘風の手稿は、簡潔ではあるが比較的総括的に記述されているので、次にあえて原文そのものを、誤綴・脱字・読点等の補正も一切施さずに掲げることにしよう。

「Mary Lyon の傳記は十三才頃から讀んだ。ここから女子教育への祈りが生まれた。

さらに梅花女学校在学中の学資は Dr. John H. Deforest《ママ》 から援助された。

マウント・ホリヨーク College への入学は Deforest《ママ》 からの依頼で Brooklyn の Dr.A.J.Lyman から推薦されたのであった。全く無条件で、将来の約束もなく、そして優等生として卒業したのであった（A biograpy of John Hyde Deforest《ママ》 for 37 years missionary of the american《ママ》 Board,in Japan）

渡米に際しては、Mrs.Petee《ママ》 に上代 淑自身から手紙で願い出たのを受けて、Miss McLenan《ママ》 宣教師（山陽英和女学校の教師でもあったので）が、淑のために衣類をととのへてくれたし、さらに彼女の出身地ニューヨーク州の Cananandaigua《ママ》 の婦人會に依頼し、そこの Mrs.Lee が淑の生活を支えてくれることになった。

渡米して先づ Mrs.Lee を訪ね、彼女は Cananandaigua《ママ》 の停車場に迎へに出てくれ、何かと世話をしてくれた。これは Honeyoe《ママ》 の教会婦人會であった。Mrs.Lee は五年間の家庭宿泊を約束してくれた。夏休暇の半分を Honeyoe で、あとの半分を Mrs.Lee のところですごし、多くは林檎園の仕事であった。

帰國の旅費までこの教会婦人會で支給して貰ったのであった。渡米早くにこのような好意ある支援が決定したので、淑は不安なくマウント・ホリヨークに入学して四年間を勉学に専念することができたが、ひとつには幼時からの英語の會話の能力の蓄積が大きな力となって、多くの人達から愛されたことが恵みとなったと思われる。（上代晧三記）[52]」

右の上代晧三氏の記述に最初に登場するデフォレスト博士とは、アメリカン・ボード派遣の宣教師で、最も早い段階から淑の将来に嘱望して物心両面にわたる支援を惜しまなかった人物である。ただし、皓三氏の指摘する、大阪の梅花女学校在学中の学費援助については、否定的証言もあったりして真偽のほどは必ずしも明確でない。とは言え、このデフォレストが淑にとって恩人の一人であった事実に変わりはない。

ここでは取り敢えず、淑の留学に関して極く簡単に、①彼女が「DeForest の口利きで、彼の友人 A. J. Lyman 博士の仲介により念願のホリヨークに留学することとなった」こと、②そしてそれが、「将来いかなる仕事上の拘束をも受けない自由なもので」あるよう最も配慮された留学であったこと、の二点を指摘するに止めよう。

ところがどうした訳か、これまで山陽学園関係者[53]のあいだで、このライマン博士なる人物が、当時のマウント・ホリヨークの理事の一人A・ライマン・ウィリストン（A. Lyman Williston）であると誤り伝えられてきた。しかし右の伝記に、デフォレスト自身が「私の親友」（my loyal friend）と呼んでいたと明記されているA・J・ライマン（Lyman, 1845–1915）とは、当時米国ニューヨーク市はブルックリンの南地区教会（South Church）の牧師を四一年間務めた人物で、エール大学時代からの親友同士であったことが判明した[54]。このライマン博士こそ、淑のマウント・ホリヨーク入学に少なからず尽力してくれた当の人物に他ならない。事実、淑自身が同博士の名前をあげて回想している放送記録も発見することができた。それは彼女の最晩年（八六歳）に、「ラジオ山陽」で語った「神は愛なり」と題する随想においてである。「……〝教育のために尽くしましょう。神様、私にお力をお与え下さい。そのために、そのために私は、準備のためにアメリカへ行きたいんでございます〟と、もうあからさまにそれをお祈りして。それでも、私の家は牧師でございましたし、それだけの費用もありませんでした。それなのに、もう不思議なことに、私はアメリカに行くと、勉強に行くということを許されて、そうしてアメリカに行くようになったのでございます。それもみな、神様のお恵み、神様の愛。神様が祈りを聞いて下さったという、その感謝、感謝。それでずーと道が開かれ、アメリカへ行くようになったんでございますの。……そうして、どの学校にあなたは行きたいのかと、ドクター・ライマンという方が言うてくださった。〝Of course, Mount Holyoke〟とこういうて、私はマウント・ホリヨークに行くことを望んで、そして、そこへ行くようになったのでございますの(55)」。

ここには、淑の留学目的が最初から「教育のため」であり、志望校もマウント・ホリヨークであったことが明確に語られており、しかもその強い希望が、神への「祈り」によって叶えられたことが感謝と感動をこめて語られている。と同時に、そこには自らの希望の実現に力を貸し与えてくれた人物として、はっきりとライマン博士の名が挙げられており、彼にも多大の感謝の念を抱いていたことは、その口吻からも十分に窺い知れよう。このライマンとデフォレストの両人が、淑のマウント・ホリヨーク留学の実現をめぐって、具体的にどのような連絡を取り合い、どのような手立てを講じてくれたのかについては、残念ながらそれを裏付ける資料は未だ見つかっていない。けれども、当時の通信手段や交通事情を考慮するだけでも、両者の間の並々ならぬ協力関係が無ければ、淑の留学は決して在り得なかったことは確かであろう。両人が同じ宗旨を戴くキリスト者として、また同じ大学を卒業した教養人として、純粋なキリスト教的「仁愛」(benevolence)ないし「善意」(good will)に基づき、日本の才智あふれる若い婦人教師の希望を実現するため、緊密な連繋プレーを執ってくれた事だけは確かな事実として想定し得るであろう。

さて、上掲の上代晧三氏の遺稿中に、「渡米に際しては、Mrs.Pettee に上代淑自身から手紙で願い出た」とあったが、このペティ夫人(Mrs.Pettee, 1853-1937)も、上記デフォレストやライマンと同様、淑の留学を強力に支援してくれた忘れ難い人々の一人である。彼女はアメリカン・ボードによって派遣され、当時岡山ステーションに配属されていた宣教師Ｊ・Ｈ・ペティ（Pettee, 1851-1920）の夫人となった人物である[56]。淑は梅花女学校を卒業した後、山陽英和女学校に奉職したのであったが、それは先にも指摘しておいたように、ペティ師の推輓によるものであった[57]。この事実から推しても、留学希望についてペティ夫妻にまず相談したのは、最も自然なことであったであろう。このペティ師は、本国の「米国婦人伝道会」（Woman's Boards of Missions）の機関誌『婦人の生活と光』（*Life and Light for Woman*）に掲載された一八九二年一〇月二五日付の書簡において、「我々の女学校」なるものについて紹介・報告しているが、その中で「婦人の筆頭教師（the lady principal）ミス上代は、来夏マウント・ホリヨークに留学することになっています[58]」と予告している。彼の謂う「我々の女学校」とは、むろん山陽英和女学校のことで、同校は淑の出身校である梅花女学校と同様、「自給」主義を標榜して一八八六（明治一九）年に日本人の醵金によって創設されたキリスト教主義女学校であったが[59]、しかし教育面でも財政面でも、ペティ師をはじめ多くのアメリカン・ボード派遣の宣教師たちから様々な援助をうけて支えられていたのであった[60]。

残念ながら、ペティ夫妻と淑との当時からの親交ぶりを直接に示す資料は、今のところ発見できていない。けれども、次のような諸事例は、両者間の長年にわたる人間的信頼関係の深さと緊密さを物語るに十分であろう。例えば、淑は一九〇七（明治四〇）年に、山陽高等女学校同窓会から旅費を贈呈されて[61]欧米教育の視察旅行に出ているが、その途次、シアトルで開かれた「第二三回国際キリスト教共励会大会」（The Twenty-Third International Christian Endeavor Convention）に、彼女は日本連合キリスト教共励会（The Japan Union of Christian Endeavor）代表の一人として出席した[62]のであるが、それを同大会の実行委員として保証しているペティ師直筆のサイン入り証書が、淑によって大切に保管されて今日にまで残されている。[63] また、同師が一九一六（大正五）年に三八年間に及ぶ岡山滞在を終えて帰米するに当たり、自ら手塩にかけて育て上げてきた旭東日曜学校について、駅頭に見送った淑に万事「よろしく」と後事を託したことが『岡山教会百年史』に記されている。[64] 事実この信頼に応えて、彼女は山陽高等女学校校長の激務を果たす傍ら、実に死の一四日前まで、ずっと旭東日曜学校の教師として奉仕したのであった。[65] さらに淑の遺品のなかには、ピリピ人への手紙第四章の四節にある聖句とともに、〝To my friend these many years/Miss Y.Kajiro〟と達筆で自書されたペティ師の肖像写真が保存されている。[66] これらの事実は、少女時代からの良き指導者であった上記デフォレスト夫妻が一八八六年に仙台に転じた後も、[67] 岡山の地で奮励する若い女教師淑を精神的に支え導いたであろう夫妻との、相互信頼の強固な内実を想像させるに余りあるであろう。

次に取り挙げなければならないのは、上代晧三氏の遺稿中に名が掲げられている「Miss McLennan 宣教師」についてである。同氏はそこで、マクレナンが①山陽英和女学校の教師であったこと、②彼女の出身地がニューヨーク州のカナンディグア（Canandigua）であったこと、③そして、その縁故で、淑は留学中この地の婦人会の人々から多大の恩恵を受けたこと、④鹿島立ちを前に淑のためにマクレナンが洋装を整えてくれたこと、の四点を指摘しておられた。では、そもそもマクレナンは如何なる人物であったのであろうか。

アイダ・マクレナン（Ida A.McLennan, 1857–1951）は、米国でいち早く男女共学を認め、その卒業生の多くを宣教師として海外に送り出していたオベリン・カレッジ（Oberlin College）[68] に入学（一八八〇年）し、文学士の学位を得て卒業（一八八四年）している。[69] この母校に今も残されている記録に依れば、彼女は「一八八四―八六年、ミシガン州 のレイク・リンデ（Lake Linde）で教鞭をとった後、一八八六―八七年、一旦は家に戻り、その後一八八七―八八年、ニューヨーク州のカナンディグアで再び教授者となった[70]」とある。この間の経歴については、マクレナン自身が、アメリカン・ボード本部のクック夫人（Mrs.Cook）に宛てた一八九三年五月一八日付の報告書簡で述べているところと同じであるが、この書簡中カナンディグアに関しては、「一八八七年の冬に、バッカス夫人（Mrs.Backus）の経営する私立学校（the private school）の教師として暫く教えた[71]」と書かれている。より正確には、後述するように、「その間同村の」教会が営む日曜学校（sunday school）の教育活動にも奉仕的に従事していたのである。その後、一八八八年一一月アメリカン・ボード派遣の宣教師として来日し、鳥取での宣教活動を経て、一八九〇年四月から二年間岡山の山陽英和女学校の教師として活躍、一八九二年には同じ岡山ステーション付きの宣教師S・ホワイト（S.S.White）と結婚、一九一九年に日本を離れるまで宣教師として二〇年間、献身的な活動を続けたのであった[72]。

さて、略歴は以上の通りであるが、淑との親しい交際が始まる山陽英和女学校での動静を見てみよう。『山陽高等女学校五十年史』には、マクレナン女史について次のように記されている。「ミス・アイダ・マックレナン、嘱託教師、英語担当、一八九〇（明治二三）年四月就任、一八九二（同二五）年六月退職[73]」と。しかし、彼女が本国に書き送った上掲書簡では、「私は、この女学校で年間を通じて、聖書の授業を幾つか担当していました[74]」と報じられている。同女学校では、先にも指摘したように、多くのアメリカン・ボード派遣の宣教師たちが入れ替わり立ち替わり、「嘱託教師」として強力な協力ないし指導を続けていたのであった[75]。他方、上記『婦人の生活と光』の一八九〇年一〇月号の日本支部に関する欄には、「マクレナン女史が、岡山の例の女学校を預ることとなった[76]」旨が報じられており、ここには日米両サイドからの彼女の位置をめぐる解釈の差が読み取れて興味深い。

けれども、それは一先ず措くとして、マクレナンが山陽英和女学校で教鞭を執ることとなった一八九〇（明治二三）年には、同校は存続さえ危ぶまれるほどの財政難に見舞われていた。[77] 少なくともアメリカン・ボードの側からは同校の責任者として送り込まれていた彼女は、そのとき私財を投げうっての献身的な奉仕によって同校を救ったのである。彼女が窮余の一策として案じたのが、母国での慈善バザーであった。上掲『創立五十年史』には、その間の模様が簡潔ながら記されている。「此の際與つて最も力ありしは教師マックレナン女史で、女史は自ら資金を投じて、本邦の新物古器を購ひ、之を北米合衆國ニューヨーク洲カナンデグワ邑に送り、慈善市を開いて販賣し、巨利を得償却の中に加えた」[78]と。この学校存亡の危機を救ったバザーについては、当時すでに同校の若い教師として共に苦境を乗り切った上代 淑の口から、後々に至るまで繰り返し熱い感謝を籠めて語られている。[79]

右の『創立五十年史』の記述からは、マクレナンがカナンディグア村と何らか特別な縁故のあったことが想像されよう。先の上代晧三氏も、誤解――実際にはオハイオ州のソームヴィル（Salmevlle）[80]――ではあるが、「彼女の出身地ニューヨーク州のカナンディグア」と記しておられるほどである。けれども、この米国は中東部の小さな村カナンディグアにしろ、あるいは同村とマクレナンとの関係にしろ、さらには彼女とアメリカン・ボードの関係にしろ、これまで何も詳らかでは無かった。しかし、淑とマクレナンとの親交のみならず、次節以下で述べる留学中の淑とカナンディグア村の人々との並々ならぬ関係を解き明かすためにも、これら不明の諸点を探ることがキー・ポイントとなる。そこで筆者は現地調査を試みたが、その結果、マクレナンは、カナンディグアになお現存する「第一会衆派教会」（The First Congregational Church）[81]所属の婦人たちがかつて組織していた「婦人海外伝道会」（Women's《ママ》 Foreign Missionary Society）[82]から、日本に送り出された婦人宣教師であったことが判明した。例えば同教会の百周年記念誌（*The One Hundredth Anniversary of Organization of the First Congregational Church, Canandaigua, N.Y.*）には、彼女について次のように明記されている。「私たちは、一八八八年に、お互いが出し合った寄付金の贈り先を、ミス・ブライスからミス・アイダ・マクレナンに変更しました。これまで彼女はボランティアとして、私たちの教会と日曜学校の活動を一緒にしてきましたが、彼女自身の希望でウーマンズ・ボートに身柄をあずけ、宣教師として日本に行くことになったのです。彼女は正に私たちの代表者として、かの国に赴いたのです。その彼女を支援するため、私たちは五年半に亙って年俸四〇〇ドルを送ることが出来ました」と。(83) ここからも直ちに解るように、マクレナンは、米国の片田舎の村カナンディグアの信心深い婦人たちの団体が、彼女のキリスト者としての誠実な人柄とインテリとしての優れた能力を見込んで、純粋に伝道的な動機から日本に送り込んだ文字通りの「ミッショナリ」だったのである。すなわち、福音を宣べ伝えるべき「特別の使命」（mission）を、神と村人たちから託された人として来日したのであった。マクレナンにとってカナンディグアは特別な村であったと同様に、カナンディグアにとっても彼女は特別な人物だったのである。因みに彼女は、村を発って一〇年後の一八九八年に一旦帰国した折、夫と一緒に同村の教会を訪れ、日本各地での一〇年間の宣教活動について報告している。(84)

右のような背景を持っていたマクレナンであったからこそ、彼女の目論見どおり、カナンディグアでのバザーは大成功を収め「巨利を得」たのであり、それによって山陽英和女学校の危機は救われたのであった。それから三〇年を経た一九二一（大正一〇）年に、淑は山陽高等女学校の創立三四周年記念式典での講話の中で、つぎのように真情を吐露している。先ず、同校がその間に「遭遇したいろ〳〵の困難はその度毎にますく〵我が校の向上の基となって居る」と前置きした後、「この苦しい苦しい立場を抜け出たときの學校の向上、發展」が、「心から學校を御思ひ下さる先生方によつて」はじめてもたらされ得た賜ものであることを強調し、さらに具体的にこう語っている。

「その先生方の中には會計より差上げましたお金をそのまゝ學校の方へ御寄附下さいました、また……皆御自分の名利共にすて、學校の爲に御つくし下さいました、あゝ私共はどうしてその先生方の本當にま《ママ》心のこもつた犠牲的精神を汲まないで居られましょうか……或方は箱を作つて御家の寶を持つて來てそれを學校の爲に寄附して御助け下さいました、そしてそれをアメリカのニューヨークへ持つて行つて我が山陽女學校の爲にとてバザーを御開きくださいましたその時の利益といつたら大したもので學校の負債をも拂ひまだその餘りで學校を維持することが出來ました、この様な……精神の今日まで生きて居りますからこそ先生、同窓生の方々も學校の爲に一生懸命に御自分をわすれて御つくし下さるのであります」[85]と。

ここで「或る方」と語られているのは、言うまでもなくマクレナンその人であり、そのような彼女の至誠無私の献身ぶりを眼のあたりにして、着任後間もないながら日本人教師の筆頭格であった淑が、どれ程若い魂を打ち震わされたことであろうか。そして、少女の頃より憧れていたメアリー・ライオンのイメージを密かにマクレナンと重ね合わせつつ、かねてからの留学の夢をどれ程大きく膨らませたことであろうか。この点については、実証するに足る資料は未発見ながら、推して知るべきものがあるであろう。日常の教育実践や伝道活動の折ふしに、淑がマウント・ホリヨーク留学の希望を打ち明け、マクレナンがその相談に誠実に相応じたであろうことは、かなりの信憑性をもって推察可能なように思われる。というのも、山陽英和女学校に転じてくる直前に、マクレナンは誕生間もない鳥取英和女学校で、若い教師であった山脇 花の希望を親しく尋ねた上、同じ宣教師仲間のホルブルック博士（Dr. Mary A.Holbrook）に彼女を推薦し、マウント・ホリヨーク留学への道を開いてやった実績があるからである。因みに、山脇は淑の二年前にマウント・ホリヨークを卒業しているが、その二年前にも神戸ホーム第一回卒の宮川としが Holbrook の斡旋で、また淑の二年後には江頭 秀が、岡山ステーション付のテルフォード女史（Miss C.Telford）の肝煎りでマウント・ホリヨークに留学し卒業している。(86) これらの諸事実は、少なくともパターンとしては淑の場合と極めて類似しており、当時のアメリカン・ボード派遣の宣教師たちの間で、相互に連携し合いながら、日本の才能ある女性を母国の女子高等教育機関に送って教育を受けさせようとする、純粋に慈善的な計画と活動があったことを示すであろう。淑の留学も、正にそうした「慈善」に基づく「私費」留学の典型的ケースの一つだったのである。(87) してみれば、淑の留学実現に果たしたマクレナンの役割りを直接に証示する資料は発見できていないけれども、上述のごとき諸般の事情から、先に指摘したデフォレストーライマン博士の線とは別に、もう一つマクレナンーホルブルックのラインも十分考えられ、さらには両ラインの交叉ということも可能性としては無しとしないであろう。(88) 淑は留学に備えるため、一八九三（明治二六）年の四月一〇日に一旦山陽女学校を退職し、大阪の梅花女学校に寄寓しつつ数か月間マウント・ホリヨーク入学のための受験勉強に没頭したが、出題科目やその対策等について、恐らくはマクレナンからも幾多の情報や忠告を受けたことであろう。(89) ともあれ、留学時に洋装一式を整えてもらった程の両者間の美わしい情誼と、わけても淑からマクレナンに対する深い感謝の念は生涯かわらないものであったのである。

(ii) 市井の女性ピューリタンたち

淑の留学を支援してくれた米国人として、最後に是非とも取り上げなければならないのは、リー夫人(Mrs. Harriette E.Lee)に代表されるような、例のカナンディグア村の名もなき善意の婦人たちである。彼女らが外国伝道のための婦人会を組織し、事実上そこから送られた宣教師がマクレナンであったことは、既に詳述した通りである。したがって彼女たちこそは、マクレナンの要請に応じて、慈善バザーを同村と近在のハネオイ(Honeoye)で開催し、その収益によって遠い国の小さな地方都市の女学校を救ってくれた人々であったと同時に、また同じ縁故により、留学中の淑に多大の恩恵を与えてくれた人々でもあったのである。

留学生として初めてカナンディグア村を訪れた時のことを回想しながら、後年淑は次のように話している。「私があちらに參りましたとき、寄寓してお世話になりましたのはそのバザーに大變御盡力下さいました方のおうちでした。私があちらに參りました當時、夫人が〈あなたの大変なつかしがるものを見せてあげる〉と云はれてパーラーに案内されましたが、そこの棚に思出多い撫川うちわが飾ってございましたのを見せられました。又刀をも見せられました。尚又他家では帯、着物の飾つてあるのを見せられました。それらを見ました時のなつかしさ、ほんとに感慨無量でございました。これは日本のものといふだけではなく、全く犠牲的精神のあふれとして海外に出されて居つたものだからでございました」と。(90) 文中、「バザーに大變御盡力下さいました方」のお宅に、留学中は「寄寓してお世話になった」と書かれているのは、やがて明らかなように正しくリー夫人のことで、「夫人」と呼ばれているのも無論彼女を指すが、ここで特に注目しておきたいのは、このリー夫人はじめカナンディグア村の婦人たちの、そして又言うまでもなく宣教師マクレナンの、篤い信仰に基づく「犠牲の精神のあふれ」が他ならぬあのバザーであったと淑が再認識していること、そしてそれに対して、彼女があらためて感動を深くし、感謝の念で胸を熱くしている事実である。しかしこの点については、後続の各節を通じて考察を進めるとして、先ずは留学当時の彼女とカナンディグアの人々との交流ぶりを窺い見ることにしよう。

淑が留学時に書いた日記の類いは、現在のところ見つかっていない。しかし、一〇年後の欧米教育視察旅行の際に、英文で書き記した日記が残されている。(91) これには訪問先での様子が丹念に書き綴られているが、留学時に親しく接した懐かしい人々を再訪した記録は、逆に当時の様子を透し視させてくれる。一九〇七（明治四〇）年九月二七日付の日記の一部を訳出してみよう。

「シアトルに上陸して三か月たちますが、やっとカナンディグアに着きました。ああ、どれ程感謝したことでございましょう！　私は〈アメリカの我が故郷《ふるさと》〉（my〝American Home〟）に着いたのでございます。あれから一〇年を隔て、神様の御手が再び私を、ここカナンディグアにお導きになりました。帰り着けてほんとうに嬉しゅうございます。お懐かしいリー夫人、クーリー夫人、そして皆々様がとても温かく私を迎えて下さいました。どなたも、以前とちっとも変わっておられません。私は留学当時から心に抱いておりました感謝の気持ちを、今やっとこれらの方々に表現することが出来はじめました。本当に感謝でございます。私たちは、いろいろ澤山のことを語りに語り続け、すばらしい時間を過ごしました。……日曜日には教会で、実にたくさんの昔のお友達にお目にかかりました。皆さん、私がほんの二、三年留守していた〈内《うち》〉（〝home〟）に帰ってきたように、親しく歓迎してくださいました。何という幸せでございましょう。(92)」

多分この英文日記を元に書かれたであろう、約一か月後の山陽高等女学校にあてた便りからも、旧知の人々多数に歓迎されて、心から寛いでいる様子がありありと窺われる。「今日は十月二十五日です……漸く九月廿七日……當地即ちキャナレ《ママ》ディグワのミセスリーの處へ參りましたのです、それは〳〵喜んでくれまして、皆々ミセスリーの處では無事で御座いまして、私が大變色が黒くなったが、その他は十年前と少しも變らないと申して、子供のようにして可愛がってくれますのです、……教會へ參りましても、大勢知つた方がありますものですから、急に歸れませんのです、そしてまるで内へでも歸つたやうにいつて皆んなで喜んでくれますのです、それですから毎日〳〵訪問に參つたり、訪問をうけますので多忙なのです、……一寸旅の様にありません、長く〳〵こゝにとゞまって居る様な氣が致しまして、心がおちつきました」(93)。

ここには、自分たちが面倒をみた留学生の淑が、帰国後一〇年を経てかつて窮地を救ったことのある日本の一女学校を見事に背負い立つのみならず、第二三回「国際キリスト教共励会」大会に日本代表として参加するまでに成長して現れた事を、心から喜んでいるカナンディグアの人々の歓迎ぶりと、彼女らのいつにかわらぬ温かい人間的態度に接して、すっかり心和んでいる淑の有様とが、自ずと如実に語り出されている。このような交情の濃やかさは、決して一時に現出し得るものではあるまい。一〇年前の留学中における深い人間的交流の実質が、その時なお生き続けていたからこそ成立しうるものであろう。

上代淑という人は自らの過去を語ること極めて少なく(94)、留学中の具体的な交流についても直接に語っているものは何一つ残されていない。けれども、現在山陽学園の上代淑記念館に保管されている彼女の蔵書中には、リー夫人をはじめ、カナンディグアやハネオイの「第一会衆派教会」所属の婦人たちから、記念の言葉と署名を添えて贈呈された書籍が数多く含まれている。また、彼女たちと親しく取り交わしたクリスマス・カードや絵はがきなども、その一部が保存されている。さらに、留学した年から交友のあった人々の誕生日を、それぞれ自筆のサインと共に書き記した『ロングフェローの誕生日帖』（*The Longfellow Birthday-*

Book)[95]が、今なお大切に保存されている。そこには、マウント・ホリヨークでの友人たちと共に、上記教会所属の婦人たちの名をかなりの数見いだすことができる。こうした諸事実も、右に指摘したごとき留学中の淑とカナンディグアやハネオイの人々との親密な交流の実質を、自ずと物語る傍証であろう。

　ところで、先ほど掲げた英文日記の中で淑が〝my American Home〟と呼んでいたのを、文脈上とり敢えず「アメリカの我が故郷《ふるさと》」と一般的な形で訳出しておいた。しかし場合によっては、これを「アメリカの我が家」と特定して訳しても一向差しつかえないように思われる。否むしろ、その方が自然かも知れない。というのも、山陽高等女学校に宛てた一か月後の上掲和文書簡で、この所謂「マイ・アメリカン・ホーム」が、具体的にはリー夫人の住まう家であることが明白だからである。そこには、こう書かれてあった。「當地即ちキャナレ《ママ》ディグワのミセスリーの處へ參りましたのです、……色が黒くなったが、その他は十年前と少しも變わらないと申して、子供の様にして可愛がってくれますのです」と。そして更に、次のように続いている。「……私は内では大抵日本服ばかりです、内では結構です、出来るだき《ママ》臺所の皿ふきなんか手傅ひを致します、……まるで子供のやうにしていたゞくものですから、時々おかしい様ですが、全く責任をのがれて、子供のやうにして居る、只今が本當の休みなのでしやうと存じます。今月は學校では皆様が大變御多忙な時で、……自分だき《ママ》こんなに氣樂にして居てはすまぬ様な氣が致します」と[96]。

　ここで、いみじくも「内では」と二度記していることに端的に示されている淑の「アット・ホーム」な気分は、正に留学中リー夫人の家にしばしば「寄寓」し、あたかも「子供のようにして」世話をいただいた頃からの延長としての「気楽」さに他ならないであろう。むろん学期中は、マウント・ホリヨークで学寮生活をしていた筈であるが、休暇中、とりわけ長期にわたる夏期休暇には、上掲上代晧三氏の遺稿にも記されてあった通り、淑はリー夫人宅に止宿しながら、カナンディグアやハネオイ村の教会関係者が所有する「林檎園の仕事」に携わっていた模様である。後年淑と一三年間居を共にした皓三氏の義妹、山下薫子女史の証言によれば、夏休み中はリンゴ園で働いたこと、その際うず高く積まれた藁塚に産み落された美しい色の卵を籠に集めたこと等の思い出話を、本人から直接に聞いたことがあると云う[97]。また、恩師たる上代淑の伝記をまとめようと準備していた堀以曽女史によれば、「夏期休暇には大学生は大抵セルフサポートして農村に家庭に他に勤労生活をするのが風習であるそうだが先生は日本語の家庭教師を勤めて学資の一端にしていらしたとの事である[98]」とも伝えられている。ともあれ、当時のマウント・ホリヨークの学生の中には、各種の所謂アルバイトをする苦学生が可成り居たことは確かで[99]、淑も随時働いて多少の金品を得ていたことは間違いないであろう。

ところで、右の堀女史も「先生の止宿していらしたお家の主婦ミセスリーはとても先生を大切に親身の母となってお世話をなさったとか[100]」と証言している通り、日常生活の面倒を細まごまと見てくれたのは間違いなく同夫人であるが、しかし彼女独りが淑の金銭面を全て引き受けていたわけではなかろう。おそらく、彼女をはじめとする外国伝道に関心を持つカナンディグアの婦人会々員たちが、自らの代表として日本に送ったマクレナンの希望にしたがいつつ、宣教の地日本の向学心あふれる才能ゆたかな娘のために、皆で協力して醵金してくれたのではないだろうか。因みに、同地の教会に所蔵されている『会衆派教会婦人会記録、一八九〇―一九〇九年』（〝Ladies' Congregational Church Society 1890-1909〟）と題された一資料には、この地で淑が種々世話になっていた時期の同婦人会の活動が記録されており、一八九七年九月三〇日に開かれた年次総会では、出席者二二名により、全十二条からなる同会基本規約（constitution）が決定された旨が明記されており、その第二条には次のような目的規程が掲げられている。「本会の目的とするところは、本教会のキリスト教的ならびに世俗的な利益を促進し、その財政上の必要を充たし、その国内ならびに海外における仁愛に基づく慈善的活動（benevolent and charitable work）を支援し、もって善の実現のための本教会の影響力を、一層高めるべき凡ゆる可能な方策を助成するにある」[101]。この規定に拠って、淑が実際に金銭的援助を受けたか否かは、目下のところ確証はない。けれども、そもそも本規約が一朝一夕に成立したものではなく、少なくともマクレナンの派遣いらい、同婦人会が既に一〇年近くも続けてきた日本での伝道と慈善の活動実績を前提とし、それを謂わば成文化した性格のものであった点を考慮すれば、この婦人会から、留学中の淑が何がしかの裨益を蒙ったであろうことは、決して想像に難くない。少なくとも同地で過ごした幾夏かの休暇中の生活については、上記両村の無名の婦人たちの善意ないし仁愛によって支えられたであろうことは、十分に想像され得るところである。

同婦人会の特徴である海外伝道と慈善活動に、とりわけ熱心に取り組んだ一人が先のリー夫人であったことは、先ず疑う余地がなさそうである。当時、日曜学校で彼女に教わったことのある同教会員E・モリソン（Mrs. Emily Morrison）は、一九八八年夏、九〇歳という高齢ながら自ら車を運転する矍鑠ぶりで、まだ一〇歳前の少女であった遠い昔を思い出しながら、筆者に次のように明快に語り聞かせてくれた。「リー夫人は、外国伝道についてとても詳しく知っておられました。いつも、タオル地などを使ってのポット敷き作りや、刺繍などの手仕事を休まずにしておられ、親しみの自ずと滲み出るような方でした。未亡人で、子供さんはいらっしゃらなかったのですが、私たち子供たちを大変温かくお世話して下さいました。私の小さいころに、リー夫人は自分の処に来ている日本の娘さんの事を話してくれました。その人の名前が今お話の淑さんかどうか、残念ながらはっきりしませんが。そう、ホワイトさん〔つまり、かつてのマクレナン―筆者挿入〕[102]からは、確かにリー夫人の許にその娘さんについて手紙が届いていたように記憶しております……。一言で云って、彼女は好もしい人柄（a lovely personality）の方でした」と。[103]このモリソン夫人の証言により、淑に対して実の母のように親身に接してくれたリー夫人が、慈愛ゆたかな親しみやすい人柄のキリスト者であり、日曜学校の奉仕者であったこと、また海外伝道についても深い関心を持ち、その関係で日本の若い女性が彼女の処に来ていたこと等を、あらためて確認することが出来た。これと正に軌を一にするかのように、淑自身も、再会を果たした一九〇七年一〇月二五日の英文日記に、次のように書き綴っている。「リー夫人は伝道団主催の共進会のため、大そう忙しくしておられます。でも、彼女が昔よりずっと躯が弱っておられるのに気づき、とても悲しく思いました。以前よりも早くに疲れてしまう様子です。けれども、彼女の心は挙げて伝道の活動にあり、したがって彼女の心と気持は、常に伝道団のことで一杯です。彼女は私に、その仕事を20年以上も続けていると話してくれました。何とすばらしい事、何と驚くべき事ではないでしょうか。彼女は本当にすばらしい、驚くべき婦人（a wonderful woman）です[104]」と。

十年ぶりに再会したリー夫人に老いを認め、密かに心を痛めながらも、敬虔なキリスト者としての一貫した彼女の生き方にあらためて深い敬意と共鳴を覚え、思わず日記に〝ワンダフル〟という言葉を連発している淑の傾倒ぶりは、まことに感動的と云わざるを得ない。というのも、幼くして母と死別した淑[105]にとって、留学中のリー夫人との関係は、先に紹介した堀　以曽女史の言葉を俟つまでも無く、情緒的にも精神的にも正しく母娘のように親密であったであろうから。では、その「アメリカの母」なるリー夫人とは、一体どのような生い立ちの、どのような生活をしていた人なのであろうか。

この点を知る手掛かりを得ようとして、現在のカナンディグア市の教会、市役所の戸籍係およびオンタリオ郡の公文書・記録保管センターを訪ねて調査した結果、次のような大雑把な事実だけは判明した。すなわち、リー夫人は、一八四三年九月二二日[106]にカナンディグアの靴商人（shoemerchant）であったW・フォスター（William K. Foster）の娘として生まれた[107]。教会の記録に拠れば、一八六六年三月二七日に二三歳でシカゴの住人H・ヘンリー（Henry M. Lee）と結婚。同氏死亡の年月日は不明であるが、恐らくその後郷里に戻って、一八七七年七月一日に同教会員となっている[108]。さらに、一九一五年に行われた国勢調査の記録（"Census Records for Ontario County, 1915"）に拠れば、かつて彼女が住まっていたのと同一の所番地（152 Main St., Canandigua）に、妹のクーリー夫人（Mary E. Cooley）の夫たるクーリー氏（A. Eugene Cooley）を世帯主とし、姉のS・タムソン（Sarah J. Tompson）も加わって、計四名が同居していたことになっている。そしてクーリー夫妻の死後、一九二四年四月二五日にリー夫人はその生涯を終えている[109]。なお、右のクーリー氏は、カナンディグア村の路面軌道や公衆衛生の監督官なども勤める傍ら、納税者の便益のためにも尽力した人物であった[110]。じっさい淑も、先程掲げた山陽高等女学校宛ての手紙の中で、次のように記している。

「當家には、ミスイ《ママ》スリーとミセスタムソンとて同姉の妹《ママ》さんですが、矢張りやもめでこゝに居られます、そしてミセスクーリーとて、矢張りミセスリーの妹さんの夫婦ですさうですから、ミセスリーと、ミセスタムソンとが、妹のミセスクーリーの夫婦とが《ママ》同居して居られる様な風です、そのうるわしいこと何ともいへません。ミセスクーリーは少し病気ですが、非常にいゝ方です、餘程つんぼ《ママ》ですから、大きな声ではなしをせねばは《ママ》かりませんのです、しかし自分の事はわすれてしまって、いつも人の事ばかりにいゝ事をしておいでゞす、實にビューチフルレデーです」と[111]。

これらの諸事実は、リー夫人が決して裕福な有閑階級の出身でもなく、また嫁ぎ先も同じ様に東部の中産階級下位ほどの家であったであろうこと、したがって夫を亡くした後は、同じ境遇の姉妹が末の妹夫婦と一緒に肩を寄せ合って、倹しいけれども心安らかで、他者への奉仕を旨とする清々しい暮しを共々に営んでいたであろうことを、自ずと物語っていると云えよう。してみれば、先のモリソン夫人の証言中にも認められたような、いつも刺繍や編み物の手を休めることのなかったリー夫人という、質素勤勉で、つねに心優しく、しかも信仰心篤い典型的なピューリタン婦人のイメージとも、期せずしてそれは完全に符合すると云えよう。要するに、リー夫人はじめその姉妹や親しい友人たちは、米国東部の濃厚なピューリタン的エートスの中に生きていた人々なのであり、淑が多感な少女期に強い感化を受けた梅花女学校での恩師Ａ・Ｍ・コルビーが、つね日頃説き教えてくれた「人の幸福のために生きましょう(112)」というモットーを、日常生活の中で何の気取りも衒いもなく、その通りに実践していた人々であったと考えてまず間違いないであろう。彼女たちが心掛けた「慈善」とは、富める者が自己満足ないし自己欺瞞のためにする「施し」などでは決してない。神の手足たるべき人間として専ら「神奉仕」(Gottesdienst)に生きるために行う、謂うなれば「貧者の一灯」なのであり、自らの乏しい生活を切り詰めても「隣人」のために役立つことを敢行し、それによって自己の信仰の証しとなすところの、純粋に宗教的な無償の行為であった。このようなキリスト教的「仁愛」ないし「善意」に充ちた人々と日常生活を共にすることによって、そして彼女らの生活態度のうちに自ずと醸し出されるピューリタン的エートスに親しく接して生きることによって、留学中の淑は恐らく、聖書に教えられている「隣人への愛」「他者への奉仕」の何たるかを、具体的に体験し味得していったのではないだろうか。その意味で、リー夫人をはじめとするカナンディグアならびにハネオイ村の婦人たちが、敬虔でつつましい暮しぶりの中で身を以って示してくれた質素・節約・勤勉・奉仕の実践は、淑の留学時代の人間形成に測り知れない重大な影響を及ぼしたであろうし、更にそれは、終生変らぬ魂の羅針盤として、その後の淑の人生を基本的に決定づけた当のものであったと考えられよう。

(ⅲ) 教育実践への決意──「隣人愛」の発露として

以上では、上代淑のマウント・ホリヨーク留学を支えてくれた幾多の米国人について、現在までに蒐集し得た資料の範囲内での考察を試みた。少女期からの淑の将来を見込んで物心両面から支援してくれたデフォレストやコルビーをはじめ、教職に就いて以後の淑に助力を惜しまなかったペティ、マクレナン、ホルブルック等が、挙げて彼女の留学実現のため夫々の立場から最大限の努力を払ってくれたことは既述の通りである。ところで、渡米後のマウント・ホリヨークにおける淑の学業と生活については、これを実証的に考察すべき資料が目下のところ殆ど皆無なので[113]、今回は触れることが出来なかった。けれども、マクレナンとの縁故で留学中特別に親しい人間関係を結び得た夫人リーをはじめとするカナンディグアやハネオイ村の婦人たちについては、そのピューリタン的生活態度をはじめ、淑に対する惜しみなき親切や計り知れぬ感化のほどを推定することが出来たと思われる。

ところで、多かれ少なかれ「私費」留学に共通する一般的傾向でもあろうが、とくに淑の場合、留学に至るまでの経緯にしろ、留学中の名もなき善意の人々との「出会い」にしろ、ともかく全体を通じて顕著な特徴が見い出されるのである。すなわち、あのマクレナンを最大の結節点として、様々の個人的な人間関係の網の目が、濃密に張りめぐらされている事実である。この点については、先行各節を通じて詳しく考証した通りであるが、総じて人間関係は、個人的・人格的関わりであり、制度的なものとは違って偶然的である。しかしそれだけに、却ってそこには強固な人間的信頼の絆が成立する。しかも淑の場合には、彼女をめぐる多様な人間関係のネット・ワークが、決して単なる個人的な恣意や利害や好みに依る繋がりではなく、全てピューリタン的神信仰に由る「隣人愛」を唯一の拠り所として成立している点に注目しなければならない。これこそ、実は淑の「留学」全体のあらゆる局面を貫く本質的特徴であり、同時にまた彼女の「留学」全体の根本的意義でもあると考えられるので、以下この点に考察を集中してみたい。

さて、いま指摘した「隣人愛」に基づく人間の絆という視点から、淑の留学をめぐる全体の経緯と事情を顧みるならば、少なくとも次の四つの局面が重要と思われる。(114) すなわち、第一に、淑の留学を目指す宣教師たちの、上述のごとき数々の無償の努力。第二に、外国伝道に熱心であった米国の片田舎の婦人たちに付託されて来日した宣教師マクレナンの、徹底した無私の奉仕精神と淑に対するその影響。第三には、リー夫人に代表される米国東部の名も無き敬虔な婦人たちの人生態度や生活信条と、淑に対する大らかで親身な世話。そして第四は、以上の、貴重この上もない恩恵を蒙った多くの米国人との人格的出会いを通じて得たもの、すなわち「隣人愛」ないし「他者への奉仕」の精神が、やがて帰国後の淑の内面で他ならぬ〝教育者〟のバック・ボーンとして結実していった局面、つまり淑の爾後の教育者としての人生に、決定的な刻印を打った「留学」の究極的意味についてである。ただし、これら四つの局面のうち第二と第三については既に考察しておいたので、改めて多くを語る必要はあるまい。そこで次に、第一の局面について若干の補足を試みた後、先に示唆したまま課題として残しておいた第四の局面に論及してみたい。

もともと伝道活動の一環として、日本における女子教育の振興・発展を図るため、まずもって優れた婦人教師の育成を策していたアメリカン・ボード派遣の宣教師たちは、女学校を卒えたばかりの年若い女教師上代 淑の、是非とも「メアリー・ライオンの学校」に学びたいという熱望を知り、この貧しいけれど才能にめぐまれ、勤勉で誠実な「隣人」淑のために、あらゆる個人的人脈を総動員して尽力してくれたのであった。そのお蔭があってこそ、彼女の「神かけての」願望もはじめて叶えられたのであるが、そこには無論、単なる善意や親切だけでなく、同じ宗教的信条に培い教化しようとする宣教政策も介在していたであろう。[115] けれども、そこに基本的に見出されるものは、あくまでもキリスト教的「隣人愛」であり、「他者への奉仕」の精神であったことは断るまでもないであろう。

ところで、これらマクレナンはじめ多くの宣教師たちも、またリー夫人など信心篤い市井の人々も、要するに淑に温かで大らかな親切を尽してくれた多くの全ての米国人が、キリスト者として夫々の人格的実質に「隣人愛」を具現した人々であったことは、繰り返し述べたところである。日常的にこれらの恩人たちと親しく接する中で、折にふれ時に応じ、「隣人を愛せよ」という聖書の教えをその通り実践している「キリスト者」の真実に直に触れ、若い淑の魂はどれほどの震憾を覚え、かつ又自分がそのお蔭をもろに蒙っていることの幸せを、どれほど有難く噛みしめ、どれほど深くその恩義を胆に銘じたことであろう。そして、それらの人々を心ひそかに範と仰ぎつつ、キリスト教的「仁愛」の倫理を自らの魂に血肉化し、これを以って教育者としての生き方の根本原理としていったに違いない。けだし、総じてキリスト教的仁愛――詳しくは、神の前での平等な「隣人への愛」とその実践的形態に他ならない「他者への奉仕」と――が、〝教育〟という営為の本質と極めて親しいことは必然の道理でもあろうから。[116] 事実、四年間の留学を終えて帰国する直前に、淑は「アメリカの人達のこの深い愛に対して、自分は何も出来なかったけれども、日本に帰ったら生涯を捧げて日本の女子教育と、神への感謝のために尽くそう」と決意したのであった。[117] そしてこの決意は実に生涯を通じて不動であったのだが、淑のこの言葉を伝えている堀 以曽女史や山陽学園の関係者たちによれば、右の決意がなされたのは、帰国寸前に見送りに来たマウント・ホリヨークの友人代表から、記念の金時計を手渡された時であったと言われる。淑は帰国の後ずっとこれを愛用しつづけ、常に地味な和服にそれだけ燦然と輝く金時計の取り合わせは、大そう気高くもあり、また粋にも見えた由であるが、いつの頃からか紛失してしまった模様である。ところが、一九〇五（明治三八）年に山陽高等女学校を卒業した大西千年の回想記によれば、この金時計の送り主は、意外やもっとずっと親交の深かった人物のようである。そこには、次のような回想が記されている。「いつか先生が日曜学校へお越しになって時計を落された。其時計はアメリカでお母さんのように思って居られる方からいたゞかれ、其方のお名の頭文字が記してある大切なお品だと聞き、私達はどんなにか心配して、日曜学校までの途を涙ぐんでさがしに行きました。来客があると時計を拾って来て下さったのではないかと聞き耳をたてたことがありました」と。[118] これは、細部にわたっても随分と迫力のある話であるが、若しこれが事実であるとすれば、贈り主は例のリー夫人である可能性が極めて高いことになり、また次のエピソードの内容とも噛み合って、可成りのリアリティがあるように思われる。

そこでもう一つ、こうした連関で、教え子の一人が淑の留学中の話として聞いたというエピソードを紹介しておきたい。それは、たまたま同女学校創立二〇周年記念の謝恩会で披露されており、淑その人も含め多数の列席者の目の前で語られた訳で、きわめて信憑性の高い内容と云ってよい。記録によれば、こうである。

「或る米國夫人の　君の尊き精神に感じ　我日本に宣教師として渡航すべき望みなれど最早年老いて詮方なし　我使命を依頼する人は君なり　願はくは日本に帰りたまはゞ　我れにかはりてよろしく教育事業の犠牲

となりたまへかし　との依頼をうけたまひしとか」[119]。ここに謂う米国の「年老い」た婦人が、果たして例のリー夫人であったかどうかは、先の金時計の場合と同様、にわかに断定することは出来ない。けれども、それが誰であるかを特定することが、このさい必ずしも問題なのではない。時計の贈り主にしろ、また「教育事業の犠牲となり給えかし」と自らの深い志を淑に付託した老婦人にしろ、現実にそれが誰であれ、要するに淑にとってそれは、あらゆる隔てを超えて彼女を「隣人」として愛し、文字通りの善意と己れを顧みぬ奉仕の心を実践的に示し与えてくれた、すべての敬虔な米国人を代表する象徴的恩人に他ならないのであるから。それゆえ、ここで強調したいのは次の一事である。すなわち、留学をめぐる全過程を通じて、この上もなく重い恩義を受けた米国人たちの、それぞれ「隣人愛」に生きる無私の姿に深く感銘した淑が、満腔の感謝とともに、それを正面から受けとめて自らの人生態度の根幹に据えた結果、先に見たごとき「生涯を捧げて日本の女子教育」に挺身しようとの固い決意に至ったという内的事実そのものである。そして、正にこの「キリスト者」としての、あるいはキリスト教的実存としての〝応答〟の仕方、すなわち〝責任〟(responsibility)のとり方について最も雄弁に物語っているのが、実に右の両エピソードに他ならないであろう。

こうして、自らいみじくも言うように、神の愛と人の愛に対する衷心からの「感謝を胸当てとして心一杯に充たし、奉仕の誠を服として全身にみなぎらせ……他人のため、自分の周囲のため、社会のために尽くす」[120]ことをモットーに、淑はその後の生涯を、地方の一女学校での教育実践に捧げる道を敢えて選びとったのであった。その意味で、比較的初期の教え子(明治三八卒)が書き残している、「私等の貴い先生、なつかしい先生」についての次のような「思い出」は、単なるエピソードを超えた重い意味を担うものではあるまいか。それは、前後数回にも及んだ日本女子大学校や東京女子大学校からの招請を、恩師筋からの要請であったにも拘らず、淑がことごとく謝絶した折のいずれかに当たるはずなのであるが、その「思い出」とはこうである。「上代先生が東京の或る立派な学校へ御栄転になるとか聞きまして、サア大変、寄宿舎に居る私のクラスの者一同が先生のお部屋へおたずねに行くと、先生は満面の笑みで《あのなあ、金銀まばゆい殿堂で極彩色の太鼓をドンドン打つのと、軒は破れ草生いしげっている淋しい廢寺の秋の夜静かに吹く笛と、どちらが人々の心を打つか考えて御覧、華やかな太鼓を打つ人はいくらでも居ますよ》と云われて、先生の貴い御心が分り胸をなでおろし感謝の涙にむせびました」と。(121)この「先生の貴い御心が分かり云々……」との言葉こそは、一切の名利を捨てて「隣人愛」に生き、誠を尽して「他者奉仕」を正に実践しつつある淑の、真《まこと》の「キリスト者」の心、真実の「教育者」魂に直に触れることが出来た感激と安堵と感謝、そして何よりも敬愛の念の表現以外の何ものでもなかったであろう。

じっさい上代淑は、一八九八（明治三一）年四月に帰国後直ちに復職して以来、一九五九（昭和三四）年一一月二九日に齢八八歳で没するまで、一貫して山陽高等女学校にとどまり、あの離米のさいの乾坤一擲の決意どおりに、「生涯を捧げて日本の女子教育と、神と人の感謝のために尽」くし抜いたのであった。そしてその間、彼女は晩年に至るまで、全校生徒を前にした講話で、いつも「隣人愛」を説き続け、「他者への奉仕」を訴えかけてやまなかったのである。その一例として、ここでは最後に、一九二二（大正一一）年の講話を引いて締め括りとしたい。校長上代淑は、先ず、「私の學校が進退谷つた苦しい立場に」立たされた時、例の米国での「慈善バザー」が窮地を救ってくれた経緯を紹介した後、次のように生徒たちに訴えている。「ほんとにこの學校の釘一本にも板一枚にもこの暖い愛がこもつてゐるのでございます。私共の踏んでゐるます土地は勿論學校に關係する建物はすべて、自分の慾望をすてて學校のためにお盡くし下さいました愛の塊でございます。皆様はこの犠牲的精神を深く心にしみこませて戴き度うございます。……熱心な方々によつて創立された歴史あるこの學校に通ふ私共が何うしてその日〳〵をうかうかとして過すことが出來ませう。勉強も勿論大切でございますが、この學校の教へてゐます教訓を堅く守って修養していたゞきたうございます。これらの……方々の精神を享けついで社會のため血を流すまで働いて戴きたいと思ひます」と。[122]

ここには、「教育者」淑としての、また同時に「キリスト者」淑としての不抜の信念から発する力強い言葉の一つ一つが躍動しており、聞く者の襟を自ずと正させずにはおかぬ迫力がある。この活き活きとした、しかも崇高なまでの迫力は、いったい何処から生じ来たるのであろうか。それこそは、「〈女子教育せざるべからず〉と日本の将来を考へ、神に捧ぐべき己れの本分を考へ、深き信仰信念のもとに」[123]無償の「仁愛」をもって親しく接してくれた、あの大恩ある全ての米国人たちの驥尾に付して、自らも同じ信念同じ心術を堅持し、同じ人生を歩みつつある者の、静かなる喜びと感謝と自負とに由来するものである、と云い切ってまず間違いないであろう。

註

（１）上代晧三氏（旧姓片岡）は第六高等学校在学中より、基督教青年会操山寮ボーイズの一人として上代 淑の薫陶を受け、のちに彼女の養子に迎えられた人物である。同氏は日本医科大学教授（のち同大学名誉教授）

として活躍の後、深い関わりをもつ山陽学園の責任者として（昭和四〇年四月七日より校長として、同四四年四月からは学長として）義母淑の教育理念を正しく受け継ぎ、文字通り学びの園としての学園経営に最も良心的に尽瘁されたが、一九八四年五月二二日、心をのこしつつも遂に不帰の客となられた。なお同氏は、上代 淑の精神の軌跡を記す、謂うなれば内面的な伝記の作成を強く望んでおられ、そのご意図の下に資料蒐集の努力を長年つづけておられた。本稿で用いる資料中には、御生前の同氏ならびに同令夫人上代延世様のご好意により、度々筆者が親しく閲覧できたものが数多く含まれている。ここに更めて、故上代皓三先生と故上代延世様に深甚の感謝と哀悼の意を表させて頂く次第である。

（2）上代皓三「上代家の始祖」、山陽学園地歴部『どんぐり　四〇』所収、「上代 淑伝記資料（一）」、一九八六年、一七一一八頁。

（3）同上、参照。

（4）梅花学園九十年小史編集委員会『梅花学園九十年小史』、昭和四三年、梅花学園、一六頁。

（5）梅花高等女学校この花会雑誌部『この花五拾周年記念誌』、昭和三年、一二頁。同上『梅花学園九十年小史』、二三頁、二五頁。

（6）太田静湖『わがよろこび〈クリスマス号〉五八号』、一九五九年、五頁。（梅花学園資料室所蔵　上代 淑資料、ゼロックス写）

（7）「上代 淑先生年譜」、山陽学園地歴部『どんぐり　四一』一九八七年、一頁。この年譜は、山陽女子中・高等学校の教諭、故西川 宏氏の長年にわたる学園資料蒐集の努力によって、はじめて成った貴重な成果である。全て原資料に基づいて考証された信頼性の高い年譜である。同氏の純粋な愛校心の賜物と云うほかない。

ここに特記して、心からの敬意と謝意を表したい。
（8）梅花高等女學校この花会雑誌部『この花』、昭和二年、一四一頁。
（9）拙稿「明治二〇年前後のキリスト教主義女学校における《自給》（Self-Support）について――山陽英和女学校の場合」、甲南女子大学大学院文学研究科『教育学論集』第二号、一九八二年参照。
（10）上掲『梅花学園九十年小史』、一八頁。
（11）「七一雑報」、明治一一年一月二五日号、五頁。上掲『梅花学園九十年小史』、一八頁参照。
（12）日本女子大学『成瀬仁蔵著作集　第一巻』、昭和四九年、二八二頁。上掲『梅花学園九十年小史』、二二頁参照。
（13）'A Modern Paul in Japan' 明治四三年、『成瀬仁蔵著作集　第一巻』所収、五六六頁。上掲『梅花学園九十年小史』、四〇、四三頁。
（14）「上代 淑先生年譜」、上掲『どんぐり　四一』、一頁。
（15）同女史は、山陽高等女学校を明治四〇年に、さらに日本女子大学校家政科を大正六年に卒業、のち母校山陽高等女学校の教壇に立った。なお同女史は、上代の精神的ならびに経済的援助によって就学できたことを、常々深く感謝していたといわれる。
（16）堀 以曽筆録「上代 淑先生、母を語る」、上掲『どんぐり　四〇』所収、「上代 淑伝記資料（1）」、二一頁。これの原形は、堀女史が、上代の口述を白いノートに書き綴ったものである。
（17）上掲『わがよろこび〈クリスマス号〉五八号』、五頁。
（18）上掲『梅花学園九十年小史』、一七頁。

(19) 梅花学園『梅花学園百年史』、一九八八年、八一―八二頁。
(20) 梅花高等女学校この花会雑誌部『この花創立六十周年記念号』一九三七年、八四頁。
(21) 武本喜代蔵・古木虎三郎『沢山保羅伝』、明治四三年、警醒社、梅花学園資料室所蔵、一三四―一三七頁。
(22) 同上書、一三六―一三七頁。
(23) 『大阪教会会員名簿』(自明治七年　至明治二四年)参照。(梅花学園資料室所蔵、ゼロックス写)
(24) 上掲『梅花学園九十年小史』、四四―四五頁、六七頁。
(25) 「シ・ビ・デフォレスト」、神戸女学院同窓会報『めぐみ　五六』(昭和四二年)所収、一八九頁。神戸新聞学芸部『わが心の自叙伝(二)』、昭和四三年、一八九頁。
(26) 上掲『この花五拾周年記念誌』、三六頁。
(27) 梅花女学校同窓会『会報』第三四号、大正八年、五頁。
(28) 同『会報』第二四号、一九一九年、六頁。
(29) 同上、七頁参照。
(30) 同上、四頁、六頁。
(31) 『女學雑誌』三二五号、乙の巻、明治二五年八月二〇日発行、一七―一九頁。
(32) 同上、一九頁。
(33) 『女學雑誌』三二六号、乙の巻、明治二五年九月三日発行、一三頁。
(34) 上掲『梅花学園九十年小史』、三〇九頁。
(35) 山陽高等女學校同窓会『みさを　八三』、昭和六年、一頁。

(36) このはな会『このはな』第五号、大正六年、三一頁。

(37) 昭和二八年の梅花学園創立七三周年を記念しての上代談「梅花学園思い出話」（上掲『どんぐり四〇』所収、「上代　淑伝記資料（1）」、一九頁）には、次のように記されている。「その当時、西洋の先生の教師館の図書室に、英書で『有名になった娘』と題する本がありまして、それにはメレー《(ママ)》ライオン、フローレンス・ナイチン《(ママ)》ゲールの伝記がのっていました。私はこの本を夕食後の散歩の時間さえのがれて熱心によみふけりました」と。なお山陽学園の「上代 淑記念館」には、彼女が梅花女学校在学中に愛読した当該書そのものではないが、アメリカン・ボード岡山ステーションのアイダ・マックレナン寄贈になる Sarah K. Bolton の同一書 *Lives of Girls Who Became Famous*, New York, Thomas Cromwell & Co.,1886. が、上代の蔵書として現在も保管されている。

(38) 上掲『この花創立六十周年記念号』八二―八三頁。しかも、そうした祈りのグループが上代たち三人のみならず、あちらこちらの隅で様々に行われていたことが思い出として語られている。あるいは当時の「キリスト教主義女学校」のスクール・エートスでもあろうか。この証言の三人とは、先の同期生大塚 常と同じく同期の松田きたを指す。なお、本中の「松田きた」は、梅花学園資料室の調査（昭和六二年四月）による手作り「梅花女学校卒業生名簿」には「松田たき」とある。

(39) 上掲『梅花学園九十年小史』、五九頁。

(40) 昭和六年発行の山陽高等女学校同窓会『みさを』第八二号には、「明治二二年八月一三日付」の「上代好《(ママ)》」宛書簡が掲載されており、同書簡が四二年前に受けとられて大切に保管されていた旨が記されている。

(41) Charlotte B. DeForest, *The Evolution of a Missionary : A Biography of John Hyde DeForest for Thirty-Seven*

*Years Missionary of the American Board, in Japan,*New York, Fleming H. Revell Company,1914 , p.162.

(42) 上掲、山陽高等女學校同窓会『みさを』第八二号、昭和六年、三頁。

(43) このエピソードについては、元、神戸女学院院長・岡本道雄氏によって、山陽学園創立九五周年の記念講演「山陽学園とマウント＝ホリヨーク精神」で既に指摘されている。なお筆者は、故岡本氏のご好意によりJ.H.DeForest の伝記資料（註41を参照）をご提供いただいた。深い哀悼の意を表すとともに衷心より御礼申し上げる次第である。

(44) 上掲、山陽高等女學校同窓会『みさを』第八二号、三頁。

(45)『山陽学園九十年史』、昭和五四年、四二頁。

(46) マウント・ホリヨーク・カレッジ時代の生活を記す直接的な資料は殆どない。唯一ともいえる資料として、同校の学生達自身が編纂した *LLAMARADA* と題された雑誌をあげ得るが、そこには上代 淑の名が三つのクラブ員として記されている。すなわち、The Journal Club（雑誌クラブ）、Mount Holyoke Missionary Association（マウント・ホリヨーク宣教団体）、The Student Volunteer Band（学生奉仕会）、である。これらのクラブの具体的活動状況については不明であるが、The Journal Club が、米国のみならず英国および独逸で発行された化学と物理学に関する最新の専門雑誌について討論することを目的とし、しかも学生のみならず、同校教授や助教授さらに高等科の学生もそのメンバーであることから推しても、淑の強い勉学意欲が窺われる。また、Mount Holyoke Missionary Association は、同校に特徴的なグループで、後に来日して淑と同様に女子教育に携わる Olive Sawyer Hoyt や Harriet J.Wyckoff も所属しており、組織的宣教を経験できる団体であった。さらに淑は、The Student Volunteer Band にも両女史と共に所属している。上記

LLAMARADA とは、各学年の学生たちの手で毎年一冊編集・発行された謂わば学生のクラブ活動集といった類の雑誌である。筆者が手にした、淑の学年（一八九七年卒）の学生たちによる同誌の、扉の裏には、「Yoshi Kajiro / with best wishes of the Editor -in-chief」と自書されている。これを筆者は、淑の養子故上代晧三氏が山陽学園短期大学学長でおられた昭和五七年に拝見し、複写を許されたものである。なおマウント・ホリヨーク時代の淑のクラブ所属については、同氏が随想として「上代 淑先生の大学時代」と題して書き残しておられる。

(47) アメリカン・ボード（American Board of Commissioners for Foreign Missons : 以下、A.B.C.F.M. と略記）は、一八一〇年に設立された米国最古のプロスタント系キリスト教伝道団体である。最初は、教派に関係なく単にキリストの福音を異教の国々に伝えることを目的としたが、後には「会衆派」（Congregationalists）によって運営されるようになった。Cf. Fred Goodsell, *You Shall Be My Witnesses : An Interpretation of the History of the American Board 1810–1960*, Boston, A.B.C.F.M. 1959, p.159.

(48) Cf. Mount Holyoke College, *Annual of Mount Holyoke College in South Hadly, Mass. 1892–1893*, p.4.

(49) Cf. Ibid., *Annual of Mount Holyoke College, in South Hadly, 1896–97*, p.6 ; The Alumnae Association of Mount Holyoke College, *One Hundred Year Biographical Directory of Mount Holyoke College 1837–1937*, Bulletin Series 30, No.5, p.201.

(50) 過去を語らない淑が、同校留学について語っているごく僅かな証言の中で、次のようなものがある。「昔私がマウントホリヨークに入學しました時、異郷の友をむかへるため大勢の方が驛までむかへに来てくださいました。学生らしい人を見ると《あなたはマウントホリヨークに行くのではありませんか》とたづねて親切のありたけをつくして迎へて下さいました。どんなに淋しいだろうかと杞憂しながら遠い海を越えて外國の土地をふみましたのに、あの親切は骨身にしみてうれしうございました。いつまでも忘れることの出來ない深い深い印象を私の脳裡に植ゑつけて居ります。もう三十六七年の今日になりますけれども新しい感はまざまざとのこって居ります」と。これは、昭和七年の新学期スタートに際し生徒たちに与えた「親切──新学年を迎えて──」という訓話の一節である。（山陽高等女学校行余会『みさを』第八三号、昭和七年七月一八日、二頁）。

（51）拙稿「山陽高等女学校の上代 淑（Ⅰ）──若き日の人間形成過程」、『山梨英和短期大学紀要』第二二号、一九八八年、六六頁参照。

（52）山陽学園短期大学所蔵。

（53）ここに謂う同学園の「関係者」とは、例えば、上代 淑の孫にあたり、上述の故晧三氏の次男である故上代淑人氏（現在、山陽学園理事。一九八八年三月二二日に、当時在職中の東京大学医科学研究所の同氏研究室で、筆者のインタヴューに快く応じて下さった）や、上記同学園高等学校教諭、西川 宏氏などである。

（54）Cf. C.B.DeForest, op.cit., p.162 ; The National Council of the Congregational Churches of the United States, *The Congregational Year-Book , 1912* , Vol.38, Boston : Pilgrim,1915, p.482; Charlotte Fiske Bates (arr.), *The Longfellow Birthday-Book,* Boston , Hougton,1881, p.389.

（55）これは、「ラジオ山陽」が郷土岡山県の有名人たちの随想を一人四回ずつ放送した際、そのトップを飾って登場した上代 淑の第二回目の放送である。なお、放送年月日は不詳。山陽女子高等学校図書館保存の録音テープに拠る。

（56）Cf. L.Storm,et al., *Vinton Book*（in Congregational Libraly of the American Congregational Association, Boston）, p.88.

（57）上掲、拙稿「上代 淑（Ⅰ）」、六二頁、六八頁参照。

（58）The Woman's Boards of Missions, *Life and Light for Woman*（vol.XXIII, Boston,Frank Wood, March,1893）, p.139.（神戸女学院大学図書館所蔵）

（59）上掲、拙稿「明治二〇年前後のキリスト教主義女学校における《自給》(Self Support)について」参照。

（60）同上拙稿、一三頁参照。なお、『山陽高等女学校創立五十年史』（昭和一一年）の巻末付録（七―二〇頁）には、「舊職員」の氏名・職名・担当科目・就任年月日・退職年月日等についての一覧が掲載されているが、そこにはアメリカン・ボード派遣の宣教師たちの名が数多く見られる。

（61）山陽高等女學校行餘會『みさを』第三五回、明治四〇年、五四頁参照。

（62）Cf. *The Christian Endeavor World*（August 1,1907）, p.865.

（63）この証書には、一九〇七年六月六日の日付がある。（山陽学園「上代 淑記念館」所蔵）

（64）日本基督教団岡山教会『岡山教会百年史　上巻』、昭和六〇年、五三―五四頁。

（65）上掲『山陽学園九十年史』、一七六、一七七頁参照。

（66）山陽学園「上代 淑記念館」所蔵。

（67）竹内 博編『来日西洋人名事典』、一九八三年、日外アソシエーツ、二四四頁。

（68）山本 博「アメリカ最初の女子大学についての考察」、弘前大学教養学部『文化紀要』一九号、一九八四年、四三―四四頁参照。

（69）Oberlin College Archives に保管されている I.A.McLennan の個人ファイル中の記録に拠る。
（70）同上、参照。
（71）一八九三年五月一八日付、Mrs.Cook 宛の手書き書簡。（いわゆる「A.B.C.F.M. 宣教師文書」、同志社大学「アメリカ研究所」所蔵、マイクロフィルム）この「宣教師文書」とは、Japan Mission に派遣されていた宣教師たちが、本国は Boston 所在の A.B.C.F.M. 本部に書き送った書簡を収集した資料である。原資料は、ハーヴァード大学の Houghton Archives が所蔵。
（72）L.Storm, op.cit., p.176, p.187. 渡辺久雄「タルカット女史の鳥取伝道と鳥取英和女学校」、神戸女学院史料室『学院史料』Vol. 6，一九八八年、三頁参照。
（73）上掲『山陽高等女学校創立五十年史』、巻末付録、九頁。
（74）本章、註71参照。
（75）本章、註60参照。
（76）*Life and Light for Woman*, op.cit., vol. XX, October, 1890, p.446.
（77）上掲『山陽学園九十年史』、二九―三〇頁。
（78）上掲『山陽高等女学校創立五十年史』、二八頁。
（79）上掲『みさを』六八號、大正一〇年、四頁。同六九號、大正一一年、三、四頁。山陽高等女学校同窓会『みさを』81号、昭和五年、一〇頁参照。
（80）Cf. L. Storm, op.cit., p.187; 本章、註69参照。
（81）山陽学園「上代　淑記念館」に残されている資料中には、この教会の正式名称も住所も見い出せなかった。

そこでボストン市にあるCongregational Libraryを訪ね、同館司書のDr. H.F.Worthleyの協力を得て、当時からNew York州CanandaiguaにあるCongregational Churchの名称、住所および電話番号を知ることができた。

(82) 当時、A.B.C.F.M.に属するWoman's Boards of Missions（婦人伝道協会連合）は、次の三つの組織から成っていた。すなわち、Bostonに本部を置くWoman's Boards of Missions（以下、W.B.M.と略記）と、Chicagoに本部のあるWoman's Boards of Missions of the Interiorと、San Franciscoに本部のあるWoman's Boards of Missions of the Pacificとである。[a] Canandaiguaの教会のWoman's Foreign Missionary Societyは、この中のW.B.M.のニューヨーク州支部（New York State Branch）に属していた。[b]

同教会の『一〇〇周年記念誌』には、次のような記録が残されている。「私たちはWoman's Boardと関係をもっていた二〇年間に、南アフリカ、トルコ、日本、インドでの伝道活動や、A.B.C.F.M.の一般基金のためばかりでなく、さらにNew York Branchからの特別要請（special calls）に対しても醵金をした。その合計は、七九〇〇ドル八六セントにおよんだ」[c]と。これらの記述は、同教会のWomen's《ママ》 Foreign Missionary Societyが、キリスト教伝道に極めて熱心な人々の集まりであった事を伝えていると同時に、小さな村の一教会の婦人グループが、実はA.B.C.F.M.やWoman's Boards of Missionsの大規模な外国伝道を、下部から支えていた実態を証しするものでもある。これまでのキリスト教史関係の研究では、上部組織としてのA.B.C.F.M.とWoman's Boards of MissionsとW.B.M.の三者の関係が必ずしも明らかでなかったが、[d] 以下の本文で述べるように、Canandaigua村の婦人団体から給与を保証されて送り出されたMcLennanは、身分としてはA.B.C.F.M.の婦人宣教師として登録され、正式名簿にもその名が掲載されている。[e] なお、一八八八年六月には日本派遣が決まったものの、最終任地がなかなか決定されないのに苛立ちを示しながら、彼女が直接にA.B.C.F.M.の総主事N.G.Clark師に問い合わせている書簡も発見できた[f]。因みに、彼女が実際に日本に赴いたのは同年一一月になってからであった[g]。

[なお、本項中の註(a)(b)(c)…(g)については、符号の順に下記する。]

(a) Cf. F.Goodsell, op.cit., pp.159-161.

(b) Cf. *The One Hundredth Anniversary of the Organization of the First Congregational Church, Canandaigua, N.Y.* Canandaigua, Ontario County Times,1899, p.88; Woman's Boards of Missions, op.cit., Vol.XIX, Nov.1889, p.508.

(c) *The One Hundredth Anniversary*, op.cit., p.89.

(d) 戸田徹子氏は、「婦人外国伝道協会と親協会の関係は、伝道方針の決定、財政(予算配分、資金管理)、宣教師の採用と任命、親協会への代表権などが、教派によってそれぞれ異なって居り、一般化するのは難しい」(同氏「アメリカにおける婦人外国伝道協会の成立」〈筑波大学『アメリカ史研究』一〇号、一九八七年〉、五〇頁)とした上で、上記の関係について教派別の分類を試みている。しかし、A.B.C.F.M.と三つのWoman's Boardの詳細な関係については明らかにしていない。

(e) Cf. Outline Annals and Missions Roll of The Japan Mission of The American Board, ([Boston] : n.p.,1935), p.14.

(f) 一八八八年六月一一日付、手書き書簡。(上掲「A.B.C.F.M.宣教師文書」)

(g) Cf. L.Storm, op.cit., p.187.

（83）*The One Hundredth Anniversary*, op.cit., p.89. なお同箇所には、「一八九四年には、本教会の Women's Foreign Missionary Society のメンバー数名の悲しむべき死亡に係る出費によって、Mclennan への給与が年四〇〇ドルから二五〇ドルに減じざるを得ない事態が生じた。けれども、最初の予定よりも長い六年間にわたる支援がなされ、彼女の伝道活動にたいする支援総額は、三七〇〇ドルとなった」との記録も見られる。

（84）Ibid., p.91.

（85）上掲『みさを』六八號、四頁。

（86）淑より二年早く Mount Holyoke Seminary（以下、M.H.S. と略記）に留学した山脇 花[a]は、McLennan と鳥取で伝道活動を共にした経験を持っている。[b] 山脇は英文で書き綴った自叙伝のなかで、彼女の留学が、McLennan から M.H.S. 出身の婦人宣教師 Dr. M.A.Holbrook への推薦によって実現した事を感謝を籠めて書き綴っている。この自叙伝には（一）M.H.S. 受験のための旅費は、宣教師たちをはじめ山脇の日本の友人たちによって醵出されたものであったこと、（二）M.H.S. の入試準備のため、夏休み中同校出身の Miss C. A.Stone と共に比叡山に籠って勉強したこと、（三）また留学中の夏期休暇については、M.H.S. 出身の宣教師 Miss C.Telford によって万事アレンジされたこと等が述べられている。[d] この Telford は、淑の二年後に M.H.C. に留学した江頭 秀[e]（梅花女学校の卒、神戸英和女学校にも学ぶ）のことを、`My own dear child´、と呼んで可愛がった人物[f]でもある。

（a）彼女は神戸女学院の前身、「神戸英和女学校」の出身で、留学時には大島、さらに後には井深と改姓。
上掲『神戸女学院百年史各論』、二一三頁参照。Cf. *One Hundred Year Biograpical Directory of Mount HolyokeCollege. 1837-1937*, op.cit., p.194.

（b）Mount Holyoke College の Williston Memorial Library に保管されている大島 花（一八九五年卒）の個人ファイル中に、「井深 花」名で書かれた英文自叙伝（総頁数一三、執筆年月日不詳）が納められているが、その一三頁参照。

（c）同上自叙伝、一三頁参照。

（d）同上、一三頁参照。

（e）上掲『神戸女学院百年史　各論』、二二一、二二七頁参照。Cf. *One Hundred Year Biograpical Directory*, op.cit., p.209.

なお彼女は、M.H.C. を一八九九年に卒業。

（f）C. Telford が母校に書き送った一九〇四年四月一六日付書簡（Mount Holyoke College, Williston Memorial Library 所蔵の個人ファイル中）に拠る。なお、Telford 自身は、M.H.C. に学んだが卒業はしていない。（Cf. *One Hundred Year Biograpical Directory*, op.cit., p.181.）

（87）上記 Holbrook は、（一八九〇〈明治二三〉年三月二二日付の）A.B.C.F.M. の総主事 Clark（1868–96 の間、M.H.C. の理事でもあった）に宛てた書簡において、「私たちが関係している最優秀の若い婦人たち（our very best young women）のうち二、三名の者は、［教師としての力量を一層高める―筆者補足］準備のため、若干の学問分野における特別の訓練をうけに、アメリカに行く必要があります[a]」と勧告している。また、先述の C.A.Stone は、学生の手で一八九一年一一月に発行された“The Mount Holyoke”の「校友通信欄」（Alumnae）に、日本の〝Kobe Home〟を卒業した宮川[b]と山脇が、目下 M.H.S. に留学している旨を報告している[c]。

さらに重要な事実としては、同誌の一八九二年一月号で、上述のM.H.S.出身の宣教師たちの恩師にあたるL.F.Cowles教授が、日本女性の留学を一層促進・援助するための資金確保を目論んで、'THE JAPANESE FUND'という見出しのもと、次のように訴えていることを指摘しておきたい。「これまでと同様、諸外国から私達のもとに送られてくる沢山の訴えのなかで、日本からのものは取りわけ熱心です。日本人は、すでに教育の進歩が必要であることに自ら気付いておりますので、その進歩が、本質的にキリスト教的な性格のものになることが大切なのです。……私達のところには、既に二名の真面目な日本人少女が来ており、やがて母国の女性たちの間でキリスト教的奉仕を行うための準備をしつつありますが、さらに二、三名の少女が、本校に来ることを強く求めております。彼女たち自身による切なる願い出と、彼女たちの学識ならびにキリスト教的人柄に関する最高の推薦を書き送ってきている、私たちの友人＝宣教師の皆さん方の懇請を、もはや押しとどめることはできません。彼女たちは日本での最高の学校を卒業していますが、最高度のキリスト教的活動において指導的役割を果たすためには、アメリカの諸制度について一層多くのことを学びとる必要があります。しかし彼女たちは、当地に滞在中、その教育上の諸費用に見合う全額を、私達の基金に頼らざるを得ません。そのためには、従来からある私共の小さな《教育基金》では、到底間に合いません。そこで此の度び、《日本人留学生基金》が発足することになりました。多少にかかわらず、寄付金をお寄せ下さるよう、心からお誘いする次第であります。……マウント・ホリヨークの全学生、そして又、多分その友人の方々も、この善意の活動に喜んでお力添え下さることを確信いたします。……」と。[d] その後、この基金がどのように集められ運用されたかについては、今のところ不明である。しかし、日本に派遣されたM.H.S.出身の宣教師たちの求めに応じて、母校の教師はじめ学生たちが、日本婦人の留学をいっそう促進・援助するため、こうした基金を設け始めていた事実は明白である。右の Cowles 女史の文中には「さらに二、三名の少女たちが、M.H.S. への留学を強く望んでいる」とあったが、年代的に見て、この中に淑も含まれている公算は高いであろう。しかし、淑がどのように留学の諸費用を入手したのか、また夏期休暇中の止宿先がどのようにして決まったのかについては、現在のところ不明のままである。

（a）上掲「A.B.C.F.M. 宣教師文書」

（b）上掲『神戸女学院百年史　各論』、二〇四頁参照。Cf. *One Hundred Year Biograpical Directory*, op.cit., p.189. なお、彼女の M.H.C. 卒業は一八九三年。

（c）Cf. *The Mount Holyoke*, Vol.1,No.3,Nov.1891, p.39.

（d）Ibid.,Vol.1, No.5, Jan.1892 , p.70.

（88）Holbrook の N.G.Clark 宛書簡（一八九〇年一月一五日付、「A.B.C.F.M. 宣教師文書」）には、既に Dr. DeForest から、最優秀の若い日本婦人教師若干名を M.H.C. に留学させるために必要な諸々の手だてを講ずるよう、求めてきている旨が報告されている。

（89）一旦退職した当時のことを、淑は次のように回想している。「海外に出るといふ事でかがやく希望に充されておりましたが、まだ若い心には多大の不安も伴って居りました。思へば年の若い先生でしたが今まで教えて居った生徒と別れるのは本当につろうございました。教場にはいると胸が一ぱいになつて先生生徒互に見かわす眼は涙にくもりました」[a]。この回想には、留学を前にした彼女の希望と不安と惜別の情が表されているが、留学前の状況を記したものは、これ以外に見当たらない。母は既に無く、父の上代知新は大阪教会の牧師職を辞めた後、地方の自力伝道に専心していたため、淑には事実上の我が家は無かったと考えられる。

そこで、渡米のための旅券に記載された住所を探してみたが、旅券そのものは残されていなかった。しかし、外務省記録文書の「海外旅券下付（附与）返納表」［進達一件（含附与明細表）明治二六年一月六日　府県渡］に、次の記録を見出すことが出来た。すなわち、交付番号六二八四九番、「上代 淑・愛媛県士族・大阪市西区土佐堀裏町廿六番寄留・二十一年十か月・英學修業・米国・四月二十一日」とある。(b) これに拠って、岡山を去った淑は、大阪の土佐堀裏町にある母校梅花女学校内(c)に、渡米までの間寄留させてもらったと想像され、おそらくはそこで、かつての恩師 A.M.Colby 等の指導のもと、M.H.C. 入学のための準備を行なったと思われる。

M.H.C. の *Annual of Mount Holyoke College in South Hadley, Mass. 1892-1893* の「年間行事一覧（Calendar）」には、一八九三年の六月六日から九日まで、および九月一二日から一五日までの二回にわたって入学試験が行われる旨の予告が見られる。(d) たぶん淑は、この日程に間に合うよう渡航したのであろうが、堀以曽女史は、渡航中の淑自身の思い出話として、次のようなエピソードを伝えてくれている。「日本を出発渡航の船中でも入学試験への準備に先生は懸命であったと。この様子を見た船のボーイが《あなたは感心だ。船のゆれさえ気にせず、こんな夜更けまでもよくも勉強がつづけられる事だ》と。それで先生は《私はあちらに行ってどうしても入学しなければならないのですから》と答えられたという挿話さえある」と。(e) この話からすれば、前もって試験の日程や科目についても知った上で、受験勉強に励んでいた可能性が高い。淑が受験したであろう当該年度の試験内容は、次のとおりである。「火曜日―午後一時半、合衆国史。同三時、英語および修辞学。同七時、植物学。同七時、英国史。水曜日―午前八時半、代数学。午後一時半、ラテン語：シーザー、キケロ、作文。同七時、古代史。木曜日―午前八時半、幾何学。同一〇時四五分、ヴェルギリウス。

午後一時半、フランス語。同一時半、ドイツ語。同一時半、ギリシャ語。音楽は水曜と木曜」。(f) してみれば、必須科目と選択科目があったようであるが、現在M.H.C.に保管されている淑の個人記録によると、植物学と英国史のうち植物学を、フランス語とドイツ語とギリシャ語の中からは、フランス語を選択して受験している。(g) こうした可成り高度で幅の広い入学試験に合格した淑は、念願のM.H.C.に入学を果たしたのである。

上記堀女史の記述中にある「どうしても入学しなければなりません」という淑の切実な心情は、神に「あからさまに祈った」Mary Lyonの学校への留学が、彼女を心から愛し、応援してくれたMcLennanをはじめとする数多くの宣教師たちの尽力の結果として、はじめて実現の運びに至った事情を思えば、まことに首肯し得るところである。

(a) 上掲『みさを』八七号、昭和八年、一頁。

(b) 外務省外交史料館所蔵のマイクロフィルム・リール№.旅券―○○九。

(c) 福本 紘「梅花女学校土佐堀校舎の位置」、梅花学園学園史研究会『梅花学園学園史研究』第一号、一九八〇年、二九頁参照。

(d) *Annual of Mount Holyoke, 1892–1893*, op.cit., p.4.

(e) 故堀 以曽女史筆録の原稿。また、同女史によって「写真米寿の写真　学校　みさお　二号／名誉市民章をつけた先生四号／堀以曽記」と表記されたノートが残されているが、その［一〇］頁にもほぼ同じ内容の記述が見られる。

(f) 上記、註(a)参照。

(g) M.H.C.のRegister's Office Records(Mount Holyoke College Librrary/Archives)中に保存されてあ

る上代 淑の履修記録。
(90) 山陽高等女學校同窓会『みさを』八一号、昭和五年、一〇頁。
(91) この日記は、一九〇七年六月一日から翌一九〇八年一月一日までの、英文によって認められた日記である。実のところ、これは「会計元簿」(〝Ledger〟)と表紙に印刷されたノートを利用して巻末から書き出され、しかも天地逆さに用いられており、総頁数五九のものである。
(92) 同上、英文日記。
(93) 山陽高等女學校行餘會『みさを』第三六號、明治四〇年、五〇頁。ここには、「米山米水」と題された、淑から山陽高等女学校に宛てられた書簡が掲載されている。
(94) 一九八四(昭和五九)年一二月一九日に、岡山で開かれた「上代 淑先生近親者座談会」における山下薫子氏の証言。(録音記録、山陽学園短期大学所蔵)
(95) Charlotte Fiske Bates (arr.), *The Longfellow BirthdayBook*, Boston : Hougton, 1881. は、大へん凝った誕生日記入帳である。総頁数三九七の豪華版で、左側の各頁には、Longfellow の多様な作品中から引用された珠玉の詩句が、年間の日付順に二日ずつ印刷されており、それに対応して右側の頁には、各二日分の日付のみがある。その余白部分に、当該誕生日にあたる人の名前が記入されるような仕組みになっている。これは、淑が M.H.C. 入学時に、記念としてたぶん自分で買い求めたものであろう。Longfellow は、彼女の生涯愛好してやまなかった詩人でもある。扉には、〝Yoshi Kajiro / Mount Holyoke College / Sept. 11th '93〟の自署がある。
(96) 上掲、山陽高等女學校行餘會『みさを』第三六號、五一頁。

(97) 本章、註94参照。なお、筆者はこの証言と同じ内容を、生前の上代晧三氏との昭和五七年七月二二日の面談で伺っている。

(98)「堀 以曽記」ノート、［一四］頁。拙稿「山陽高等女学校の上代 淑（Ⅱ-a）——留学を支援した米国の人々とその〈隣人愛〉」、『山梨英和短期大学紀要』第二四号、一九九〇年、一七五頁を参照。

(99)『女學雑誌』（第三二〇号、乙の巻、明治二五年六月一一日、二四頁）にも掲載された、先述の山脇 花の書簡には、当時のM.H.C.における苦学生の様子が次のように記されている。「生徒の過半は　数年間教授の任に従ひ　貯へ得たる金を學資にあて　盡れば再び教授を試み　學資を得て歸校する人なり　中には暑中休《ママ》中は或店のbook keepingをし　其の得たる金をもて衣服小遣にあて　月謝月俸は卒業後幾年間中に於て返却するの約定にて貯金なし居る人もあり　或は休業中は人の為に炊事洗濯などをなして貯金する人も多きよし斯の如く自ら苦しんで勉学する人多き」と。

(100) 本章、註98参照。

(101) 手書きによる記録。

(102) McLennanは、一八九二年に結婚してWhite姓になっている。上掲拙稿「上代 淑（Ⅱ-a）」、一八七頁を参照。

(103) First Congregational Churchの現在の牧師J.W.Hawk師が、古くからの教会員に方々電話してくださった末に、「一〇〇年近く前の、日本少女の留学生」について存じ寄りの方を捜し出してくださった。Mrs. Emily Morrisonである。九〇歳とは思えぬ頭脳明晰さと矍鑠ぶりで、彼女は同教会内の図書室で快く筆者のインタビューに応じてくださった。（一九八八年八月三〇日）

(104) 本章、註91参照。
(105) 上掲、拙稿「上代 淑（I）」五八頁。
(106) 上記の *The Longfellow BirthdayBook* , op.cit., p.289. には、当然のことながら誕生日のみが記されており、誕生年については不明であった。そこで教会資料に記載されていた結婚年月日と当時の年齢から、筆者がこれを算定した。
(107) Cf. George S.Conover, *History of Ontario County* , New York , D.Mason ,1893,p.231.
(108) "Records of the First Congregational Church , Canandaigua , N.Y." に拠る。なお、この教会記録の冒頭には、'Register of the First Congregational Church, Canandaigua, / Keptby / O.E. Daggett , Pastor / from his installation 30th Jan.1845/ containing / Baptisms. Admissions to the Church. Dismissions. / Marriages. Funerals . Collections. etc.' と内容表示がある。
(109) "Census Records for Ontario County, 1915"（Canandaigua の Archives & Records Center 所蔵。）
(110) 本章、註107参照。
(111) 上掲、山陽高等女學校行餘會『みさを』第三六號、五一頁。
(112) 上掲、拙稿「上代 淑（I）」、六二頁。
(113) 淑の M.H.C. での学業や学生生活を跡づけるべき資料としては、彼女の授業科目履修表が同校アーカイブに保管されている上代 淑関係のファイルに見られるほかは、彼女の属したクラス（九七年卒クラス）の有志学生によって編集された雑誌『閃光』（"Llamarada"）上に、幾つかの記載が見られるのみである。彼女の生活ぶりを推測して紹介した論文としては、喜多嶋恵理子「上代 淑とマウント・ホリヨークカレッジ関係者との交流」（『上代 淑研究』第2集、山陽学園大学、一九九七年）がある。けれども、当時の学長Meadの手になる学長記録や、一八九八年卒業のH.B.Calderが家族に宛てた二九通の手紙からは、当時の学生生活一般は想像できるものの、直接上代自身の動静を示す資料は、現在のところ全く見つかっていない。ただ、マウント・ホリヨークでの経験を直接に真似て、帰国後の山陽高等女学校での教育実践に反映させている事例は多々見られる。例の〝domestic arrangements〟をモデルにしたと思われるのが、「一家族」のような温かい雰囲気を保ちつつ、「お主婦さん」とよばれる当番生徒による自主的な学寮内の生活規律や運営の仕方であるが、その他にも健康促進のための山登りの導入、卒業式における「きざはしの歌」等々、算え立てれば切りがない。

(114) 本来ならば、もう一つの重要な局面として、当然M.H.C.での淑の人間関係が取り挙げられなければならない筈である。けれども、先に断った通り、同カレッジにおける淑の動静を知るべき具体的資料が無いため、今回は触れることが出来なかった。ただし、その人間関係の内容が、少なくとも本質的性格においては、他の四局面と大幅に異なることはないであろう。

(115) 上掲、拙稿「上代 淑（Ⅱ－a）」、一七七頁、註51参照。

(116) この点に関するより原理的な考察は、終章の第2節に譲るので、それを参照されたい。

(117) 上掲、堀 以曽筆録の原稿。

(118) 堀 以曽編『上代先生を語る』、昭和三一年、山陽学園同窓会、三〇頁。

(119) 山陽高等女學校行餘會『みさを』創立二十年記念號、明治三九年、六二頁。

(120) 上代 淑先生訓話集刊行会編『上代 淑先生訓話集』、昭和三二年、山陽学園、一二〇頁、一二二頁。

(121) 本章、註118参照。

(122) 山陽高等女學校行餘會『みさを』六九號、四頁。
(123) 上掲『みさを』八一号、一〇頁。

第3章　隣人愛としての教育実践

第1節　教育実践の根底に潜む「祈り」

前章では、上代 淑の内面において「隣人愛」の心情がどのように芽生え、それがどのように深化されて、「愛と奉仕」の活動としての教育実践へと収斂していったのかについて論考した。幼児期に家庭で父母から祈りをまねび、祈る生活習慣を自然に身につけた彼女は、梅花女学校入学後は、沢山校長をはじめ教師たちの祈りのなかで、しだいに「祈り」の内面的本質に目覚めつつ教職に憧れを抱いたのであり、さらに留学前とその最中にめぐり会った数多くの米国の敬虔なピューリタンたちが、それぞれの立場で、そのつど身をもって教え示してくれた実践化された祈りの生活としての「愛と奉仕」の実相を具さに体験することを通じて、ついに彼女自身は自己の生涯のすべてを、改めて「隣人愛」の実践としての教育実践に捧げることを神に誓うに至ったのである。このような「祈り」における上代 淑の自己成熟の過程があったからこそ、先述のとおり、帰国直前の不退転の決意に基づき、実に六五年間の長きに亙って山陽高等女学校で教育実践に挺身することが出来たのである。では、そこで彼女が絶えず「祈り」とともに行った、「隣人愛」の発露たる教育活動とはいったいどのような類いのものだったのであろうか。次にその検討を試みてみたい。

ただし、誤解を避けるため敢えて断っておきたいのであるが、ここでは彼女が担当した教科目やカリキュラム内容などの分析を行うわけではない。その理由としては、次の二通りのものがある。まず消極的理由について云えば、第一に、上代 淑はあくまで日々の教育活動に専念した実践家そのものであったため、断片的なメモ類以外には、自らの授業計画や教授内容を意図的に纏めて書き残すことは、一切していないからである。加えて第二に、終戦直前の岡山大空襲により学園そのものが全焼したさい、保管されていたであろう年次報告をはじめ、教務関係の諸資料も全て灰燼に帰しているからである。つまり、いずれにせよ客観的資料として、分析すべき素材自体が無いことである。けれども、それとは別に、本書の本来的意図から見て、そこにはより積極的な理由をもみいだされてよいのではないだろうか。というのも、上代 淑という類い稀な「クリスチャン‐教師」の内面と、その直接的反映としての教育実践の本質的内実に焦点を当てることこそ、もともと本書の主たる狙いに他ならないからである。そこで、山陽高等女学校の教師ならびに校長として、寄宿舎や教場のみならず、あらゆる機会を捉えてなされた彼女の「祈り」に基づく教育実践の実相に迫るため、彼女自身の訓話や卒業生の思い出等を手がかりに考察してみたい。

「婦人と祈り」と題して、昭和八（一九三三）年にラジオ放送された訓話の中で、上代は先ず「赤ん坊の足」という英詩について触れ、次のようにその趣意をまとめている。「……清らかな、無邪気な、少しの穢れもないまなざしで、ほほえむ赤ん坊、その赤ん坊のはかり知れないその将来を、何により何にすがって歩ませようか。ただそれは神にまかせる外はない。野末にあわれなく（ママ）鳥をも慈しみ育ませ給う愛の み（ママ）神に、この子の将来の祝福を祈るより外はない[1]」と。そして婦人の家庭における責任、とりわけ育児の責任の重さを指摘した上で、齢六二歳に達していた上代は引き続き以下のように説いている。「だんだん年もとり、世の中のことを知るに従い、成程この通り〝婦人程実に重い責任を負うて、最もむずかしい道を歩まなければならないものはない〟と云うことがわかってまいりました」[2]。この責任を全うするためには、「どうしても神様の力によるより外はない。神様を信仰し、これにおすがりして力と慰めを得るより他はない」[3]。「神におたよりすることは、即ち祈りの生活をする事だと思います」[4]と。最初に上代が引いている英詩は、吾が児を抱いた経験のある女性ならば、おそらく誰もが共感をもって受け止めることができる内容であろう。安らかに澄んだ眼差しで微笑みかけてくる吾が子を胸に抱く時、自ずとその将来にわたる心身の健やかな成長を願わずにはおれない母親は、同時にまた、その責任の重大さに身震いを覚え、到底その重責には耐え得ぬ自己の無力さを痛感せざるを得なくなる。愛してやまぬ吾が児にまともに相対し、その十全な人間的発達に責任を覚える時、神ならぬ身として痛切に感ぜざるを得ないのが、我が身の有限性、卑小性、罪障性であろう。その自覚は、人間のあらゆる知恵や努力や計らいを遙かに越える絶対者への依存・帰依・信仰へと人を導かずには措かない。本質的に有限な存在としての人間は、吾が児の将来の幸せについても、絶対者である神におすがりして、そのオールマイティの力をお借りできるよう、ただひたすらに祈願する以外に道はない筈である。こうした絶対者への「祈り」こそ、信仰生活の核心でなければならないとするのが、上代淑の根本的信念であったことは先ず間違いなかろう。そうしてみれば、彼女自身は実子を持つことはなかったけれども、常日頃より年若い教え子たちに対して、恐らくこの英詩の作者と同じ想いで接し続けていたものと考えられる[5]。

この訓話でも強調しているように、じっさい上代は、祈りの生活を絶えずつづけているのである。彼女の教え子で、卒業後洋裁学院を経営するようになってからも、同窓生として長く上代と親交を結んだ赤木美恵子氏は、その著『恩師上代 淑 先生』の中で、当時の上代校長の日常を、次のように熱っぽく感謝を込めて書き記している。「グッドモーニングの連発で校長室に入られたそうです。校長室では、神様へのご挨拶、それは祈りです。勿論お家で起床のお祈りはなさったでしょうが、朝学校に着かれると先ず校長室に入られて、しばらく神様と密室を守られる。《校長先生何をしよんさるじゃろう》と皆が心配するかもしれん。祈ってるの、祈ってるのよ、神様にお祈りしてるんです。《神様今日一日、生徒によい事が教えられますように。神様、私によい考えを与えて下さい。よい事を思いつかして下さい。祈っています。祈っているのよ。祈っています。》と繰り返し話された。校長先生としての一日の始まりである。愛と奉仕の原動力はここにあったのだ。《祈りの子は滅びず》という句があるが、だから私たちは幸せだったのだと思う[6]」と。この思い出に登場してくる校長上代の真摯な祈りの姿からは、一人々々かけがえのない生徒へのより良き教育のため、全身全霊をあげて神との「密室」における一対一の内的対話を繰り返しつつ、自らの指導に誤ちや不足がないか否かを絶えず吟味・省察しつづける誠実無比の「クリスチャン‐教師」のバックボーンが如実に看取できる。しかも、ここで特に注目しておきたいのは、年を経た後、校長によって日々祈られていた事を知った同氏があらためて、上代校長の「愛と奉仕」の活動の全てが「祈り」を「原動力」としていたことを悟ると共に、その校長から祈られていたからこそ、自分たち生徒が幸福であったという事を自覚的に捉え返している事実である。

還暦をすぎた上代自身も、同窓会誌上で次のように語っている。「私には祈る事が大変沢山ございます。それで或日は気の毒な人の為、或日は病む人の為にと日を定めて祈って居りますが、一日を卒業生のための祈の日として祈つて居るのでございます。……私はまことに足らぬ力ながら、その三千人の人々を手につけ（ママ）て居ります。最初この学校に参りました時は十八でございました。今年の卒業生を手ばなした今は六十五となりました。その間、手塩にかけた卒業生のそれぞれが家庭にあっては夫を助け、子供をそだて、社会の為にも出来るだけ手を出して、御国の為にも尽しえられる立派な人となる様にと祈つて居るのでございます[7]」と。ここでは、上代が日々祈りの生活を繰り返している事実とともに、その「祈り」においては、絶えず己れの非力を自覚するが故に、これまで教師として手塩にかけてきた三千余名のすべての生徒たちの身に想いを馳せつつ、彼女たちが「立派な」女性としてあるべき姿であれよかしと、必死に神に祈願せざるを得ない謙虚な教師としての真情が、自然な語り口で吐露されている。

では、そのような「祈り」に接した生徒の内面では、実際どのような反応が起こるのであろうか。上代がいつも出席する寄宿舎での日曜の夕べの集いで、卒業生のために平和と幸福の祈りを捧げたのを聞いていた一生徒は、「その強い感動を一生忘れることが出来ません[8]」と語り、「先生の御生涯のある限り、温き祈りの中にあって生活出来ます私共には、後に大きな力を持つ様な心安さを感じまして、ほんとうにありがたく思います[9]」と述懐している。ここで特に着目したいのは、この女生徒が上代校長の全身全霊を傾けた祈りを目のあたりにして、その迫力を生涯忘れぬものと心に刻みつけているのみならず、さらに「後に大きな力を持つような心安さを感じ」たと、「祈り」の形成的意味についても深い理解を示している点である。すなわち、生徒一人々々に向けられた上代のあふれんばかりの愛を確信することができ、その絶対的な「被包感」(Geborgenheit) が後々までも持続することを予感しているだけでなく、そのことによって更に、将来とも自分たちがより善く生かしめられることを的確に認識している点である。つまり、上代の祈りが自ずと自己の人生をより善く生きる上で「大きな力」とも指針ともなって、今後も内面に定着しつづけるであろうことへの「心安さ」、確実な安心・安堵をリアルに実感しながら改めて大いなる感謝を覚えているのである。

祈られた生徒たちの内面で持続的に生起する同様の形成的反応は、先にも引いた赤木美恵子氏の場合に徴しても明らかである。当時すでに恒例となっていた卒業式の翌朝の、「山上の垂訓」[10]についての思い出を、彼女は次のように記している。「私たちの為に心から神様に捧げられた先生の熱い祈りは、年を経て今も尚、私の心の中に燃えている。《勇敢でなければならない。清くなければならない…。》《思う様にはならない世の中にあって》も、先生の祈りに支えられているのだものと思う」[11]と。彼女もまた、後々まで上代の「熱い祈り」を繰り返し心中に反芻し、その不断に「燃えている」被包感とともに、世の苦難や障害をその都度乗り越え、より善く生き抜く力強い人生の羅針盤となしている様子が、ここにもはっきりと窺われるであろう。

右のように多数の生徒たちの前で共に祈る祈りと平行して、上代はまた、さまざまな特殊な状況にある個人をも対象に誠心誠意祈っている。例えば、一生徒がコレラを煩って高熱を発した際に見舞いに駆けつけ、自分は「どんな苦労をしても構わないから、この子が全快する様に」と一心に祈ったという[12]。その文字通り捨て身の教師の祈りを知った当該生徒が、その後ながく上代に対して如何に全幅の信頼と感謝と敬愛を持ち続けたかは推して知るべきものがあろう。後に「先生のみ教えを胸にいだいて、駒にむち打ちながら進むこと幾度であったか」[13]と自分自身の人生を振りかえり、恩師上代の祈りに応えて必死に努力して生きることの出来た感謝を真率に吐露している。

あるいはまた、上代は戦後着のみ着のまま新京から引揚げてきた卒業生を、独りで訪ね、慰めと励ましの祈りを捧げている[14]。自らも戦災で校舎を焼失し、その復興に精も魂も使い果たしていた当時のことである。当の卒業生は回想する。「終戦という事で、全く私の心は逆境という事に支配され、生と死の境にのみさまよいつゞけた当時として、人を省る事も、人のために祈る事も、すっかり忘れてしまっていました。先生は、私をやさしく慰めて下さいました。そして、私のために長い長い祈りを捧げて下さいました。先生の御主旨《ママ》に何一つ御報いも出来ないでいる私のためにのみ祈って頂いた事をほんとうに申し訳なく思いました。そして、失いかけていた私の心の宝を、やっととりかえす事の出来ました事を感謝いたした次第でございます。《祈りは天に通じますよ。祈っている中に道は開けてゆきますよ》、何度も何度もくり返しおっしゃいました。この御訪問を頂いた日を契機として、私は全く萬の力を得た様な気持ちで、気持ちの転換を心がけ、あの七十年前の山陽英和女学校を設立して下さいました古の方々の心を心とし、生きる希望を見つけることが出来ました。私は、上代先生の尊い祈りの御心を御わかち頂かなかったら、現在の様な気持ちで楽しく、少しでも世の中のために働く事が出来るものにならなかった事と思います[15]」と。

ここにも、愛の人、謙譲の人、祈りの人としての上代 淑 の真骨頂が如実に示されていると云えよう。この上もない多忙と疲労困憊をも顧みず、「生と死の境をさまよう」ような窮境にある卒業生を訪ねた上代が、神と人への揺ぎない愛ゆえに、人はどのように無力で卑小であっても、正にその故にこそ絶対の神にひたすら祈る以外に道のないことを身を以って示し、その至純な祈りこそが「天に通じ」、神に嘉せられる所以であると確信をもって励ましているのである。そして事実、このように祈られた当人は、「その日を契機として」「失いかけていた心の宝をやっと取り返すこと」が出来、上代の「尊い祈りの御心を御わかち頂い」たことによって、「少しでも世の中のために働くことが出来るもの」へと成長していったことに感謝しているのである。

こうして、「望みて喜び、なやみにたえ、祈りを恒に[16]」する上代の実践的祈りは、祈られた生徒一人ひとりの内面に自ずと形成的「祈り」を喚び起こし、より善き自己陶冶と相互陶冶を促さずには措かなかったのであり、そのことの繰り返しによって、祈りを中核とする濃密な人間形成のネットワークが自然に拡がったのである。そして正しく、このような「祈り」による人格的共同体の輪の拡がりこそ、後述するあの山陽高等女学校独特の強固な「同窓会」を産み出し、支え導いた精神的基盤に他ならないのである。以上、上代の「祈り」が在学生のみならず卒業生に至るまで、実に多くの何千にも及ぶ「上代の娘たち」の人間形成に絶大な力を発揮した典型的事例を挙げてみたが、そうした事実を踏まえて、次節では「祈り」の人間形成的構造について人間学的・教育学的観点から纏めを試みたい。

第2節　「祈り」の人間形成的構造と意味

「人が呼吸をし、食事をすることが自然であるように、人が祈ることとは、人間として自然なことである」と神学者H・E・フォスディックは言う。彼はその著『祈りの意義』（*The Meaning of Prayer*）の中で、「祈りは人間の魂のもっとも深いところで自然に起される祈願」であるというカーライルの言葉を引きつつ、そもそも祈りが人間本性による（by nature）ものであることを丹念に説いている。[17] フォスディックの言葉を俟つまでもなく、特定の宗教を持たない場合でも我々は、例えば子供が産まれる時、自分自身の生命が危機に瀕したとき、あるいは人生の艱難に直面したとき等、心底から神や仏に願い祈る経験を、多かれ少なかれ誰しも持っているであろう。と云うのも、人間は自らの有限性を自覚する存在であるが故に、必然的に絶対者への祈りへと導かれざるを得ないからである。その意味で、人間存在にとって「祈り」が「本性上」きわめて自然であることは固よりである。しかし、特に本節で問題としたいのは、祈りを自覚的に人生態度の根幹に据え、神の「召命」（calling）に応える途として教職を選びとり、教育実践に文字通り献身した教育者における「祈り」についてである。

　これまで「祈り」は、云うまでもなく信仰上の問題として解釈されてきた。代表的な定義として屢々引かれる『ウェストミンスター小教理問答書』（98問）によれば、「祈りとはキリストの御名において、神のみこころにかなうことのために、私たちの罪のざんげと、神のあわれみへの感謝に満ちた告白とともに、私たちの願いを神にささげることである」[18]と云う。また宗教改革者カルヴァンも「祈りというものは敬虔な人達が神と親しく対話することである」と述べている[19]。つまり神学的には、人間が絶対者たる神に真正面から向かいあうことによって、自らの本源的罪＝貪欲（cupiditas）を深く自覚しつつ、他方同時に、たとえどのように卑しく無力な己れであっても、神からの絶対の愛（caritas）に感謝の念をもって実践的に応えるため、その絶大な力に縋って神意の実現に挺身しようとの至純の発願をし、それを神に誓約するところの一連の内的「応答的行為」が、すなわち祈りなのであって、要するに祈りとは、その意味で絶対者＝神との「交わり」ないし「対話」に外ならぬものと考えられている。

　けれども、ここでは神学的解釈の範疇を一歩出て、人間学的・教育学的視点から、「祈り」が何故に教育の場においても――否むしろ、他のあらゆる人間的営みにもまして――必然的でなければならないのかを省みた後、しかも「祈り」は、何故に祈る当人においても、また祈られる相手においても、必然的に人間形成的作用を伴うのかという、要するに、「祈り」がもつ二重の人間形成的作用連関についても考察してみたい。

　冒頭で触れておいたように、「本性上」有限な人間は、必ずしも格別の危機的な場面に遭遇しなくとも、我が身の無力性、卑小性、罪障性をしばしば認識せざるを得ない。自覚的な存在としての人間にとっては、むしろそれは自然のことと云うべきであろう。とりわけ、人が子どもを産み・育て・教える際には、当の子どもの未来の成長に対して己れが全面的に責任を負わざるを得ない立場に立つわけであるから、折りにふれ事に即して、自己の無力を嘆き、その卑小さを愧じ、その罪深さにおののかざるを得ない場面に幾度も出くわす筈である。ましてや、意図的・意識的に相手を教育する義務をもつ「教師」の場合には、必然的に己れのあらゆる無力さを凝視せざるを得ず、そのつど深い挫折感とともに自己の限界性・有限性を徹底的に自覚せざるを得ないであろう。総じて親や教師など、「教える側」に立つ者に一般的に妥当することではあるが、とりわけ教師は、教えている相手から絶えず裏切られ、繰り返し失望や挫折に直面させられる宿命を、職業的にも背負い込んでいる存在なのである。そうしてみると、意図的に教育的働きかけを為すものにとっては、自らのなし得る努力や知恵や計らいの全てを尽くした果てには、最早やたった一つの道しか残されていないであろう。すなわち、絶対者たる神の全能に縋って、ひたすらに被教育者の善と幸福を祈願する「神との対話」としての祈り以外に道はないのである。

前項でその具体相を詳しく見たように、クリスチャン教師の典型たる上代淑の「祈り」には――むろん本人自身による解説など、資料的には何も残されていないものの――間違いなく、そのような実存的自覚が根底にあった筈である。恐らく、あらゆる教育的営為のギリギリの極点では、畢竟「祈り」しか人間に許されていないことを骨身に徹して認識していたからこそ、祈りが上代のあらゆる教育活動の「原動力」であり得たのであろう。換言すれば、キリスト者であると同時に本質的に教育者であった上代は、「隣人愛」の実践に腐心することの中で、そもそも「祈り」を欠いては教育自体が成立し得ないという教育人間学的根本認識を、正しく実存的体験的に獲得していた筈である。このことを先ず確認した上で、次にやや一般的に、「祈り」をめぐる主体と客体との間の相互形成の問題に焦点づけて、前項での具体的事例を改めて整理し直してみたい。すなわち、教育する側の内面においても、絶対者たる神に祈ることを通じてはじめて獲得されてくる人間ならではの力があるのと同様に、また祈られる被教育者の側でも、それに呼応して普遍的な人間ならではの基本力が形成されてくることを、相互的人間形成の構造的連関の中で捉え直してみたい。

先ずは、親や教師といった教育する側から始めよう。ウイリアム・バークレーはその著『はじめての祈り』（*The Plain Man's Book of Prayers*）の中で、ルターの「神にうそを言わない」という言葉を引きつつ、祈りの第一の法則として「私たちは祈りにおいて誠実でなければならない」と説き[20]、至純の願いでなければ神に祈るべきでないと強調している。つまり、ここに謂う誠実とは、絶対者との「対話」である祈りにおいては、先ずもって自らの願いの全てに関して、それが些かも我欲に発するものでないか否かの厳しい自己凝視、自己省察、自己吟味がなされねばならないという意味である。したがって絶対者への「祈り」は、自らの罪障性、卑小性、有限性を凝視し、その徹底的な自覚に立った上で、自らの願いの至純性如何を改めて厳しく自己に問いつめざるを得ないが故に、祈る者自身の内面に自ずと道徳的醇化をもたらさずには措かない。けだし名著『祈りの精神』（*The Soul of Prayer*）の著者フォーサイスが、「祈りほど〈内面性〉と自己認識と自己制御を発達させるものはない[21]」とし、「祈りは精神を錬磨し誠実さの実を結ばせる最高の学校である[22]」と主張する所以である。

しかし考えてみれば、祈りにおける「誠実」、すなわち人間学的に云い直せば自己省察、自己吟味、自己統御は、絶えず自己自身の生徒に対する教育的行為を顧みなければならない教師にとって、とりわけ枢要な要件と云わざるを得ない。生徒への至純な愛に基づき、しかも自己の無力と限界を自覚するが故に、心から願う相手の善と幸福の実現のため、絶対の超越者の力を借りつつ全身全霊で考え工夫し努力してやまぬ教師は、絶えず厳しく自問、自省せずには居れない。今日一日、生徒一人々々に心をかけ、意を用い、力を尽くしたかどうか。今日の己れの言動は、一つ一つ生徒にとって善をもたらし得たかどうか。上述のように上代が、一日の終わりに必ず「感謝とともに祈り」を捧げた教育実践上の意味は、間違いなくそのようなものであったと忖度される。日々の己れの教育活動について一つ一つ絶対者の前で厳しく自己検証する「祈り」を通じて、職業的知識・技能・態度はむろんのこと、教師自身の道徳的存在としての実質も、したがって又、その教育実践全体の質ないし次元も、不断に向上してゆくのである。そして、その究極の根拠こそは、すでに上代 淑において詳しく観たように、自己の「まことに足らぬ力」を自覚するが故に、翻って「どうしても神様の力によるより外はない。神様を信仰し、これにおすがりして力と慰めを得るより他はない」といった、人間実存として退引きならぬギリギリの神信仰であり、――より人間学的表現で云いなおせば――絶対の超越者ないし究極の存在そのものへの全幅の信頼なのである。ドイツの教育哲学者ボルノウは、教育する者の持つべき必須の徳性として、とくに「信頼」を重要視し、それが究極的には絶対者たる神への「信」に支えられるものであることを示唆している。彼によれば、「教育者はあらゆる苦しい経験にもかかわらず、生徒に対する信頼の念をつねに新たに奮い起こさねばならない」(23)。そしてあらゆる失望や挫折にもかかわらず、生徒に対する信頼の念をつねに新たに奮い起こす根源的な力は、次のような連関の中で、正しく教育するものの内面に自ずと宿りきたるものである。すなわち、それは「教育者の側で、或る他の、より深い信頼によって支えられているときにのみ、つまり、あらゆる逆転や失敗にもかかわらず、その行為が究極的に意味を持っているという確信に支えられているときに限って果たされるのである。また、教育的行為がうまくゆくのは、教育者がその行為において世界の究極的な有意味性を確信するときにのみ、また、何といっても結局は、自分が神的な秩序によって支えられていると感じるときにのみうまく行くのである[24]」。

このように、人間を遙かに越えた絶対者を信じ、自らの至純の愛に基づく教育行為の究極的意味に確信を持ち、そしてそのために「祈り」得る教育者は、いかなる困難や失敗にも挫けることなく耐えることができるのである。超越者への全き信頼による「祈り」は、翻ってその絶対的な庇護のもとでの無条件の「被包感」を、自ずと祈る者に抱かせずには措かない。しかもこの絶対の被包感は、「祈り」においてその都度新たに与えられ、強化され深化されるのであり、それなるが故に、祈りはまた必然的に「感謝の祈り」であらざるを得ないのでもある。先のフォーサイスが「祈りによって克ちえられた偉大な祝福は、溢れる感謝に装われる[25]」と述べ、「祈りと感謝は、肺の二重運動にも似て、祈りによって吸い込まれる空気は、感謝と共に再び吐き出される[26]」と説く所以も、正しくこの点に存するであろう。

上代が日ごろから「祈りは天に通じますよ。祈っている中に必ず道は開けてゆきますよ」と生徒たちに励まし説いた意味も、以上に考察してきた人間学的連関の中に改めて位置づけて理解されなければならないであろう。それは、単なる「願かけ」とその成就といった、安直・皮相な応報的関係を説いているのではない。彼女自身の実存を賭けた「誠実」な祈りによって、絶えず自己の内面に不撓不屈の力を得てきたという揺るぎない確信から発せられた言葉であり、上代 淑の信仰告白であると同時に、深刻な人生観そのものの表白に外ならないものとして受けとめるべきであろう。じっさい上代は、昭和二〇年の空襲で、五〇年近く心血を注いで築き上げてきた山陽高等女学校の学舎・講堂・寄宿舎・教具・教材のことごとくを焼失した折にも、「すべての困難から立ち上るため、祈って祈って祈りましょう[27]」「山陽の精神は滅びません、雄々しく灰の中から立ち上りましょう」[28]と渾身の力を振り絞って、学校の復興に文字通り粉骨砕身したのであった。「祈り」という一連の内的行為には、先にも指摘しておいたように、祈る者の不断の努力が前提であると同時に、その帰結としての、より一層の努力が後に続くことになる。終戦直後の日本社会の逼迫した状況を顧みる時、その辛酸の努力は筆舌に尽くせぬものであったろうが、「祈りこそ力である」という彼女の信念には些かの揺るぎもなかった。自助努力の果てに、神の御旨の実現に一層の力を尽す不撓不屈の態度と力の根源こそは、正に上代の「誠実な祈り」にあったのである。その間の事情については別の拙稿に詳しいが[29]、ともあれ上代による見事な学園復興が、こうした人間としての努力の果ての、更なる神への帰依による超人的努力の連続がもたらす偉大な成果の、最たる具体例の一つであることは間違いない。

ところで、上代のような「祈りの教育者」に直に接した被教育者の内面では、基本的にどのような形成的現象が生起するのであろうか。この点についても、実はすでに前項いらい具体例に即しつつ考察してきたのであるが、以下では、祈られる側の内面において――あたかもプラトンの謂う神の「飛び火」[30]のごとくに――相呼応して喚起されてくる人間ならではの諸力について、人間学・教育学の視点から纏めを試みて本節の結びとしたい。自分への絶対的な愛に基づき、自分への全面的な関わりにおいてなされる至純の「祈り」に直面する時、人は必ずや喜びと感謝をもって真摯にそれを受けとめずには居れないであろう。上代自身も、ごく幼い日に「頭に手を置いて祈って下さ」った恩師沢山保羅を生涯忘れず、「子供心にも身に沁みて嬉しかった」と最晩年に述懐していることは、先に述べた通りである。乳児期における母なる存在への信頼同様、全面的な愛を注いでくれる他者への全き信頼が、徐々に広く存在と人生全体に対する普遍的信頼へと転化してゆき、それが更に、存在そのものを支える究極の絶対者に対する信へと深まりゆくことは、人間学的にみて極めて自然な道筋であろう。[31] この絶対者への信に連なりゆく普遍的信頼が形づくられることによって、人はあらゆる不幸や脅威や挫折にも拘らず、つねに新たな「被包感」を回復する中で、世界と人生を究極において「至福なるもの」として感ずることができるのである。[32] 上代自身の場合もそうであったように、それぞれに深く結ばれた師弟間の信頼関係のうちにあって、また上代の生徒たちの場合絶対者への「信」は、おのずとその生徒らの内面に同じ絶対者への信を導き入れずにはおかない。否むしろ、幼い生徒たちにとっては、恩師が絶対的なるものの体現者ないし代理者として映ずるであろう。それゆえにこそ、沢山や上代という強烈な個性をもつ教師からの祈りは、それぞれの生徒たちに喜びとして受け止められ、「大きな力を持つ様な心安さ」を感ぜしめたのではないだろうか。そのさい生徒たちが感じた絶対的な喜びと心安さの根源にあるものこそ、一般に子どもや生徒たちの健全な人間的成長に不可欠と云われる全き被包感としての「愛」以外のなにものでもないであろう。

上代における神への「祈り」が、生徒たちへの愛そのものに発する至純のものであったことは、上述の幾多の例が如実に物語る通りである。「私の信じる神様にあなた方の為にお祈り致します」と彼女が語る時、生徒は自分たちが上代からの惜しみない愛を全身に受けとめている実感があるからこそ、先生の信じてやまぬ神に将来を託されていることの安心と感謝を自ずと覚えたのである。コレラに罹った生徒を「我が身に代えても救って」くれるよう神に祈った上代については、先に詳述した通りであるが、そのあふれんばかりの愛の被包感を味わうことの出来た生徒は、「上代先生」に対して、ひいては彼女を通じて絶対者に対しても、深い感謝と敬愛を生涯持ち続けたのであった。上代の祈りは、常に「隣人愛」に発し、それの実践のためのものであった。彼女が若き日からずっと大切に保存しつづけ、時折り引き出しては読んでいた英文の切り抜きには、C.D.Meigsなる人物の祈りの言葉が書かれていた[33]。その冒頭は次の通りである。「主よ、私が毎日、自分を忘れて他者のために生きることが出来る様にさせて下さい。私がひざまづき祈る時でも、私の祈りが他人のために祈る事であるようにさせて下さい」。彼女はこれを口語訳したプリントを同窓会の支部会等でもしばしば配っていたというが、この他者のための祈りは、神学上では「とりなしの祈り」と呼ばれている。他者における善と幸せを、イエスの御名においてひたすら祈るということは、無限の愛を自分に注ぎ給う神に対して、同じく惜しみない愛を別の人間にも授け給うよう「とりなす」ことになるからであるが、その「とりなし」自体が成立するには、祈る人の祈られる人に対する真実の愛が前提にならなければならない。この愛こそ、上代のあらゆる教育的営為を根底から支える所以のものであったことは、改めて繰り返すまでもないであろう。キリスト者である上代は、「自らを愛するように、汝の隣人を愛せよ」というキリストの訓えを、文字通り実践躬行したのである。先にも若干触れた通り、米国留学を終えて帰国する直前の彼女の決意は、四年間の滞在中名もなき幾多のピューリタンたちが、その慎しい日常生活の中で身を以って具体的に教え示してくれた深い「隣人愛」への実存的応答として、生涯「神と人への感謝のために尽す」べく教育実践に献身しようとするものであった。こうして再スタートした上代の山陽高等女学校における教育実践は、終始一貫「キリストのまねび」(imitatio Christi)としての「隣人愛」の実践に外ならず、その祈りは正に隣人愛に発する「とりなしの祈り」に外ならぬものだったのである。

以上で、少なくともキリスト者にあっては、祈りの根本動機が別けても隣人愛にあることは明白であろう。ところで、愛は、注がれた当の人間に必ずや感謝の念を惹起せずには措かない。感謝は最初、眼前にいる直接に恩誼を受けた個人に向けられるであろうが、やがてそれは自分が支えられている生そのものや世界に対して深い感謝となり、究極的には絶対者への感謝に連なりゆくであろう。そして、その感謝の念は必然の帰結として、自分も何か他者のために善きことを為そうとする実践的志向となって発現してくる。こうして、「神と人への感謝」は、翻って「神と人への奉仕」に連なってゆくのであり、これこそが又、「隣人愛」の具体的実践的内実なのである。

かつての上代の教え子で、終戦直後に外地から引き揚げてきた先述の卒業生の場合も、その典型的な一例と云えるであろう。「逆境のため」人生に絶望していた彼女に対して、「祈りは必ず天に通じますよ」と繰り返し励まし諭しつつ「長い長い祈りを捧げ」た上代の至純の「隣人愛」が、大いに荒んでいた相手の心に覚醒を呼び起こし、「失いかけていた心の宝を、やっと、とりかえす」ことに成功させたのであった。そして「その日」の感激と感謝を「契機として」、彼女は「全く萬の力を得たような気持ちで……少しでも世の中のために働く」よう「気持ちの転換を心がけ」たのであり、それ以来、日々にその志を何とか全うして生きている「現在」を改めて深く感謝していたことは、以前つぶさに見た通りである。このエピソードは、若き日の上代自身の場合とも相照応する。すなわち、淑が留学前と留学中の全期間を通じて、敬虔な米国人たちから様々に享受することの出来た隣人愛に対して、全存在を賭けて応答した結果が即ち帰国後の「神と人への感謝のために尽くす」決心で選びとった教育実践であったのと、本質的には正に軌を一にする物語りと云うべきであろう。

このように、現実に生きて働く「隣人愛」とは、個々の人格的主体によって具体的行為を通じて圧倒的に注ぎかけられるものであり、それ故にこそ、相手の心に全幅の信頼感とともに満腔の感謝の念を喚び起こさずにはいないのである。そして、先に見たごとく、やがてそれは絶対者への信と感謝へと連なりゆくのであるが、ここで特に注目したいのは、そのさい必然的に起ってくる実践的帰結についてである。もともと「感謝」は信頼と並んで、自らに対して全面的に注がれた愛への普遍的人間的な応答なのであって、その意味で人間に固有の根本感情の一つであり、人間ならではの基本力ないし基本徳性の一つであると云ってよいが、しかし実は、この「応答」の中に含まれる一連のプロセスこそ、人間学的ならびに教育学的に極めて重要な意味を担っているのである。感謝の念が、他の人格からの隣人愛に対する全人格的応答である以上、感謝している主体がその相手に自らの実践的範型と仰ぎ見、その信頼してやまない相手と同じように、他者の善と幸福のために力を尽くして奉仕しようと発心する一連の応答的プロセスは、極めて自然な人間的・人格的関係のダイナミズムと云ってよい。のみならず、実はここに、また人間形成の根本契機たる他者陶冶と自己陶冶との呼応的相即の秘密も潜んでいるのである。人間は文字通り「人《じん》－間《かん》」的存在として、人間関係の中で自らが信じ憧れ、賛仰する具体的モデルに「まねび・倣って」同じような人格的高みへと自らも向上してゆこうとする、人間ならではの志向性を宿しているからであり、しかもそれを触発し始動せしめるものこそ、他者から与えられる具体的行為としての隣人愛に外ならないからである。

　こうして、つねに具体的な実践的行為として発現してくる隣人愛は、その対象の内面に深く感謝と信頼の念を喚び覚まし、その感謝と信頼は翻って、更に別の他者への隣人愛に転化し、しかもその必然的な発露として、具体的な奉仕の実践活動を新たに導き出さずには措かないのである。したがって、「祈り」が隣人愛に発するものである限り、祈りをめぐる主体と客体との間には、実にこのような、「隣人愛」とそれに対する人格的応答としての「信頼」「感謝」「奉仕」という人間形成的な連関が常に成立するのである。しかも、そのさいの「奉仕」とは正に隣人愛の実践的発現に外ならないものである以上、その一連の連関は、隣人愛に始まり別の隣人愛へと連なりゆく循環的で、しかも形成的な構造をなすものと云ってよい。つまり、順次的・継起的に絶えず形成的人格関係が新たに構築されつづけ、無限にその連鎖の輪は拡大されてゆくのである。その意味で、これまで具に検討してきた上代 淑 の山陽学園は、前項の末尾に示唆しておいた通り、紛れもなく、彼女の「祈り」を中核とする人格的共同体であり、彼女を原点として拡がる「隣人愛」の共同体であり、同時にそれは「信頼と感謝と奉仕のゆき交う濃密な人間関係・人格関係のネットワークであったといって間違いなかろう。そして、彼女のあらゆる教育実践の根源にあったものが「隣人愛」であり、その教育活動の一切を貫く本質的徴表が「祈り」であったことも明らかであろう。

本節において、限られた資料しか残されていないにも拘らず、上代 淑 の教育的営為の具体相を人間学的・教育学的に省察することを通じて、「祈り」の人間形成的意味を敢えて問おうとした理由も、正にそこにある。けれども「祈り」は、もともと人間にとって極めて素朴で自然な営みなのであろう。現代の「愛の人、祈りの人」と評せられるマザー・テレサは、次のように語っている。「祈りは澄んだ心を与えてくれます。澄んだ心は神様を見ることができます。神様を見ることができたら、愛がはじまります。そして、愛すれば何かをしたい何かの役に立ちたいと思うでしょう(34)」。「祈りは信仰を深めるという実りを、愛は奉仕という実りをもたらしてますから、共労者となるためには祈ること――それは目立つ立派な祈りではなく、幼児の祈り、神に向かって開かれた謙虚な心の祈りをすること――を学びましょう(35)」と。ここには、人間ならではの「祈り」という一連の内的行為の全体的連関が、素朴な言葉で明快に語られている。人は祈ることによって、人間を遙かに越えた絶対的なるものと出会い、そのことによって、はじめて真に人間らしい人間になることができるのである。人は絶対者と対面して自らの有限性・卑小性・罪障性を識ることによって、単なる有限性・

卑小性・罪障性を超え出ることが出来る。そしてその時はじめて、人は他者との「共労（すなわち、共生と共働）も可能となる。その意味で、祈りを欠くところに人類の未来は在り得ないであろう。人が子どもを「産み」「育て」「教える」人間形成のあらゆる局面を通じての基本的〝構え〟の問題として、人間存在にとって必須であるにも拘らず、今日ほとんど忘れ去られている「祈り」を、いま一度見直して見る必要があるのではなかろうか。

第3節　「隣人愛」の一環としての「同窓会」活動

山陽高等女学校の上代《かじろ》淑《よし》の教育実践（一八八九―一九五九年）を全体として顧みる時、その際立った特徴の一つとして卒業生たちとの深い、しかも組織的な親交を挙げることが出来る。そこには、前節で既に指摘したごとき、在校中の生徒たちと教師上代との人格的結びつきが基礎となっていることは云うまでもない。しかし、卒業してから後も、上代を中心とした「同窓会」という形での人格的共同体において、引き続き緊密な人間的「交わり」が保証され、それぞれに人間としてより成熟を遂げてゆく機会が与えられていたことは、以下に見る通り間違いない。このことは、諸他の「同窓会」が単なる親睦や社交、場合によっては虚栄の場と化していったのに比べ、近代日本教育史の上でも稀有な事例というべきであろう。

本節では、彼女の「同窓会」活動に籠められた意図や願いや期待について分析し、その問題視角から改めて、上代独自の教育精神の本質を照射してみたいと思う。しかしそれに先立ち、先ずは同会発足の経緯と、明治末から大正期いっぱいまでの活動を概観することを通じて、彼女のユニークな同窓会構想を分析するさいの手掛かりを得ることにしよう。

（ⅰ）母校への財政的支援団体

『山陽学園百年史』（以下、『百年史』と略記）には、「本校の同窓会がいつ設立され、当初どのような活動をしていたかについては、記録が失われて全く不明である[36]」とある。しかし、明治三八年の山陽高等女学校行餘會の発行になる校誌、『みさを』には、「会員諸姉へ」という次のような記事が見られる。「過る年會員諸姉の御盡力により、食堂を新築せし折生せ《ママ》し負債も、今は悉く償却して誠に嬉しきことに候。このたび又々諸姉の御賛同を願ひ、幾分の基本金を調へ母校の基礎を鞏固ならしむる一助ともなし、十五年の昔始めて同窓会の設けられし時よりの素志を實行致し度、今や軍國多事の際には候へども、何卒奮って御寄附豫約御申込下され度、尚御拂込は一時拂或は三年賦いづれにても御便宜に任せ申候[37]」と。この記述に間違いなければ、同校の同窓会は一五年前の明治二三年には結成されていたことになるが、しかし山陽英和女学校の第一回卒業式は明治二四年七月に行われているので、恐らくこの第一回卒業式の直後に誕生したものと推定される。

ところで一般的には、同窓会の誕生は自然発生的なものが多かったように思われる。例えば遺愛女学校（明治一五年創設・函館・メソジスト）のミス・デカルソンの場合は、「若し会合の時間と場所とを定めておいたら、一度遺愛の門をくゞられた方は、誰でも心おきなく母校を訪づれることが出来て、処世上の経験、信仰上の感想などを語り合い有益であろう[38]」と考えたのであったし、また宮城女学校（明治一九年創立・仙台・リフォームド改革派）の場合は、「卒業式後、教師と卒業生が別れを惜しみながら、長き学舎の思い出を語ったこと[39]」が同窓会の発端となっている。山陽高等女学校の場合も、「同じ學校にて教養せられたる者なれば假令同級生でなくとも同じ學校より出でし子供としては一なる故つどい互に知り合い語り合ひろう《ママ》して互ひに母校を忍ぶ《ママ》ということは扠《ママ》必要の條件であろうと思います(40)」と、ほぼ同様の趣旨が同窓会誌に記されている。けれども、明治三六年の東京支部会通信には、次のような注目すべき訴えかけが見られる。すなわち「私共は只自己のことのみを考へないで一の團体といふことを記憶し此團体へ對しての義務を感じて出來得るかぎりむ《ママ》可成く此會に集まる様に致し生命ある可有機体となりて動こうではありませんか(41)」と。ここには、同窓会を単に母校在学中の思いを語らう親睦の場としてだけでなく、母校の恩師たちが身を以て範を示して下さったように、他者への奉仕の精神に基づく経済的支援をもなし得る集いとしたいという積極的意志が窺われる。

先に掲げた『みさを』(明治三八年)の記述からも、遥か以前から同窓会が存続しており、会員が力を合わせて母校のために食堂を建築したり、続けて母校のために基本金を作ろうとしていたことが確実に読み取れる。『百年史』によれば、一九〇二(明治三五)年に同窓会主催の園遊会が催されたのをはじめ、以下のように継続的な支援活動が行われたと云う。「一九〇四(明治三十七)年三月の同窓会大会で、二年前の食堂の建築に際し同窓会が五十円を分担したが、それが負債になっているので、従来の年額三十銭の会費を五十銭に値上げすることが決められている。また翌年には同窓会の事業として学校基金の積立てに協力することがあげられ、大西 絹幹事が『みさを』誌上に一文を草して、創立二十周年を前に寄宿舎増築と運動場拡張の資金を得るため、三銭以上の切手を三枚以上拠出することを出発点にした幸福の手紙式のねずみ算的な募金を訴えた。この努力は実って創立二十周年に当たり、校舎周囲の築堤と生垣の建設が実現し、また基本金積立ての一助として四円が寄付された(42)」。また、明治四一年の同窓会改正規則が残されているが、その第二条には、「本會は會員の交誼を厚うし、共に一致協力して母校の興隆を計り、及ぼしては社會の益を計るを目的とす」[43]と同会の目的が明文化されている。

このように、山陽高等女学校の同窓会は、母校への経済的支援を中心に活動を続けてきたのであるが、もともと同校は、明治一九年に山陽英和女学校の校名で創設されて以来、他のキリスト教主義女学校と異なり、いかなる宣教団体からの経済的援助も一切受けずに、日本人の醵金のみによって設立された「自給主義」の学校であった。[44]そのため同校は、たびたび経営不振に陥り、その都度アメリカン・ボードや岡山教会を中心とした多くの有志や同窓会からの支援をうけて危機を乗り越えてきたのであった。しかし明治三一年一〇月一五日には「高等女学校」としての認可を得、校名も山陽女学校から山陽高等女学校と改称し、表面的にはいわゆる文部省訓令第一二号の「学校における宗教教育の禁止」を受け入れ、翌年の六月には県からの初の補助金も得て経営安定の道を選んだのであった。ところが、第一次世界大戦の影響でインフレが激化するに伴い、経営費にしめる補助金の割合はどんどん低下して、またもや経営が苦しくなっていた。こうした状況のもとで、上代が同校の教頭・校長として中心的存在になった一九〇二（明治三五）年以降も同窓会による母校のための基本金募集が繰り返し行われていたのである。

大正九年の同窓会臨時総会の講演において、上代は次の様に同窓生に訴えている。「今の學校にとりまして基本金の出來ると出來ないとは校の盛衰否興敗の分るゝところであります、それ故私は生命がけであります、もしならねば私が退くか學校がたふれるかの二途よりないので私も私の生命を賭して成功させ度いと思っている次第であります」[45]と。是が非でも学校基金を作って、経営の安定を図らねばと「いのちがけ」で取り組む私心なき上代の姿勢が、ここには端的に示されているが、同時に彼女は「學校のために活動するということは社會のために大きな働きであります」[46]とも強調している。おそらく彼女は、同校で教育されたものは必ずや社会への奉仕者となり、結果として社会的善の実現に役立つという信念を持っていたと思われる。要するにこの講演からは、女子教育に携わるものとして、次世代の女性の啓蒙・育成について重い責任を強く自覚している上代の姿が窺われる。実際上代は、こうした経営上ならびに教育上の心労もあって、翌年一二月には軽い脳溢血を発病し、奉職以来およそ二七年間生徒たちと一緒に住まっていた寄宿舎から出ることとなった[47]。

右の臨時同窓会における講演は、行餘会『みさを』第六六号に掲載されているが、さらに『百年史』にもその全文が再録され、「学校の当面する危機を同窓生に訴えた臨時同窓会大会における《最も力のこもった講演》であったとされ、「《ひしひしと先生のお言葉がむねにあたって、深い感激に涙さえ禁じられ》なかった同窓生たちによって、次の創立四十周年の記念事業が推進されることにな」ったと指摘されている[48]。母校への同窓会による寄付活動は、その後もたびたび行われ、学園に残された同窓会誌や校誌のなかには、こうした募金活動が具に記録されている。また、上代の残された書簡の中には、学園の経営にかかわる基金集めをめぐり同窓生から寄せられた数々の芳志に対して、こまめに書かれた礼状が多数残されている。

けれども、上代の「同窓会」に対する期待や願望は、決して財政的に母校を援けることだけに留まるものではなかった。実はもっと別のところに主眼が置かれていたことに着目する必要がある。上代の教育実践の本質的特徴を照射する上で極めて重要な視点と考えられるので、以下では、この問題に焦点を据えて論考を進めたい。

（ⅱ）「世の木鐸」としての女性団体

同窓会から五〇〇円を贈られて実現した欧米教育視察旅行から帰国した直後の上代が、明治四一（一九〇八）年三月二二日、同窓会主催の歓迎会の席上で述べた答辞には次のような言葉が見られる。「丁度私がサンフランシスコの近所に居りました時で御座いました、諸《ママ》の女子大學校の同窓會の會合がございましたが、其席で一同聯合して青年女子の爲めに、寄宿舎を建て、廣く社会一般の爲に善を計らふと申すことが決まりました。……其他米國では同窓會が學校の爲、一大勢力となり、學校の爲め社会の爲め、大なる働きをして居るので御座います、日本では未だ直接社會の爲に貢献《ママ》するという所まではす丶んで居りませんが、どうか此學校に於いても、同窓會が學校の生命になり、一つの潜勢力となり、學校の爲に、充分お盡しなさるやうにおす丶めいたします[49]」と。ここでは、米国の多くの女子大学同窓会が連合組織をつくり、例えば、当時はまだ勉学の機会を得にくかった女子学生のための寄宿舎を建設するなど、「直接社会の為に貢献する」諸活動を展開[50]している実状を紹介しつつ、山陽高等女学校でも同窓会が「学校の生命になり、一つの潜勢力となっ」て活動し、それを通して社会的にも有益な働きを為すべきであるとの理想を熱っぽく説いているのである。

この米国における女子大学校間の同窓会連合の活動ぶりに改めて強い感銘をうけた上代は、旅行中にも、「同窓會諸姉へ」の書簡のなかで、「どうか會員一同、一致協力して、只母校の爲めに大なる勢力となる計りではなく、すべてのよき事の爲めに大いなる勢力となり、山陽高等女學校の同窓會は、社会に對し國家に對し、一大勢力となる爲めに、大《ママ》におつとめ下さるよう祈ります[51]」と書き送っている。ここにも明らかなように、同窓会が母校の経済的支援団体として機能するだけではなく、さらにそれを、「社会に対し」「すべての善き事への為に」努力する能動的な「一大勢力」としての婦人団体にしたい、という強い希望を上代は持っていたのである。もっとも、こうした彼女の希望は欧米視察旅行をきっかけに突然芽生えたものではなく、既に一〇年前マウント・ホリヨーク・カレッジに留学していた当時、直接に見聞していた同窓会活動がモデルとなってのことと考えられるが、この点については稿を改めて論証することにしたい。上代は、その後も再三再四にわたって、「山陽高等女学校の同窓会は、社会に対し、国家に対し、一大勢力となる為めに、大いにおつとめ下さるやう」にと繰り返し同様の趣旨を説いている。例えば、大正一〇年に出された同窓会誌『みさを』の第一号外における「号外発刊の辞」には、「もっと廣い社會にも活動して奉仕して大《ママ》に世の木鐸とならねばならぬ[52]」といった意気軒昂たる言葉さえ見出される。

そうした理想に基づく社会的活動の一環として、そしてその第一歩として、大正一二年の同窓会大会では「洋裁部設置」が提案され、満場一致で可決ののち直ちに実行に移されている。「如何に生活改善を唱へましても唱へるのみでは役に立ちません。實行はその第一の要素であります……徹底的に服装なり食物なりの研究をし婦人の向上を計りたいと考へ、あれこれと思案して居ります内にフト考へつきました[53]」と発議理由に述べられているように、社会における衣食住をはじめとする一般的な生活改善や婦人の地位向上を目指して、同窓会活動の新たなる展開が図られているのである。この洋裁部は、当初は母校の一角を借りて「洋服の調整販売」を企図し、「まづ母校學生の洋服を研究し最良の女学生服を考案し其注文に應ずるのみならず廣く一般社會よりも男兒服、女兒服、および婦人服等の注文を受くる[54]」もので、同時に服地や洋裁付属品等の販売も計画されている。また、「同窗會の事業の一つとして講習會等を開き同窗生は元《ママ》より一般婦人の爲に洋服裁縫の知識及技能を授けること[55]」も計画され、翌大正一三年一月上旬より、これらの仕事の開始が予定されている。

この新たな洋裁関係事業については、同大会において「まだ同窓會としては何處でも試みられて居りません……これを公に社會に發表し、此後は同窓生を中心として社會的に活動しやうとして居ります次第で御座います[56]」とその画期的独自性と今後の展望が高らかに謳われている。そこで、この大会で主導的役割を果たした同高等女学校の教師、那須左馬子その他による次のような発言に注目してみたい。というのも、これら発言の背後にある考え方は、上代の「同窓会」に関する思想の基本を窺い知る上で極めて重要と考えられるからである。「私共同窓生は陰に陽に、物質的に精神的に母校の擴張の爲めに盡力せずには居られません。それは母校の爲めであり社會の爲であり又お互いの爲めであります[57]」とか、あるいはまた、「私共は只利益という事のみに捕はれてしまつて其精神を忘れては眞の仕事をなすことは出來ません。お互いの物質《ママ》の交換をなすは、相互扶助、互いの幸幅の増進を計ることが目的であると考へます[58]」とかいった発言には、上代の謂う「もっと広い社会」への貢献を目指そうとする高い志が自ずと滲み出している。そこには、単なる一同窓会内の資金集めや母校への財政支援といった狭い目的を遥かに超え出て、広く社会全般の物質的ならびに精神的向上のため、女性を中心とする啓蒙と生活改善を推進しようとする意欲と自負が認められると同時に、又それが直ちに翻って会員各自の人間的・精神的充実と連帯、ひいては女性の地位向上にも直結してゆくとの自覚も、明らかに看取できるであろう。つまり、「もっと広い社會にも活動して奉仕して大《ママ》に世の木鐸とならねばならぬ」という、あの上代の確乎たる理想と意志がそこに如実に反映されていることは明白であろう。「洋裁部」の創設も、正にそうした気宇壮大な構想の一環だったのであり、じっさい計画どおり、大正一三年一月八日より校内で発足した同部は、毎日八～九名の同窓生が忙しく立ち働くほど活発な活動を一〇年近く続けたのであった[59]。

けれども、やがて洋服の普及につれ、学校教育のなかでもミシンが使用され始めると、同洋裁部の活動も大きく縮小されることとなった。しかし「洋裁裁縫部内容改正」という見出しの付いた昭和八年の同窓会誌記事によれば、「これは洋裁部創立當時より何時か來るべきことと豫期して居ました事で洋裁の本旨から申しますれば寧ろ喜ばしき事であります[60]」との認識が示されており、一定の期間とはいえ洋服の普及を通じて、社会の生活改善のため積極的に働きかけようとした所期の目的の達成を、むしろ当事者として喜ぶ旨が記されている。

ところで、先に紹介した大正九年の臨時同窓会における「最も力のこもった」と評される講演で、上代はまた「関西連合婦人会」についても言及している。ここに謂う「関西連合婦人会」とは、前年の大正八年に発足していた正式名称「婦人會関西聯合會」のことで（一九二三年には全関西婦人連合会と改称）、その大会で既に上代は発起人会代表五名の総代となっていたのである。同会は、大阪朝日新聞社社会部長と同記者恩田和子の肝煎により、「人間として婦人としての覚醒の聲が愈々高くなって來た今日、此の旺んなる婦人界の黎明に愈々その新しき機運を促して更に一層の輝きと力とを加ふるべき[61]」との趣意をもって、近畿、山陽、四国、北陸、九州の各種婦人団体が結集し、「団體の大きな力を以て缺陥の多い現代の生活の改造に力を盡そう[62]」として成立した団体であった[63]。大阪朝日新聞（大正八年一一月二五日付）の報ずるところによれば、同婦人連合会の指針として次の事項が申し合わされたと云う。すなわち、「一、常に進歩せる時代の思潮を汲み見聞を広くし思想の向上を計る　一、品性を高め趣味を豊かにし身體を練り社會の一員としての強き信念と活動力を養ふ　一、現代に適合せざる陋習を斥け生活の改進に力を盡す　一、會員互に協力し組織的に行動することによって更に其の効果を大にすることに努む」[64]の四つである。そしてそのさい上代は、発起人会を代表して特に、「此の大會が開催せられたるを機會に将来凡ての進歩向上に心懸けたし殊に各婦人會団體の方々は地方々々に帰られて後もこの趣旨申し合わせに就いて着々具體的に実行せしむるよう努められんことを」[65]と、強い希望を五千人の聴衆に向かって演壇上から訴えかけている。じじつ、上代自身も岡山に帰ってから、右の申し合せ事項を率先励行しようとしたのであった。というのも、上述の「洋裁部」をはじめとする同窓会の諸活動は、正に上記四つの「申し合せ」の具体的実践に他ならないものだったからである。すなわち、女性自身が「社会の一員としての強い信念と活動力」を養い、時代の進歩に即応して自らの思想の向上を志し、品性を陶冶し、心身の修養に努め、生活改善に尽力し、相互の協力で社会の全般的善の促進を図る尖兵たらんとするのが、上代の同窓会構想の根本的意図だったのである。因みに文部省の主導下で「生活改善同盟会」が設立されたのは翌大正九（一九二〇）年であったが[66]、この国策的な「民力涵養」の立場とは別の、基本的にはキリスト教的「隣人愛」に基づく文字通り先駆的な生活改善運動が、すなわち山陽高等女学校における同窓会の「洋裁部」の活動であったのであり、さらには後述の「修養会」だったのである。

(iii) 卒業生の「継続教育」機関

上代は、婦人の生涯に亙る「修養」の必要性について繰り返し語っている。例えば大正九年、文部省主催による高等女学校校長会議に出席したのを機に開かれた同窓会東京支部会で、次のように述べていたことが同窓会誌『みさを』の「支部会めぐり」に記されている。「どうしても現代の時勢に遅れない様に修養をせねばならぬ、それには読書が最も大切であると同時に、講演その他の進歩向上の機會の得られたるときには、出来得る限りこれに出席して、各方面に新知識を得る心がけがなくてはならぬ(67)」と。けれども、彼女の説く「修養」とは、その儒教的用語そのものが示唆しているように、単に読書や講演の聴講を通じて「各方面の新知識を得る」だけのことではなかった。少し後になるが、昭和八年に挙行された第四二回卒業証書授与式における「誨告」で、上代は、卒業ののち社会に出てからの自己教育、自己修養の重要性を力説している。すなわち、卒業式を以て「決して女子の修養が終ったのではありません。寧ろこれから修養勉強を要するのであります。あなたがたの真の生活、あなたがたの社会への道に踏み入るべき其の第一歩は今からでありま す。これこそ自分自身を教育する自力教育自律自敬の生活に入らなければなりません。……あなたがた自身の人格を気高く、凛々しく育てることを自分自身でしなければなりませぬ(68)」と。

このように卒業生たちの自己修養を促す試みは、実は山陽高等女学校では以前からの伝統であったと云ってよい。明治三八年の「行餘會規則」の第10条(69)によれば、卒業生も希望によって同会に入会可能であったが、この「行餘會」とは、上代がマウント・ホリヨーク・カレッジを卒業したのち再び同校に復職した後の明治三五年の四月につくられ、もともとは課外活動の組織であった「研優會」が改変されたものであり、その目的とするところは「本校課程ノ餘暇心身ノ鍛錬智徳ノ修養ヲ圖リ併セテ女子ニ須要ナル技藝ヲ修得スルニア(70)」ったのである。その行餘會で大いに活躍した技藝部は「各種ノ技藝ヲ修得シ併セテ優美閑雅ノ精神挙動ヲ習成スルヲ以テ目的トスル(71)」もので、当時一般に婦人に求められた「刺繍、編物、箏曲、點茶、挿花」などがその実質的内容であったが、既に卒業した生徒たちにも、こうした諸技芸の修得とともに、「心身の鍛錬、知徳の修養」の機会を与えていたことは注目に値する。このような上代の卒業生再教育の意図は、さらに明治四四年四月の「山陽裁縫塾」の創設にも端的にあらわれている。この「裁縫塾」は名称とは稍々異なり、卒業生の今後における「自律自敬の生活」のための補習教育を目的として設けられたもので、山陽高等女学校とは経営上独立した、「名實ともに上代塾長個人の経営」になるものであった(72)。ここの塾生は山陽高等女学校出身に限られ、修業年限は一年であったが、大正六年一一月に発刊された『塾報』の「発刊の辞」には、この塾の「修養」中心の基本性格を示す次のような上代の言葉が見られる。「人の賢愚は素《ママ》より、社會にとつて有爲の人となり、またはあって益なき人となるも、皆修養の如何によるのであります。ことにこれからの婦人、將に第二の國民をつくる家庭の主婦となるべきものは、最も修養が十分必要と考へます。ただ學校を卒業すると萬事一人前の人間と心得て、修養を怠る人がありますが、これは大なる誤で、修養には卒業の年限はありません。一生を了るまで試験されてをるのです(73)」と。

　こうした上代の卒業生に対する継続教育、ないし今風に云えば生涯教育の試みは、更に同窓会主催の「修養会」という形をとって展開されている。山陽高等女学校の創立三〇周年にあたる大正五年に「生徒訓育の状況」と題して発表された文章のなかに、次のような説明がある。「卒業生の團體は別に同窗會と稱する會あり　相互の交誼と學校との連絡を圖れり　大會は毎年一回本校内に開き　又各卒業年度別によれる小會は随時之を催せり　東京、京都、玉島、倉敷等の各地には又時に支部會を開催せり其他修養會を隔月一回づゝ母校内に開き　知徳技能の修養補習を行なへり(74)」と。ここにも記されているように、「修養会」は原則として二か月ごとに継続して開催されたが、その内容は政治・社会・時事問題をはじめ、医学・衛生・科学技術、各種の古典や信仰、人生論・修養論・婦人論、女子教育論など実に多岐にわたっている。一覧表に纏めて示せば以下の通りである。

回数	開催年月日	内容	参加者数
第一回	大正五年　四月二〇日	上代講話「充実させる生活」 ウエンライト料理講習	六一
第二回	同　五年　六月二四日	母校教師河本料理講習 同志社女学院教師間瀬八重子「婦人の誇」	五〇
第三回	同　五年　九月三〇日	母校教師山本きた講話 三十年祝賀会準備	四四
第四回	同　五年一一月二五日	母校教師橋本「論語」 料理講習	二〇
第五回	同　六年　二月　二日	山路愛山講話「女の帝国」	三〇
第六回	同　六年　五月二八日 二九日	料理講習会（当地区婦人料理講習会尾形指導）	四〇 二四
第七回	同　六年一一月二四日	中村松乃「救命瓶療法につて」	二四他
第八回	同　七年　一月二〇日	上代「今年度の目標」 山本亀野講話「信仰の生活」 続いて新年会	二四

第九回	同	七年　六月　一日	博愛会アダムス「修養ついて」	
			吐月主人料理講習	？
第一〇回	同	七年一〇月　三日	岡山県女子師範学校長岩永講話「婦人と名誉」	？
			西洋料理講習	
第一一回	同	七年一二月一七日	母校教師松本「時局問題の概略について」	
			母校教師友田他正月料理講習	三八
第一二回	同	八年　一月二六日	上代「今年度の目標『今する』」	三〇
			続いて新年会	
第一三回	同	八年　五月一一日	郊外遠足	？
第一四回	同	八年　六月一一日	柴原満子「婦人衛生講話」	？
			（予定変更につき母校教師蔵知による講話および料理実習）	
第一五回	同	八年一〇月　四日	松本「明治神宮及び船橋無線電信局について」	
			安原敏子下駄の鼻緒の作り方の実習	四二
第？回	同	九年　六月　四日	山本英雄「女子教育について」	
			バザー仕事会	三〇

右に一覧した「修養会」のより詳しい内容については、同窓会誌『みさを』にその都度掲載されている(75)が、毎回の修養会で知的・精神的啓蒙のための講演と必ずワン・セットで行われた料理講習の内容を通覧しても、

先に指摘した生活改善運動とも一体化した形で進められたことが分かる。また、このように可なり頻繁に開催されていた修養会に、より多くの参加者を得るため様々な工夫も施されている。電話、印刷物、新聞等を活用して大いに広報に努めたのをはじめ、会員なら貧富の別なく誰でも参加できるように、大正八年三月には「服装内規」が設けられ、「同窓會に於て開催する各種の會合には　銘仙以上のものを着用せざる事」「母校に於て開催せらる丶文藝會は勿論　其他記念式卒業式等禮服着用の場合と雖も　總て銘仙以下を以て之に代用する事」[76]などが定められている。このように、上代は常に卒業生一人ひとりの境遇を慮りつつ、同窓会事業への参加が容易に出来るよう配慮していたのである。[77]こうした肌理こまかい配慮と努力にもかかわらず、修養会への参加者数は六、七年の間に次第に減少していったのである。

大正一二年一一月二四日に開催された同窓会大会では、この「修養会」の衰退について、同校教師で同窓会員でもあった先の那須左馬子は次のように述べている。「……其後社會に於て講演會講習會が公開的に開催される様になり、一般婦人の求智心と共にますく豊になりましたので　同窓會の修養會も其必要を認めぬ様になり次第にさびれて行ったといふ事は　一面から申しますと喜ばしい現象であると思ひます」[78]と。この多少負け惜しみの感もある言葉からは、上述の先駆的な生活改善運動としての山陽同窓会の「洋裁部」が辿った運命と同様の経過が窺われると同時に、又それに対する同様の積極的評価と先駆者としての自負の念も明らかに読みとることが出来る。いずれにしても、山陽の「修養会」は自然消滅的に開かれなくなっていったのであるが、那須がここで指摘している事態と恐らく対応する全国的動きとしては、大正八年より文部省の普通学務局内に婦人教育・婦人対策に重点をおく第四課が設けられ、同課が内務省社会局の協力を得て、[79]各地における婦人団体による婦人教育運動の展開を促進していった事実を挙げうるであろう。じっさい上代も、山陽高等女学校関係のみにとどまらず、各種団体からの講師依頼に応じて、各地での講演に積極的に出かけている。

こうした国策的背景をもった大きな時代の流れに、大局的には確かに吸収されていったにも拘らず、上代の山陽高等女学校における、婦人の「自律自敬の生活」のための「自力教育」という理念に依拠した「修養会」が、少くも卒業生一人ひとりにとっての人間形成ないし人間的成熟にとって、極めて重くかつ大きな意義があったことは疑いを容れない。上代の教育実践に関する内在的研究を長年心掛けてきた筆者にとっては、この点こそ最重要の問題視角なのである。「修養会」に参加できた者も出来なかった者も、皆が『みさを』誌上に要約・紹介される毎回の修養会関係の記事や上代の講話を読むのを楽しみにし、常にそれらを自己陶冶の糧としていたことは、例えば異口同音に語られている次のような言葉にも明白であろう。「退歩しがちの心に鞭うつのも『みさお』を手にした時で御座います」とか、更にその個々人による感想を「まはし手紙」によって交換し語りあうとか、又そうすることで「少しでも精神の向上につとめたいと願っている」とかいった素朴な言葉[80]には、上代の「自力教育」の訓えを実行しようとする者の自ずからなる感動と精神的昂揚が認められる。こうした多くの声に応えて、後に同窓会は決議により会誌の号外まで発行しているのである。大正一〇年の上代による「号外発刊の辞」には、「多大の費用を使っても皆様に雑誌を配布するということは、其の効果に至っては実に偉大なものと存じます[81]」とあり、卒業生の「継続教育」のため、すなわち彼女らによる自己教育の援助と促進のためには経費を惜しまず、意欲的に雑誌を発行しようとしている意気込みがよく分かる。この『みさを』および『みさを号外』の発行にしても、また先の『塾報』の発刊にしても、そこからは、同窓会事業をとおして女性の「自力教育」、すなわち自発的な生涯教育を促進し、それによって広く「世の木鐸」として活躍すべき「社会にとって有為」な女性の育成を心掛けていた女性教育者として上代の並々ならぬ志の高さと先見性を窺い知ることが出来る。じじつ彼女は、毎年催されている同窓会総会のみならず、各地の同窓会支部会にも必ず三等列車に乗って出掛け、かつての生徒たちと親密かつ教育的な交わりを終生大事に続けたのであった。彼女の晩年の教え子の一人は追悼文中で「戦災の後二二年から二三年に亘り、当地で同窓会を開きましたが、その都度先生はおこし下さいまして、卒業生の再教育をしに来るのですとおっしゃいました[82]」と証言しているが、そのさいの上代の所謂「卒業生再教育」の意味も、そしてその基本的意図も終始一貫して不変であったことは、上来の論考を通じて十分明らかであろう。

(iv) 同窓会の諸活動——人間形成の場と機会

以上、山陽高等女学校における同窓会発足の経緯と、その後の明治末から大正期を通じての同窓会活動の内容とを分析することによって、上代 淑が同校の教育実践上の責任者として、同窓会に託した夢や期待や願望をある程度は透かし視ることが出来たと思う。彼女が胸裡に描いていたであろう理想の「同窓会」構想の要点は、概ね次のように纏め得るであろう。①まずは、母校の財政支援団体であること。②次いで「世の木鐸」として、精神的にも物質的にも「社会における善」の実現をリードすべく、衣食住はもとより知的ならびに道徳的な面でも広く社会に働きかけることのできる、社会改良の根拠として実力ある婦人団体にすること。③そのためにも、「卒業生の再教育」機関にすること、すなわち、卒業生一人びとりが人間として、また婦人としての品位と責任において「自律」し、真に「自敬」しうる人格にまで自己修養・自己陶冶する機会と場を保証すること——の三点である。

これらの構想が、米国視察旅行中に得た彼女の刺激的見聞から生まれたであろうことや、また大正期に盛んとなった政府主導の国策的な婦人運動や生活改善運動ともかかわっていたであろう点も、確かに今後に残された追求課題と云うべきであろう。けれども、母校のための基金集めや洋裁部の事業、さらには修養会など同窓会活動は、その全てを通じて人間としての、また女性としての人間形成ないし人間的成熟を究極の狙いとしており、一貫して女性の「自力教育」「自己陶冶」としての「修養」のためのものに他ならなかった点にこそ、教育者上代 淑 の真骨頂は見いだされて然るべきであろう。

当時、女性の職業進出は徐々に始まりかけてはいたものの、一般の女性たちが家庭の外にあって活動することは未だ稀であった。そうした社会的風土の中で、一同窓会の事業とはいえ、活動の方針や内容など全てを自分たちの自発的意志で決定し、会員相互の相談や協力を繰り返しながら策定した計画に基づき、万事を自分たちの責任において実行し貫徹したことは特筆に値しよう。たとえば、先述の上代の「最も力のこもった講演」を真正面から受け止めた同窓生たちは、それぞれが居住する各地で基金集めに努力を重ねたのであるが、その具体例として、大阪支部会が大正一一年五月一三日に催した演奏会についての報告記事を見てみよう。

「三月に入って再び相談會は開かれた、いろいろ計算してみると損は行くまいと分かった、《それなら上代先生のお言葉もあり元氣を出してしやう》といよいよすることになった。さあ公會堂の交渉、警察への許可願、演奏者依頼、切符プログラムの調製、廣告の方法、新聞紙上後援の依頼、と光延姉はじめみんな急に働き出した、私共女ばかりでしませうといって…ベストを尽くしてなほ失敗したら其時はじめて悲観したらい、、自分の力の足りなさを詫びたらい、、勝敗は第二だ。たゞあらん限りの力をつくしさえすればどちらにしても悔いはない、神様はキット足りないところを補ってくださるだらう。そう信じて私たちは一生懸命無我夢中になって活動した。只心配なのは當日の天候ばかりけれど《ママ》もこれもたゞ神様におまかせして只管祈つた[83]」。この演奏会は不景気の只中であったにもかかわらず、女性たちだけで計画・実行して大成功をおさめたのである。寄付金集めの方法が、先の米国女子大学の同窓会連合での方法と同様であるのも一興であるが、人事を尽くして後は神の御手に委ねるといった態度は、正しく卒業生たちが教師上代から学びとったものに他ならず、彼女が日常的教育実践の中で自ずと範を示していた「祈り」の人生態度を、無意識のうちに「まねび―学んで」いる点は特に興味深い[84]。けれども、いっそう重要な点は、成功裡に終わった催しの後に書かれた次の感想文中に見出される。「最後にいふ　私共は此度の催が物質からいっても少しでも母校のお役に立ったことを喜ぶ、けれどもそれ以上に私は目に見えない収穫がどれだけあったか、それを忘れてはならないと思ふ、私等はそれぞれいろいろ教えられた、そしてみんな一つにされた　精神的にとけあった[85]」と。つまり、演奏会の成功とそのために乗り越えた幾多の困難を通じて、人と人との交わりの貴さ、志を同じうするものが一致協力して計画を貫徹した時の人間的充足感、そして何よりも恩師上代が説き続けてきた「他者への奉仕」のすばらしさを改めて体験的に自覚している点である。なお、この記事を感動と共感をもって読んだ他の同窓生たちが、各地で手芸品販売のバザーや古物交換市など様々な方法を工夫して、母校を救うための寄付金集めに奔走したことは、幾多の同校記録に明らかなところである。

　しかし、この大阪支部会の例に徴しても明らかな様に、山陽高等女学校同窓会の諸活動が単に母校への経済的支援のみに留まらなかったことは、既に度々強調しておいた通りである。先の「修養会」や右の演奏会にしろ、バザーや物品交換会、また同窓会総会・支部会の開催や「洋裁部」の活動にしろ、すべては直接事業に携わった人々が、完全にボランティアとして、個々の家庭の事情や本人の健康状態などもやりくりをつけ、様々な克己・制欲・自己犠牲のもとでの純粋な奉仕活動に努めた結果であった。ここに歴然と認められる「他者への奉仕・献身」とそのための「忍耐・辛抱」こそは、正に上代が折に触れて生徒たちに訴えかけていたモットーだったのである。上代はこう訴えている「何事でも獻身的にやつて行かうとするところには、實に苦しいことが數かぎりなくあるものであります。こゝを耐へて行かねばなりません。人のためにならよろこんでその苦しみに耐へ、善い事のためならば、よろこんで辛抱するといふ、その心をもつて、この學校のために盡くしてくださった人々を頂いて居る私共は、常に人間らしい娘らしい人となってほしいと希います[86]」と。してみれば、母校を経済的に支えようとした同窓会活動は、同時にまた、在学中から常々教えられていた「他者への奉仕」の実践の場ともなっていたわけであり、上代を中心とする同窓会という形での人格的共同体の中で、卒業生たちはそれぞれに「他者奉仕」の実践を通じて、自然に「自己陶冶」としての「修養」を積むことが出来たのであった。このように見てくると、山陽高等女学校における同窓会活動は、すべて実は他者のため、社会のためを目指したものであって、あの「修養会」にしても、決して単に個人的な知識や技能の習得を目的とするものではなかったのである。このことは、先に詳述した通りであるが、他者ないし社会への無私なる奉仕・献身が、翻って自己の人間的修養ないし自己の人格陶冶へと結果的に収斂してくるという「逆説」が、紛れもない教育人間学的リアリティとして活き活きとそこには存在していたのである。その意味で、要するに上代の同窓会構想の根底にあったものは、彼女が常日頃より訴え続けてやまなかった「人の幸福のために尽くしましょう」というキリスト教的「隣人愛」に他ならぬものだったのであり、又その発露こそが彼女における教育実践であったことも明白であろう。

上代淑は、云うまでもなく敬虔なキリスト者であり、彼女の人格の根幹は疑いもなくプロテスタント信仰であった。[87] そして、教師としての彼女のバック・ボーンをなすものも、正しくプロテスタンティズムの倫理であったことは間違いない。[88] 彼女の究極的な人生観は、恐らく次のように敷衍できるのではあるまいか。すなわち、この地上において「神の似姿」として造られた人間は、神への感謝と共に為される「神奉仕」の具体的な実践形態たる様々な「隣人への奉仕」に生き抜くことを、その使命（Bestimmung）とする存在でなければならない。そして、このように一意専心して他者のために尽くし、社会の善の実現に献身しようとする努力は、翻って直ちに自己を磨き、忍耐づよくあらしめ、人格的価値を「さらに高め」（excelsior：向上）[89]る所以のものなのであって、この内面的・精神的自己向上が即ち「修養」に他ならず、実はこの「自己修養」のゆえをもって人は神に嘉納されうる――これこそが、彼女の基本的信念であったと思われる。

本節では、山陽高等女学校における上代の教育実践の一環として、極めてユニークな特徴をもった同窓会活動について分析を試みた。これまで一般的に、女性たちの関わる同窓会とは、単なる有閑婦人の社交の場として捉えられてきた。しかし、如上から知りえた上代の理想の「同窓会」とは、キリスト教的隣人愛に基づく「他者奉仕」としての「社会的献身」を通じての、女性たちによる「自己陶冶」「自己修養」の実践的道場のごとき性格のものであった、と云ってよかろう。因みに、次に掲げるような一卒業生の真摯な言葉を聴けば、上代の推進した「同窓会」の実質が、本質的には人間形成の「道場」とも呼ぶべきものであったことを得心せざるを得ないであろう。「……眠つて居る魂に愛の鞭をお加え下さいます。思へば思ふ程感恩の涙をとゞめることが出来ません。……《如何なる世の嵐にあひませうとも、先生の御教を思ひ、緩みし腕によりをかけ、堅實な歩調で進みます。どんな険しい峠も見事に突破いたしまして、天晴、先生の御期待に添い奉ります》と、この胸にかたく誓って居ります」[90]。このようにして多くの卒業生たちは、上代の教えを拳拳服膺して母校の同窓会活動にも様々の形で参加すると同時に、他方それぞれに、家庭でも教会でも地域社会においても、地道にしかも懸命に隣人のために尽くす人生を全うしようと苦闘したのであった。いま本節を閉じるに当たって、そうした「上代の娘たち」が、現実の日本に謂わば「地の塩」として存在し、縁の下の力持ちとして活躍したことの教育史的・社会史的意味に改めて思いを致さずには居れない。

第4節　学校におけるクリスチャニティの涵養

本節では、全国的には殆ど知られていない上代 淑という「クリスチャン - 教師」が、半世紀を越えて行った地道な教育実践の跡を検証してみることを通じて、具体的問題としての「クリスチャニティの涵養」について考察してみたい。というのも、彼女の偉大な事績は決して観念の世界の出来事ではなく、現実の日本の近代教育史において極めて身近なところで起こった事実だからである。そしてそこからは、現代に生きるわれわれが見倣うべき「鑑」として、事実のみがもつ純粋な感動と圧倒的な迫力が感得されるからである。序章第2節で述べたように、上代 淑の教育実践の場であった山陽高等女学校は、完全に「自給」の原理に拠るキリスト教主義女学校であったため、アメリカン・ボードからは、教師として派遣される宣教師たちの人的援助は受けていたものの、いわゆるミッション・スクールのように資金的援助は一切受けていなかった。そのため、経営難に陥ることも屡々であった。同校は、明治三一年一〇月一五日に高等女学校としての認可を受け[91]、翌三二年の六月には岡山県から初めて補助金を受けるに及んで[92]、ようやく経営難からは脱却できたものの、同時に、文部省訓令第一二号の「学校における宗教教育の禁止」規定を守らざるを得なくなった。それ以降、現在に至るまで同校は、表面上・形式上はキリスト教主義の女学校ではなくなったのである。

けれども、上代 淑の教育実践を通して、実質的にはキリスト教精神を基盤とする教育が、脈々と確実に保持されていったことを看過することは出来ない。ではいったい、どのようにしてクリスチャニティの涵養はなされたのであろうか。先ずは、その具体相を見ることを通じて、上代が寄宿舎における日常生活はもとよりのこと、日々の教授活動の中でも、生徒たちの若い魂に向かって絶えず、身をもって具体的に範を示すと同時に心をこめて語りかけ訴えかけた、キリスト者としての倫理的信念と態度に着目したいと思う。

(i) 上代 淑のキリスト教倫理——教育実践の具体的諸相を通じて

上代は留学後の再就職いらい、五一歳のとき病を得て一時借屋に住まうまで、およそ二七年間同校の寄宿舎に舎監として常に寮生たちと起居を共にしている。これまでの通説どおり[93]、同校でも寄宿舎においては、訓令第12号の公布以後においても、聖書や讃美歌を用いて従前通りのキリスト教教育が行われていたことは間違いない。ただ、教会に出席するのは有志だけであったようで、記録によれば「生徒は自由で、礼拝にゆくものもあれば、日曜学校に行くものもありました[94]」とある。けれども、毎晩就寝前のひとときには、寮生が全員食堂に集い、聖書を朗読し讃美歌を歌うことが日課とされ、また毎週水曜・土曜の両日には、上代の臨席のもとで〝トーク〟(talk)の時間と称せられる集いが持たれ、そこでは信仰の話をはじめ、ナイチンゲールやジャン・バルジャンやアンクル・トムズ・キャビンなどの物語が朗読され、それについての「語らい」が継続的に行われた。こうして、ごく自然な形で寮生をキリスト教的心情・心術に培うことが図られていた。

日曜には「夕べの集い」と称する集会がもたれていたが、上代は常にこれに参加し、讃美歌を歌ったり祈りの時を持っていたことが、卒業生たちの回想によって明らかである。「私の心と生徒の心とを互いに相通じさせます為に、毎日一、二、三年生は団体面会、四年生は個人面会を寄宿舎の私のお部屋でいたします(95)」と、上代自身が大正四年に語っていることからも分かるように、生徒一人ひとりとの心の交わり、人格的交流の場を持つよう意図的に努力していたのである。寄宿舎においては、上代も生徒と同じものを食し、まさに生徒と起居をともにする日常的な共同生活の具体場面に即しつつ、キリスト者としての「示範」(example : Beispiel)を自然な姿で実行しながら、個々の生徒との濃やかな人格的交わりを繰り返し積み重ねていったのである。当時の寮生の一人は、思い出を次のように語っている。「いつもしみじみとしてありがたいことには、先生は寮生の日曜の集いには、いつも御出くださいました。そしてその時のお祈りの中に、卒業生のために、平和と幸福の祈りがささげられたことでございました。一生忘れることが出来ません。…(中略)…先生の御生涯のある限り、温き祈りの中にあって生活できます私共には、後に大きな力を持つ様な心安さを感じまして、ほんとうにありがたく思います(96)」と。寄宿舎における「上代先生」との交わりの中で、先生の祈りに接し、自分たちがどれだけ先生に愛されているのかを肌身に感じ、その愛に包まれている「心安さ」に心から感謝している様子が、ここには活き活きと描き出されている。この生徒のほかにも、多くのものが上代を母と慕い、その人格的「温かさ」に心を打たれ、心を安んじ、全幅の信頼をおいている。むろん正確な数は明らかでないが、寮生の中からは、上代の導きによって、やがてキリスト教を生涯の信仰とするに至ったものも少なくない。

さらに注目すべきことは、「訓令第一二号」以降にも拘わらず、寄宿舎だけでなく、通常の授業でも、また日常の講話時においても、上代独特の校長訓話の中でも、絶えずキリスト者としての倫理的信念や心情が、若い生徒たちの魂に向かって訴えられ続けていた点である。例えば、上代の英語の授業では、三年間で『ナショナル・リーダー』を読み終え、四年生に対しては、A・テニソンの『イノック・アーデン』をはじめ、H・W・ロングフェロウの『エヴァンジェリン』など、敬虔なキリスト者を主人公とする名作の原文が教材として用いられた。「あたかも作中の人物が、眼前に髣髴として姿を現したような真に迫った名訳であったことを、三十数年を経た今日でも忘れることが出来ない[97]」と、そのさいの上代の「名訳」とキリスト教的エートスに満ちた授業内容について、一卒業生は感動こめて語っているが、それは多くの卒業たちも同様であった。また、修身の時間をはじめ修養会など、あらゆる機会に行われた講話においても、上代自身の実際の体験に即した話でもって、生徒たちの若い魂を温め、慰め、励ましつつ、自ずとキリスト教的倫理の啓培を心掛けていた。その具体相を窺い知るためにも、大正一四年の一卒業生の次のような証言を引いておきたい。「敬虔な祈りをこめて、生徒の各自を温かく相抱くというような気分も伺えたので、教室の雰囲気は丁度、母親の膝に凭れて、色々の話を聞かされた幼い頃に戻ったような、和やかさと寛いだ気持ちが漂っているので、私たちには待ち遠しくてならないような時間であった[98]」と。

ところで、いつの頃から始まった習慣か明確でないが、上代は自分の語った言葉を、「お守り帳」と呼ばれる生徒それぞれの作った小さなノートに書き留めさせている。各人各様に認められていた「お守り帳」には先ず、入学年度別に掲げられた目標、例えば「親切」「辛抱」「忍耐」「感謝」「至誠」「努力」等々といったピューリタン的エートスを色濃く反映する徳目が目標として書き記されており、さらに、朝の祈りのさいの「神様、昨夜は無事にお守りくださいまして有り難うございます。今日一日を、清く正しく明るく強く、愛に過ごさせてください」といった言葉や、あるいは「人を喜ばす為に生きなさい、これが人間の一番の尊い生き方です」とか、「奉仕の楽は、人生の至楽なり――上代先生のご生涯の目標」とか、「Ready hand――他人様のお役に立つため用意した手を、持ちましょう」とか、「よいこと親切なことをして、天に宝を貯えましょう」とか、「喜ぶものと共に喜び、悲しむものと共に悲しめ」、「日々を感謝しつつ、新しく生きましょう」等々といった、いづれもキリスト者としての倫理的生活態度ないし人生態度を端的に示すモットーなどが、折にふれて書き留められている。そのほか、上代が与えた日常生活上の諸注意について見ても、明らかにクリスチャン精神を基本に据えたものが多いことは、生徒各自が残している幾多の「お守り帳[99]」に徴して明らかである。しかもこれらの言葉は、生徒自身を向後にわたって「守り」つづける座右の銘として、絶えず読み返し常に実行するよう奨励されたものである。八四歳となった現在でも、なお教会での奉仕活動を続けている一卒業生は、「外地引揚げ後、間もなく病気で主人を亡くしましてから、一人暮らしで一生懸命頑張りました。彼の御守り帳はどんなにか私共の生活の糧になりました事でしょう[100]」と述懐している。また他の卒業生も、「頭の中にみなはいっています、上代先生のお守り帳は、今さらもう見なくても何かするたんびに思い出しています。……卒業生なら全部浸透していると思います、上代先生のお言葉は[101]」と語っている。このように卒業した後々までも、かつての生徒たちによって上代の言葉は拳拳服膺され、長く精神的拠り所として大切にされたのであった。このように、平易な言葉で語られ、しかも自らの経験に即した実話とともに繰り返し諭されたキリスト者としての上代の倫理的信念が、当時まさに青年前期にあった若き少女たちの魂に、どれほど深く刻み込まれたかは推して知るべきものがあるであろう。

しかし上代の教えは、こうした言葉だけでは決してない。それを実際の日々の生活の中で、身をもって実践躬行する具体的姿によって、一層生徒たちの心の奥深くに刻印づけられると同時に、翻ってそれは、教師上代への愛と信頼の念を一層深めていったのである。例えば、一卒業生は次のように回想している。「日曜学校が終わりますと、上代先生は駆け足のように大急ぎで、内山下の教会に行かれました。この駆足のお姿が数十年後の今も、私の目の前に見える心地がいたします」[102]と。ここには、日曜学校での奉仕を済ませた後、上代が直に教会へと急行する理由が、礼拝のオルガン奏者としての奉仕であったことを生徒たちは先刻承知していて、当時のみならず卒業して「数十年」を経た後も、なおそのお姿をまざまざと想い出し、上代のキリスト者としての誠実な生き方、人生への真摯な取り組み方に強い感銘を覚えていたことが如実に示されている。また、別の卒業生も当時を思い出して、「先生は青年団、婦人会に度々御講演にお出ましになりましたが、丁度私達の在学中がその最初で、六高の学生会合の席や、婦人の会等で、大方の日曜日は午前中は日曜学校、それから教会へ行かれ、午後は何所かの会へと忙しく過ごされました」[103]と語り、当時の上代が、学校内では沢山の授業を担当しながら、さらに校外での奉仕活動にも寸暇を惜しんで献身している姿に、深く心を打たれていた様子を伝えている。「本当に人のためにのみ生きていらっしゃるような先生、いつも穏やかな笑を浮かべて、忙しそうにせっせせっせと働いていらっしゃった先生、校長室にじっと落ち着いていらっしゃる事がおきらいな先生、大きなおからだをまげて、うかくしている私達より先にどんな小さな紙くずでもお拾いになっていた先生」[104]――これは、また別の卒業生による回顧であるが、そこには、実際に体を動かして、「隣人のために生きる」とはどういう生き方なのかということを、具体的な示範を通じて自ずと教えていた上代の姿がありありと描き出されており、そのような恩師上代に対する心底よりの敬愛と信頼が滲み出ている。のみならず、「先生のことを思い出しますと、ほのぼのと暖かくなるような思い出ばかりでございます」[105]と書き綴られているように、その生き生きした示範の思い出の数々は、全体として、思い出す者の存在自体を温め、励まし、勇気づけずには措かないものであったことを物語っている。

ここで更に強調したいことは、このように上代が身を以って垂範し実践躬行したキリスト教的倫理は、生徒たちがやがて家庭を持ったり、子供を育てたり、あるいは社会経験を重ねてゆくにつれ、むしろ成人期においてより深く人間的共感をもって了解され、より一層内面に刻印されていった点である。以下では、上代が寄宿舎のみならず教場においても絶えず日常的に語り、かつ実践し続けたキリスト教倫理が、教え子たちの生涯にわたって、クリスチャニティ啓培の原動力となっていった事実を見究めてみたい。

「先生の御高徳、御人格によって、私共に人間の歩むべき道を、心の底に達する迄、熱心にお教えくださいました。妻となり母となり、幾度か人生の迷路にとまどいました時、いつも先生のお優しい、しかも強いお言葉の数々が耳元に聞こえて参ります。《明るく、強く、愛に生きてますか、あなたの最善を尽くしていますか、人を許してな》と。…（中略）…又心の弱い小さな私が、世間の一隅で、お気の毒な方々のお世話をするようになりましたのも、《人の為、喜んで尽くす事こそ、山陽の精神》と奉仕の誠をお教えくださいました賜物と感謝しております」[106]。この昭和一〇年卒の一卒業生の述懐は、恐らく山陽高等女学校で上代淑に出会ったすべての卒業生を代表する言葉といってよいであろう。上代の教えは、キリスト者上代の側からすれば「クリスチャニティ」に他ならぬものであったのであろうが、同時にそれは、「人間として歩むべき道」そのものでもあったのである。

同様の述懐を、かつての生徒たちによる上代追悼文集の中から選んで更に紹介しておきたい。「私は今、私の生活をふり返ってみまして大部分の四〇年は、みんな上代先生につながり、導かれたものであります。

……結婚し、子供の母となった頃、戦後、主婦のかたわら私塾を開いて幼い人達の相手をはじめてから現在まで、私の生活の指針はいつも先生からだったことを、今、強く、はっきりと自覚することが出来ます。先生の御生活は、神を信じ、人を信じ、神を愛する如く人をも愛する御生活、又絶えず希望をもって、向上につとめる御生活でした。信仰即生活、愛の精神即愛の実行でした。希望にみちた明るい、感謝の御生活でした。ともすると人を恕せない心、なげやりで、安きにつく心になりがちな時、先生のことを思いますと、自ずと素直に反省ができるこころの喜びを幾度も経験しました。今後も、弱い私の心の戦いはつづくでしょうがいつも、説ききかせてくださったあの魂のこもったお声を身の底に聞きながら、信、愛、望の精神を目標に精進してまいりたいと思います[107]」。

同じく上代の死を悼む文中で、ある者は次のように記している。「私達は只先生をほめ尊び、その死を惜しむだけではなく、先生が信じておられた神様を信じて、先生に似たものとなることが出来るようにと私は切に切に願っております[108]」と。ここには明らかに、上代が説いたキリスト教倫理を自己自身の生活指針として人生を歩んでゆきたい、という切なる願望と確たる意志が吐露されている。

以上、「訓令第一二号」以降は表面上キリスト教主義を標榜しなくなった山陽高等女学校においても、なお上代は生徒たちに対して、キリスト教倫理を身をもって実践躬行しながら訴え続けたのであり、そしてそれが、在校生のみならず、かつて生徒であった卒業生たちの内面において、むしろより深く、より生き生きと展開されていった事実について、具体的な証言をもとにみてきた。けれども、このように生徒や卒業生たちの多くの内面にキリスト教的倫理が啓培されていったのは、必ずしも上代一人の努力によるものではなかったと考えられる。

では、上代と彼女を支えた人々との人格的交流を通して醸成されていった、謂わば学校全体を包み込むキリスト教的雰囲気について論及してみたい。

(ii) 淑を支えた教師集団とキリスト教的雰囲気

上代淑の養子で、彼女の教育精神の最もよき理解者であるとともに同校の後継者でもあった故上代晧三氏が、彼女の没後次のように語っているのは大いに示唆的である。「生涯を通じて感謝ということと、人様に対する奉仕ということ、それと愛ということを、それをもういつも云っておりました。……あらゆる人に助けられて……教育ということのために一生涯……それだけに専念していけた……。皆さんのお支えが無ければ出来なかったと思う[109]」と。

創設以来同校に奉職した旧職員の数は、創立七〇周年を迎えた昭和三一年の時点で、延べ五〇〇名を越える。その中に、同校創設時の功労者であり、また組合派岡山基督教会の礎を作った人物でもある大西絹がいる。彼女は、上代と共に敬虔なクリスチャンとして二〇年もの間惜しみなく同校の舎監として尽力した。上代は創立記念日がめぐってくる度に、大西の同校への献身ぶりについて生徒たちに熱っぽく語っている。ほかにも、上代がその告別式で「入沢先生は私の両腕（傍点、筆者）でしたのに[110]」と嘆き悲しんだ教頭入沢賢治に代表されるように、同校教師として上代を支えつつ、共に教育に尽くした人々が多数いる。無名ではあるが、上代を敬愛して取り巻いた教師たちとの人格的交流と、その緊密な教師集団から醸し出されるキリスト教的倫理的雰囲気こそが、同校における生徒たちのクリスチャニティ涵養に甚大な役割を果たしたのではなかろうか。

川井たかは、昭和一一年四月から一九年八月まで同校で国語を担当していた教師であるが、太平洋戦争のさなかにも拘わらず、「校内の空気はなごやかで実に楽しい美しいものでした[111]」と当時を回想し、この空気の中心が上代であったことを懐かしく思い出している。また先述の「お守り帳」に関しても言及し、「永年教育にたずさわって来た老教師の私にも尽きぬ偉大な御生涯の教訓を与えられました[112]」と、教師である川井自身も直に触れた校長上代の生き方やその反映にほかならぬ教訓の偉大さを讃え、その受けた教えに深い感謝を表している。さらに、当時の職員会議の様子についても、次のように具に伝えている。「教員は老若新旧の区別なく、何の気兼ねも遠慮もなく意見を申立て、心よく聞きとられ、誠に円満なこまやかな民主的な会議情景でした。生徒の過失に対する相談でも決して懲罰主義でなく、校長ご自身この過失をさせた事を悲しまれ、改心、更正させたいとの祈り心で全職員を団結一致させるという実に美しい会議でした。従って生徒も二度と過を重ねる事なく私が在職八年間に停学、懲罰、退学などという罰を与えられた事は殆ど記憶に残りません[113]」と。校長上代のキリスト者としての至純な人生態度に共鳴し、絶大な敬意と信頼を寄せていた教師集団が、校長と共々に、生徒に過失を犯させた反省と悲しみに立ち、誠心誠意その改心・更生への「祈り心」で「全員一致団結」して教育に打ち込んでいたという証言からは、正に同校に深々と「雰囲気」として根付いていた生きたキリスト教的倫理の力強さを如実に感得することが出来る。

このように打って一丸となった教育共同体としての教師集団を見事に率いることの出来た上代の卓抜な人格については、彼女を敬愛してやまない多くの教師たちからの証言が、まだ数多く残されている。例えば、同校で大正一三年から昭和二年まで家事家政を担当し、後に参議院議員となった近藤鶴代は、「あの優しさであんなにたくましいお仕事がどうしてお出来になるのかしらと思う度に、秘められた固い信念と非凡な見識、円熟された人格等々を考えずにはいられなかった《あのようになりたい、ああでありたい》とは絶えない私の願いであった[114]」と、上代校長に対する掛け値ない尊敬と信頼と讃仰の念を語り出している。「心から尊敬の念を持っています事は私一人ではありますまい[115]」と自信と誇りをもって語っているのは、また別の教師であるが、上代への限りない敬愛をもって同校の優れたキリスト教的倫理的雰囲気を作り出していた教師たちは、実に枚挙にいとまがない。

　山陽高等女学校は、昭和二〇年六月二九日の空襲に遭い校舎等ことごとくを焼失したが、その大危機の真只中にあっても、クリスチャン校長上代を中心とする教師集団の精神的な連帯は、微動だにしなかったのである。上代はその際、「全ての困難から立ち上るため、祈って祈って祈りましょう」、「山陽の精神は滅びません、雄々しく灰の中から立ち上がりましょう」と渾身の力を振り絞って、学校の復興に身を捧げたのであった。その当時をまざまざと思い出して、昭和一一年から数学の担当教師であった西原露子は次のように述べている。「ここいらにいた先生方がみな手を取って、学校からたとえ俸給を頂かなくても、私たち生きてさえ居られる状態なら、学校のため生徒のために何とかしてここを切り抜けましょうといって、手を握りあって、歯を食いしばって、それこそ先生の何くそ（傍点、筆者）で今日までできました。……先生が《祈りは聞き入れますぞな西原さん》といつもおっしゃって、本当に祈りが聞き入れられるということを私はもう身に体験しておりますから、《そうですな先生、こなん時は神様にお祈りしましょうな、きっといいようにして下さいますぞな》」とお答えした[116]、と。さらに女史は、被災のさいの天皇御真影焼失にからんでか、上代が辞職を決意した折、「先生、もうどんな事が起こっても先生の御道をずっとずっとおつづけくださいませ。私の様なものでも満身の力をしぼって先生の御足跡を踏んで御供いたします。もうお差出しなさった辞職願の文章をもとにもどして、先生の御姿のまま御進み下さいませ。たよりなくとも私共でこの山陽の復興を実現させて参りましょう[117]」と直訴したことをも回顧しながら、「あの事があってから、私は前よりも一そう先生のおそばで先生の御足、御手、御目となって、働かせていただく決心をつよくいたしました。……私は何でも先生のなさろうと思召された事を今後も守り続けてゆく決心でおります[118]」と胸中に秘めていた覚悟のほどを、上代追悼の文中で吐露している。そこには、学び舎の復興という難事業を教師集団が心を一にして乗り越えた際に、さらに深く固く築かれた校長上代への敬愛と信頼と人間的共感が、翻って直ちに上代の教育精神と教育実践を正しく引き継いでゆこうとする不抜の決意へと結晶化されてゆく心の動きが、ごく自然に表現されているように思われる。

また、上代の最晩年に教頭として親しく仕えた小川政雄は、彼女の桁はずれの人格的影響力と懐ろ深い人間性について次のように賞讃してやまない。上代校長の感化指導力は計り知れないものがあり、「神のお告げの如く、学園内は元より社会への其の教化力は、美しい社会作りとなって、永遠に先生の偉大な誠の精神は不滅だと思う。此の大校長の下に十数年お仕えして可愛がられ、人間にして頂いた……校長の温顔に接していると一寸子供の様な気持ちになり、母の許で熱いお茶を頂いている様な感激に浸った[119]」と。さらに別の機会を捉えて、同氏は上代の教育実践の基本方針についても尊敬と感動をこめて述べている。「生徒に直接接触することが何より大事であるというお考えから、必ず最近まで授業をなすっておりました。上代先生は、生徒一人々々、そしてことあるごとに『生徒第一』『生徒第一』ということをつねにおしゃって居られました[120]」と。これら上代校長と志を同じくした教師たちの証言は、先に具に紹介した生徒たちの側からの証言と同様極めて重要と云わねばならない。こうして、上代を心から敬愛する教育的共同体としての教師集団が、学園に自ずとキリスト教的雰囲気を醸成し、それがまた同校生徒たちの魂を丸ごと包み込み、暖め励ましてキリスト教的倫理性を啓培していったにちがいない[121]。

さてそれでは、如上の紛れもない諸事実は、教育人間学的にいかなる意味を持っているのであろうか。最後にこの点について論考し、本節のまとめとしたい。

(iii)「愛と信頼」の人格的共同体

キリスト教的倫理の体現者であった上代淑の人格的影響力の深さについては、先行各節を通して見てきたとおりであるが、卒業して後もなお「先生に似たものとなることが出来るように」と切実にこいねがわざるを得なかったほど、若い魂を深く惹きつけて放さなかったものは、ひっきょう何であったのであろうか。授業をはじめ、日常生活のあらゆる機会を捉えてなされた生徒たち一人ひとりの「魂への語りかけ」ないし「魂への配慮[122]」は、先に紹介した一卒業生の回想どおりに「温かく相抱く」ような気分をひき起こし、「母親の膝に凭れて」いた幼い頃に戻ったような「和やかさと寛いだ気持ち」を喚び起こすものであった。これは、まさにドイツの教育哲学者ボルノウが説くところの、「子どもや生徒たちの健全な人間的成長にとって不可欠な大前提」である「全き被包感」(Geborgenheit) としての「愛」以外の何者でもないであろう[123]。上代の「隣人愛」としての教育愛については到るところで検証できるが[124]、例えば「困ったときには早まらず、夜中でもいい訪ねてくるように。来られないなら電話でもいい、相談をかけてくれるように[125]」と切々と訴え説ききかせている、ある年度の卒業生を送り出す最後のメッセージに徴しても、その一端は十分に窺い知ることが出来よう。愛は、注がれた当の人間に必ずや感謝の念を惹起せずには措かない。上代の惜しみない愛を全身に受けているという実感を持った生徒の感謝は、まずは直接に恩誼を受けた上代に向けられるであろうが、やがてそれは、自己が支えられている「生」そのものや「世界」そのものに対しての深い感謝となり、究極的には絶対者への感謝に連なりゆくであろう。そして、その感謝の念は必然の帰結として、自らもその究極的絶対者の愛に参与（participate; teilnehmen）するため、何らか他者のために善きことを為そうとする実践的志向となって発現してくるに違いない。先に引いた一卒業生が「世間の一隅でお気の毒な人のお世話をする」ようになったと語っていた経緯を省てみても、「神と人への感謝」が、翻って「神と人への奉仕」に連なってゆくことは明白であろう。母なる存在への信頼と同様、全面的な愛を注いでくれる教師上代への全幅の信頼が、やがて存在と人生全体に対する普遍的信頼へと転化してゆき、それが更に、存在そのものを支える究極の絶対者に対する信へと深まりゆくことは、人間学的にみて極めて自然な道筋であろう。

梅花女学校において、沢山保羅や米国からの宣教師たちに惜しみなく愛を注がれて育った上代自身の場合と同様に、上代の生徒たちの場合も、恩師が身をもって示す絶対者への愛と信頼は、自ずとその生徒らの内面に同じ絶対者への愛と信頼を導き入れずには措かなかったであろう。それゆえ、上代亡き後でさえ、「先生が信じておられた神様を信じ、先生に似たものとなる」こと、つまり「上代の倣《まね》び」を旨として生きる生徒が現に続々と出現したのである。

さらに、蛇足ながら付け加えるならば、上代と生徒たちとの間に結ばれた深い信頼の絆と全く同様に、彼女と深い人格的交わりを持っていた教師集団との間にも、この愛と信頼は深くゆき交っていたのであり、その意味で山陽高等女学校は、基本的に愛と信頼の園としてキリスト教的雰囲気に全体が満ち満ちていたことを忘れてはならない。この上代を中心に取り結ばれた愛と信頼のネットワークの濃密な人格的共同体こそ、疑いもなくキリスト教信仰に基づく学校教育を成功させた根本前提であったのである。

以上、従来は殆ど知られることのなかった上代淑という「クリスチャン‐教師」の実践の具体的諸相を顧みることを通じて、その圧倒的な人格的感化力・教育力の秘密を探ろうと試みた。そしてそこからは、学校におけるクリスチャニティ涵養の問題も、根本的にはやはり、教師と生徒との一対一の「人格的関わり」(personal relation) の確立が決定的な鍵であって、教師と生徒が共生する学校空間そのものが、相互にゆき交う信頼と愛に満たされることの絶対的必要性について、改めて「事実」の重みを実感しながら具体的に顧みることが出来たであろう。それにつけても、上代自身「いちばん教育で大事なことは教師の問題です。先生がよくなくてはどんなすぐれた進歩的な教育技術をもっていても、子供はついてこないと思います[126]」と喝破しているように、まず第一義的に問われなければならないのは、教師自身の人間性であり、人生態度であり、倫理的姿勢であろう。「教育は人なり」と言われ続けてきたとおり、何よりもまず教師たち自身が、わけても「クリスチャン‐教師」は世界と人生を究極において「至福なるもの」と感じ、自らの教育活動をあくまでも「意味あるもの」と確信することのできる確固たる「神信仰」に生き、その神の愛の尖兵ないし手先となって絶えず生徒一人々々に神の愛を分かち、神の愛を働きかけ実践し続ける真のキリスト者でなければならないであろう。そしてキリスト教主義学校は、正にそうした教師集団と生徒たちとが打って一丸となって自他の精神的醇化を目指して励む人格的共同体でなければならないであろう。上代の一生徒が「先生の愛と真実が一人一人の胸に、強く滲み込んでいった。……何か強い信念に生きておられることが、何もわからない少女の心にも感じられた[127]」と素直に告白している重大な意味について、現代のキリスト教主義学校に職を奉ずる教師は、我が身に引き据えて深く思いを致す必要があるのではないか。

生き生きとキリスト教信仰に生きる者としての基本的人生態度が直かに一人ひとりの生徒にも伝わるような教師の存在が、換言すれば、神の愛の一翼を担う「隣人愛」の実践的証行者としての「クリスチャン・教師」の基本的構えと、そうした志を共有する教師集団としての人格的共同体の構築こそが、本質的課題ではないだろうか。

註

(1)『上代 淑先生訓話集』、山陽学園、一九五七年、二―三頁。
(2) 同上書、三頁。
(3) 同上書、五頁。
(4) 同上。
(5) 同訓話ではさらに、初の米国宣教師として来日したブラウン博士を生み出したのは、外ならぬ彼の母の信仰と祈りの生活を通じてであったこと。また、預言者サムエルの母ハンナの熱烈な不断の祈りが、預言者サムエルをつくった故事。さらには、アウグスチヌスの母モニカが、その祈りによって、道徳的に沈湎していた息子を甦らせ、ついにあの聖アウグスチヌスを世に送り出すに至った事例の紹介をしている。これらの三つの例は、母の祈りが直接に作用して吾が児を真の人間形成に導いた典型的事例であるといえよう。
(6) 赤木美恵子『恩師上代 淑先生』、一九八八年、二二一―二二三頁。

（7）山陽高等女学校同窓会『みさを』九一号、一九三五年、一頁。
（8）堀 以曽編『上代先生を語る』、山陽学園同窓会、一九五六年、七七頁。
（9）同上。
（10）ここでの「山上の垂訓」とは、新約聖書マタイ、ルカ両福音書にあるイエス・キリストの山上の教えという有名な故事を指すのではない。山陽高等女学校で何時の頃からか明確ではないが、卒業式の翌日または翌々日の早朝、卒業生一同が上代校長と近隣の操山に登るしきたりができていた。山上で校長から最後の話をきいた後、一人ずつ親しく言葉を交わしつつ握手を賜り、順番に下山するといったものであったという。
（11）上掲『上代先生を語る』、一一〇頁。
（12）同上書、一九頁。
（13）同上書、二二一―二二三頁。
（14）同上書、一二七―一二八頁。
（15）同上書、一二八頁。
（16）これは「ローマ書」一二・一二の聖句であるが、在学中に上代からこれを教えられ、終生座右の銘としていると語るものも多数あり、こうした思い出を記している卒業生は枚挙にいとまがない。
（17）Cf.H.E.Fosdick , *The Meaning of Prayer*, Association Press,1915, pp.1-19.（斎藤剛毅訳『祈りの意義』、一九九〇年、ヨルダン社、五―三三頁参照）。
（18）春名寿章『ウェストミンスター小教理問答講解　下』、聖恵授産所、一九七八年、一七五頁。
（19）渡辺信夫訳『カルヴァン・キリスト教綱要Ⅲ／2』、新教出版社、一九六四年、二一〇頁。

(20) W・バークレー、吉田信夫訳『はじめての祈り』、日本基督教団出版局、一九九一年、一一頁。
(21) P.T.Forsyth, *The Soul of Prayer*,Independent Press,1954,p.46.（斎藤剛毅訳『祈りの精神』、ヨルダン社、一九九二年、一三七頁）。
(22) Ibid.p.20.（同上書、二九頁）。
(23) O・F・ボルノー著『教育者の徳について』、玉川大学出版部、一九八二年、二七頁。
(24) 同上。
(25) *The Soul Prayer*.op.cit.p.15.（上掲『祈りの精神』、二一頁）。
(26) Ibid.p.15（同上書、二一頁）。
(27) 上掲『上代先生を語る』、一五九頁。
(28)『山陽学園新聞』、一九五一年二月一〇日、一頁。
(29) 拙稿「こころ豊かに生きる――上代 淑の場合」、『現代豊かさ考』、西南女学院短期大学公開講座委員会、一九九五年、六三―六七頁参照。
(30) プラトン『書簡集（第七書簡）』、『プラトン全集　14』、岩波書店、一九八一年、一四七頁参照。
(31) O・F・ボルノー著、森昭・岡田渥美訳『教育を支えるもの――教育関係の人間的考察』、黎明書房、一九八四年、四八―六六頁参照。
(32) アウグスティヌスが『告白』の中で「人間の心は、神のふところの中に安らいの時を与えられるまでは、けっして平安を与えられないものである」と語り、またシュライエルマッハーも『信仰論』の中で「絶対依存感情が人間本性の本質的要素である」と説いていることも、このような人間的意味において捉え直されてよいかもしれない。この点の詳察は別の機会に譲らざるを得ない。
(33)梅花高等女学校この花会雑誌部『この花創立六十周年記念号』、昭和一二年、八五―八六頁。
(34)『マザー・テレサ訪日講演集』、女子パウロ会、一九八二年、七頁。
(35)同上書、五七頁。
(36)山陽学園『山陽学園百年史』、昭和六一年、九五頁。
(37)山陽高等女学校行餘会『みさを』第二八回、明治三八年、三四頁。
(38)遺愛女子高等学校『遺愛七十五周年史』、昭和三五年、三六頁。
(39)宮城学院『宮城学院七十年史』、昭和三一年、一二七頁。
(40)山陽高等女学校同窓会『みさを』第二三回、明治三六年、二一頁。
(41)同上書、二一頁。
(42)上掲『山陽学園百年史』九六頁。
(43)山陽高等女学校行餘会『みさを』第三九号、明治四一年、七四頁。
(44)拙稿「明治20年前後のキリスト教主義女学校における《自給》(Self-Support)について――山陽英和女学校の場合」、甲南女子大学大学院文学研究科、教育学専攻発行『教育学論集』第一号、昭和五七年参照。
(45)山陽高等女学校行餘会『みさを』第六六号、大正九年、四四頁。
(46)同上。
(47)借家住まいを始めたことを知った同窓生たちが、遠藤新氏設計の見事な居宅を上代に贈呈した。この事実からも上代と同窓生たちとの緊密な人間的交わりが推測できる。

(48) 上掲『山陽学園百年史』一一四頁。
(49) 山陽高等女学校行餘会『みさを』第三八号、明治四一年、一一―一二頁。
(50) この米国女子大学同窓会連合の大会当日の様子については、欧米視察旅行中に彼女がしたため続けた英文日記の一九〇七年八月三〇日付けの記事に、次のように具体的に書き残されている。「彼女らはバークレー大学の新入生のための寄宿舎の建設について相談し、コンサートの開催によってその資金を調達することに決定した」と。また、上代が主導的役割を果たしたかどうかは明らかではないが、岡山でも「附近在住の各高等女學校出身者をもって高女聯合同窗会を組織しようとの声が熟し」（大正九年一月二六付『山陽新報』）聯合同窓会が発起され、第二回発起人会が山陽高等女学校で開催される旨記されている。
(51) 山陽高等女学校行餘会『みさを』第三六号、明治四〇年、六五頁。
(52) 山陽高等女学校同窓会『みさを』第一号外、大正一〇年、巻頭。
(53) 同『みさを』第三号外、大正一二年、九頁。
(54) 同上書、一〇頁。
(55) 同上。
(56) 同上書、九頁。
(57) 同上書、一〇頁。
(58) 同上書、一一頁。
(59) 山陽高等女学校同窓会『みさを』第七七号、昭和三年、五九頁。
(60) 同『みさを』第八七号、昭和八年、一八頁。

(61)『大阪朝日新聞』大正八年一一月二五日付。
(62)同上。
(63)石月静恵「全関西婦人連合会の成立と展開」、大阪歴史学会『ヒストリア』第七〇号、一九七六年、参照。
(64)上掲『大阪朝日新聞』
(65)同上。
(66)中嶌 邦氏は、「大正期から昭和初期にかけてみられた生活改善運動は、いわば上からの政策的啓蒙的運動を中心として展開した。内務省を中核とする民力涵養運動の一環としてはじまり、文部省を中心とする文字通りの生活改善運動となり、やや遅れて農務省の肝いりによる経済生活改善運動として行われた運動が中心となったものである」(中嶌 邦「大正期における《生活改善運動》」、日本女子大学史学研究会『史艸』第一五号、一九七四年、五四頁)と説明している。しかも、この民力涵養運動は、「もはや一方的な上からの国家主義・家族主義イデオロギー教化政策では対応出来なくなった大正デモクラシー期の様々な反体制的な思想や動きを全国的な規模と機構によって抑制しようとしたもの」(同上書、六〇頁)と捉え、「文部省中心の生活改善運動も」「内務省の民力涵養運動の中心として全国に展開した国民教育の拡大に対応し」(同上書、六一頁)て行われたと観ている。確かに当時の国策の大きな流れの中で、山陽高等女学校における同窓会「洋裁部」の活動や後に紹介する修養会も、この「民力涵養」の大号令のもとで展開された生活改善運動へと吸収されていったといえる。大正八年の先の上代の講演の中にも、確かに「国家のために尽くすよう心がけたいと存じます」(上掲、行餘会『みさを』第六六号、四四頁)という言葉も見られ、また大正一一年には、上代自身「生活改善同盟会」岡山支部評議員に就任しており(山陽学園上代淑記念館「上代 淑先生年譜」参照)

そこに時代の反映を読みとることも出来よう。しかし、上代の高邁な理想に応えて実践された同校同窓会「洋裁部」の活動は、もっと別のレベルの活動であったと考えられる。すなわち、キリスト教的「隣人愛」に基づく純粋な「他者奉仕」としての社会活動であったのである。

(67) 上掲、行餘会『みさを』第六六号、四九頁。
(68) 山陽高等女学校同窓会『みさを』第八六号、昭和八年、一―二頁。
(69) 上掲、行餘会『みさを』第二八回、巻末。
(70) 山陽高等女学校『山陽高等女學校創立五十年史』、昭和一一年、九二頁。
(71) 同上書、九五頁。
(72) 山陽裁縫塾『塾報』第一号、大正六年、五頁。
(73) 同上書、三頁。
(74) 山陽高等女学校行餘会『みさを、創立二十周年記念』第六一号、大正五年、五頁。
(75) 山陽高等女学校行餘会『みさを』第六〇号、大正七年、五六頁、五八頁参照。同『みさを』第六二号、大正六年、七五―七六頁参照。同『みさを』第六三号、大正六年、四九頁参照。同『みさを』第六四号、大正七年、六一―六二頁参照。同『みさを』第六五号、大正八年、一三―一五頁参照。同『みさを』第六六号、大正九年、六五―六八頁参照。同『みさを』第六八号、大正一〇年、五六頁参照。なお、「第七回より第十五回に至る九回の修養會をバザーのための仕事會としましたが愈ゝ今回より普通にかへり第七回修養會を始める事に致しました」（上掲、行餘会『みさを』第六四号、六一頁）とあるので、本表ではこのバザー仕事会は省略した。

(76)上掲、行餘会『みさを』第六五号、同窓会記事の冒頭。
(77)因みに、先の表に掲げられた類の、「郊外遠足」にまつわって、上代が幹事役に出した書簡には、「そんな景色のいいところへ私もとお思いくださるあなたの親切に心より御礼申し上げますが①みながのぼれますか子達をつれて②そこで食事をして頂くとすれば会費が高くかかりますから一昨年の様に一人一人でおべんとう持参では如何③なるべく費用のかからぬ様にしないと支部会の人数がだんだんすくなくなりますぞな…」とある。(上代 淑自筆書簡、年月日不明、玉野市何森住子宛)
(78)上掲、同窓会『みさを』第三号外、九頁。
(79)千野陽一『近代日本婦人教育史』、ドメス出版、一九八〇年、一八〇頁参照。
(80)山陽高等女学校行餘会『みさを』第六〇号、大正五年、六二―六三頁。
(81)上掲、同窓会『みさを』第一号外、巻頭。
(82)山陽学園同窓会『山陽学園同窓会報』、昭和三五年、八四頁。
(83)山陽高等女学校行餘会『みさを』第六九号、大正一一年、六三頁。
(84)本書第3章、第1‐2節参照。
(85)上掲、行餘会『みさを』第六九号、六四頁。
(86)上掲、行餘会『みさを』第七七号、四頁。
(87)本書第2章、第2節参照。
(88)この点を最も端的に示す資料として、筆者は幸い、上代 淑が昭和一四年二月二一日に岡山医科大学の婦人講座で、「生活改善」と題して行った講演の事前メモを発見することが出来た。講演内容を項目別に整理した、自筆の全七ページの「心覚え」である。［手書きメモ「医科大学婦人講座講義 Outline〝生活改善〟」、昭和一四年二月二一日付、（全七頁）一頁目、およびその裏面］

緒論に続く本論冒頭には、「人は何のために生まれてきたか?」というヘッド・ラインが掲げられており、その細目としては次のように記されている。「a．世の中を只楽しむにあらず　イ．自分の生まれてきた時よりも　この世をよりよく清めんがため　ロ．子孫（次の時代）のためより　住みよい地上となすため　ハ．生まれた以上　死ぬまでに何か良い事を残すのが人の務めである」と。しかもその裏面には、〝What you are is God's gift to you, what you make of yourself is your Gift to him.〟「あなたの存在は　神様からの贈物であります。そしてあなたの修養と努力とによって作り上げた人格は　神様へのあなたからの献物であります」と、英文および日本語で書き込みがなされている。

（89）山陽高等女学校の卒業生（明治三三年卒、旧姓小林）を母に、また同校の理事を父にもった関係もあり、上代 淑とは特別に家族ぐるみの交際が深かった一卒業生、桐生周子氏は、筆者にあてた書簡の中で次のように認めている。「先生のお教は人の為に尽くす事、いつも向上（excelsior）と云うお言葉を伺いました、辛抱する一念ですよとも」と。（同氏［旧姓江見周子］、昭和四年卒、平成七年八月二一日付の筆者宛書簡）なお、〝excelsior〟とは、もともとラテン語の「より高い」という比較級の形容詞であるが、標語としてよく使われる際には感嘆符（!）が付けられるのが普通で、訳語としては「更に高く!」とか、「向上一路!」とかが妥当であろう。

（90）山陽高等女学校同窓会『みさを』第八二号、昭和六年、一七頁。

（91）上掲『山陽学園百年史』、五六頁。

(92) 山陽学園『山陽学園九十年史』、昭和五四年、四〇頁。
(93) 平塚益徳『日本基督教主義教育文化史』、日本書院、昭和一二年、一五六頁参照。基督教学校教育同盟編『日本におけるキリスト教学校教育の現状』、基督教学校教育同盟、一九六一年、六四頁参照。
(94) 上掲『上代先生を語る』、七頁。
(95) 「我が校風（10）私立山陽高女――上代校長の談」、『山陽新報』大正四年二月二二日付記事。
(96) 上掲『上代先生を語る』、七七頁。
(97) 山陽学園同窓会『みさを――特集母校本館建設上代先生を偲ぶ』会報七号、昭和三五年、一〇八頁。
(98) 同上。
(99) 太田百合子「お守り帳」昭和一五年入学、露無露子「上代先生のお守り帳」昭和一九年入学、矢尾トシ子「お守り帳」昭和一三年入学。
(100) 小林恒子氏（山陽高等女学校　昭和四年卒）一九九六年六月二一日付筆者宛書簡。
(101) 西野笑子氏（山陽高等女学校　昭和一七年卒）談、一九九六年五月二二日、大阪ヒルトンホテル。
(102) 上掲『上代先生を語る』、一七頁。
(103) 同上書、二六頁。
(104) 同上書、一四一頁。
(105) 同上。
(106) 上掲『みさを』会報七号、一三五頁。
(107) 同上書、一一二頁。

(108) 同上書、八〇頁。
(109) 山陽放送ラジオ特別番組「我が心に生きる――亡き上代淑先生を偲ぶ」、昭和三四年一一月四日放送録音記録。
(110) 上掲『上代先生を語る』、一四三頁。
(111) 上掲『みさを』会報七号、五三頁。
(112) 同上。
(113) 同上書、五四頁。
(114) 同上書、五二―五三頁。
(115) 同上書、五八頁。
(116) 上掲、山陽放送ラジオ特別番組録音記録。
(117) 上掲『みさを』会報七号、六〇頁。
(118) 同上。なお同女史は、晩年に筆者のインタビューに答えて、「上代先生のご人格ゆえに山陽にとどまったのです」と語ってくれたが、彼女自身も上代の教えを忠実に守って生徒一人ひとりを大切にし、祈りをもって女子教育に挺身すべく、定年まで同校に職を奉じていた。（西原露子氏談、一九八七年八月二七日、上代淑記念館）
(119) 上掲『みさを』会報七号、六一―六二頁。
(120) 上掲、山陽放送録音記録。
(121) なお、上代との人格的交流が直接の動機となって、同校にキリスト教的雰囲気を作り出す上で貢献した多数の神信仰に生きる人々がいたことを付言しておく。日本キリスト教史上著名な人物である安部磯雄、金森通倫、久米島武彦、新渡戸稲造、賀川豊彦、服部綾雄、山室軍平などは度々同校を訪れて講演講話を行い、直接に生徒たちのクリスチャニティ涵養に協力している。また、岡山在住のキリスト教関係者、例えば石井十次、炭谷小梅、中川横太郎、林源十郎、大原孫三郎、總一郎の親子、星島義兵衛、二郎の兄弟たちをはじめ、J.H.Pettee, O.Cary, C.B.Olds, A.P.Adamsなどのアメリカン・ボード派遣の宣教師たちと上代との親交も、同校におけるキリスト教的雰囲気の醸成に大いに役立った。その一例を挙げれば、岡山博愛会を創始したAdamsの社会福祉事業に協力して、同校からは上代を筆頭に、教職員と生徒の有志たちが奉仕活動に参加し、実際にキリスト教信仰を基盤とした愛と奉仕の活動に従事していたのである。こうした上代の学校外における社会福祉活動と同校におけるクリスチャニティ啓培との関連については、稿を改めて考察したい。

(122) 岡田渥美「トマス・アーノルドの学校改革——その理念と実践」、『京都大学教育学部紀要』第三〇号、昭和五九年、一〇一—一〇五頁参照。

(123) O・F・ボルノウ著 森昭・岡田渥美訳『教育を支えるもの』、黎明書房、昭和五九年、第一部第一章参照。

(124) 本書第2章、本章第1-2節を参照されたい。

(125) 上掲『みさを』会報七号、一四五頁。

(126) 「日曜訪問、山陽女子高校同中学校上代淑」、『毎日新聞［岡山版第二］』昭和三二年九月二九日付記事、

(127) 上掲『上代先生を語る』、三三頁。

第４章　上代 淑の教育理念
――『日めくり』の分析を通じて――

本章では、上来の論述の謂わば総まとめとして、「クリスチャン‐教師」としての上代 淑の教育理想がどのようなものであったのかを浮き彫りにするため、彼女の手に成るカレンダーを取り上げ具体的に考究してみたい。これまでも述べてきたように、上代 淑という人物は、自らの過去を語らないだけでなく、自分の教育理念や方法についてまとまった著作を残してはいない。彼女は生涯に亙って、生徒や卒業生をはじめ、岡山教会、岡山博愛会、旭東日曜学校、操山寮、日本基督教婦人矯風会、婦人会等々の、年齢や境遇も出身階層も目的も多種多様な人々との深い交わりの中で生きた。そのため彼女の日々の生活は多忙を極めていた。そうした状況の中で、著作を書き残すことは出来なかったであろうし、また当の上代自身、自らの著作を残すという意図など最初から念頭になかったであろう。上代は目前にいる他者、すなわち神の前で平等な「隣人」との具体的・現実的交わりの中でのみ生き得る「共同存在としての人間」（Mitmensch）そのものだったのであり、ひたすら他者＝隣人のために奉仕することが、即ち人生であったキリスト者そのものだったのである。そうした純粋に他者奉仕に生きた上代 淑の抱懐する教育理想が如何なる内容のものかについて、蒐集し得た乏しい資料に基づきつつ可能な限り詳らかにしてみたい。その有力な手がかりの一つとして、ここでは彼女が自らの教育方法の一特徴とさえ考えていたカレンダー、すなわち上代の著した生活信条集とも呼ぶべき『日めくり』について、具体的に考察をすることから始めたい。先ずこの『日めくり』の概要と趣意について述べた上で、その精神的背景についても論及することにしよう。

第1節　上代淑の『日めくり』――その概要と趣意

正式名称は『日々の思い出』と題されていた彼女の『日めくり』は、「世のみなさんの幸福のためにつくしたいと思い、少しでも多くの方が、これを朝夕眺めてくださればよい[1]」との上代の願いに基づいて、もともと昭和二九年九月に発行された日めくり様式のカレンダーであった。それは第一日目から第三一日目まで、一枚づつ次のような言葉で書き綴られている。（「　」や『　』を原文のまま挙げておこう）

①　美しい日は美しい月を、美しい月は美しい年を、美しい年は美しい生涯を。

②　健康と長命の秘訣（1）朝起きて窓をあけ、価なしに与えられる新鮮な空気を心ゆくまで吸うこと。

③　健康と長命の秘訣（2）洗面し口をすすぎ、年中冷たい水をぐうっとのむこと。

④　人のためよろこんで尽す事こそ、『私達の尊いつとめ』であります。

⑤　夜やすむ時『あすこそは』朝起きるとき『今日こそは』で　清く正しく、明るく強く、愛に元氣で過しましょう。

⑥　『アイロンスイッチ』（くり返し）これ忘れたら大火事だ。

⑦　使ったものは元の場へ、借りた品物すぐ返せ。

⑧　花の美しさを　私達の心といたしましょう。
⑨　美しい心の持ち主は、その行爲《おこない》も亦美しい。
⑩　与えた親切忘れても、受けた親切大きく感謝。
⑪　清い心の持ち主は、人を憎まず　ねたまず　人に誇らず　たかぶらず。
⑫　働け働け働きぬけ　今の苦労は後の身の爲　家の爲。
⑬　さっさせっせと働こう、手のあれたのは　女の金鵄勲章。
⑭　逢う人ごとにやさしい思いと、やさしい行爲をいたしましょう。
⑮　重い荷を持つ人に、手をかしましょう喜んで。
⑯　辛抱第一何くそで……。
⑰　「から手であるな」首をひねって手を働かせ。
⑱　電車・自動車降りるとき、車掌さんへも「ありがとう」
⑲　汽車・電車・バスの中でも　老人子供に席をゆずりましょう。
⑳　事ごとに感謝し、且つ祈りましょう。
㉑　いつでも後をふりかえれ、しのこしないか、戸締まりよいか。
㉒　近所隣への思いやり、心優しく愛の種をば蒔きましょう。
㉓　口を閉じ手を働かせ、無駄なおしゃべり禍のもと。
㉔　糸屑・たち屑捨てる時、何と云う事教えたか、『おっとどっこい一寸まて、いつか何かの役に立つ。』
㉕　いらぬ瓦斯消せ、電気消せ、水一滴もむだにすな。

㉖ 頼まれた事は　より一尺向こうせよ、五十糎先をせよ。
㉗ あなたの最善　今すぐに……。
㉘ 箪笥・戸棚や押入は　きちんと整理いたしましょう。
㉙ 果物の皮や鼻紙ちり箱に　道や広場は清潔に。
㉚ 逢う人ごとに優しいほほえみと、優しい言葉をかわしましょう。
㉛ どこまでも禮儀正しく清潔で、国民性のうるわしい日本の伝統忘れまい。

これは、第二次世界大戦中すべてを焼失した山陽学園の、復興資金調達の一環として世に出されていた『よいこのかるた』(2)の謂わば姉妹編として、一部百円で販売されたものであった。上代の強い要望に従って、「絵画」担当の教師で彼女の信頼が篤かった吉田 豊氏が、彼女の示す言葉を墨書したものである。筆者がインタヴューした二〇〇〇年当時九五歳になっておられた同氏は、往時を懐かしみながら、他に書道の教師がおられたのに上代に頼まれたこと、メモで渡された日めくりの文章を夫々およそ一週間かけて書いたこと、また全て書き上げた後あらためて「上代先生自身が配列を刻みなおされたこと」等を、具さに語ってくれた。(3)

そもそも、この『日めくり』に書かれている箴言風の短い言葉の数々は、上代自身「私は修身で、また、その後の社会科で教えていきます事を『日々の思い出』という、とても美しい『日めくり』にしました」(4)と語っているように、戦前戦中の修身科や戦後の社会科のなかで、一貫して彼女が生徒一人ひとりの人生の「お守り」たれと祈念しつつ、平易な言葉と身近な具体例を挙げて説き続けてきた生活訓、ないし日常の倫理規範だったのであり、その集成としての「お守り帳」が原型だったのである。

この「お守り帳」がいつ始められたかは必ずしも明確ではないが、生徒それぞれが「お守り帳」と称する小さなノートをもち、修身の時間をはじめ修養会などで、上代から聞いた訓話を自分で記録する習慣が奨励され、それが書き貯められたものである。上代の教え子赤木美恵子氏は、この「お守り帳」について次のように書き記している。「先生は、修身（道徳）の授業に、主題を黒板に書いて、処世の道を丁寧に説かれた。それを私たちが手帖に書き写したのが、貴重なお守り帖である。そして遺訓は、お守り帖の塊である」[5]と。そして、この赤木氏自身が書き写したお守り帳そのものは、岡山空襲のさい全部焼失したにも拘わらず、その著『恩師 上代 淑先生』の中では、その訓えが記憶に基づいて完全に再現されているのは驚きである。それは、上代が生徒たちに「お守り帳」を後々まで読み返し、つねに励行するよう奨めたことを現実に実行していたことの証と云って差し支えないであろう。卒業の後、長年に亙って大切に躬行されていた様子が、如実に分かるような当時の生徒たちの「お守り帳」が数冊、現在も上代記念館に保存されている。それらからは、たとえたどたどしい字で書き記されていても、上代の与えた人生訓に籠めた生徒一人ひとりへの愛と祈りが明瞭に読み取れる。

その「お守り帳」の訓えによって、多くの卒業生たちはそれぞれ人生の危機においても「力づけられ、生き抜く[6]」ことが出来たと口々に述懐している。一例を紹介しておこう。「『お守り帳』でおさとし頂きました事は、実社会にでまして、ほんとうに大切な事ばかりでございました。戦争、敗戦と経て来ました苦難の時代も、大きな力強い御教えを思い浮かべ、善処し、時には心機一転も出来、辛棒強くも切り抜けて来られました[7]」と。また、この「お守り帳」を原型として再構成された『日めくり』によっても、卒業生たちがいかに屢々生きる勇気を呼び覚まされ、支え励まされつつ自らの人生を切り拓いていったかも、明らかに読みとれる。ある卒業生は云う。「見上げたる柱のカレンダーには《頼まれた事はより一尺向こうせよ》の文字が、くっきりと浮かんで居ります。之は、先年上代先生御自作の物をお頒ち戴き、茶の間の柱に掛けて、朝な夕なに子や孫への教えとして、世渡りの羅針盤と仰いでおります(8)」と。つまり、上代の訓えを自分自身のみならず子や孫にも伝えつつ、日々の生活のなかで、行動指針として仰ぎ見、絶えず自戒自警して暮らしていたのである。また別の卒業生は次のように語っている。「先生のお作りになったカレンダーを毎日一度はめくりますが、中々実行できません。けれども毎日の一言を心のどこかにおく事は知らず知らずに、先生にお導き頂いていることになりましょう(9)」と。ここには正に、日々『日めくり』を仰ぎ見て、上代の訓えを心に刻みながら、かつて校長上代が、その訓えを熱誠こめて語った講堂に掲げられていた「自彊不息《じきょうやまず》」(10)の銘文どおりに、実践躬行していた女性たちの姿が彷彿と浮かび上るようである。上代淑の『日めくり』を特にここで取り上げて考察する所以である。

この『日めくり』に丹念に書き記された一ヶ月分三一の言葉こそ、上代が「娘たち」たる教え子らに在学中から繰り返し全身全霊で諭し続けた生活訓であり、上代が自らの生活信条として実践的に示範し続け、同時にそれらを通じて、教え子たちの人生の守護者ないし指南者として、絶えず彼女らに強くアピールした理想の女性像の具体的内容に他ならぬものだったのである。その意味で、この『日めくり』は謂わば上代の教育理想の最も実践的な提示と見て差し支えないであろう。これの作成準備に入った当時、上代は既に八三歳という高齢となっていた。彼女がこの世での命の終わりを予測した時、なんとしても成し遂げたかったのは、外的には、昭和二〇年の大空襲で焼失した山陽学園の復興であり、内的には、同学園の後継者問題も含め、生涯かけて心血を注いできた学園の基本的スピリット、彼女の所謂「山陽の精神」の堅持・継承であったであろう。『日めくり』の完成時に、学園新聞紙上では「六十余年の伝統を誇る山陽の真の山陽精神は、この日々の思い出の中に秘められている[11]」と報じられているが、『日めくり』に盛られた教訓は実は、ただ単に上代個人の信条・心術を遙かに超えたものでもあった。すなわち、それは上代の母校梅花女学校で出会った成瀬仁蔵や沢山保羅、そしてコルビー等の米国婦人宣教師たちの生き方そのものに、如実に反映されていたピューリタン的エートスであり、同時にそれは、山陽高等女学校を支えた多数のクリスチャンたちの精神的態度でもあり、かつまた、Mount Holyoke College 留学中に上代が多大の恩恵を受けた名もなき教師や信徒たちの日常倫理そのものでもあったのである。それゆえ、先の吉田 豊氏が「上代先生のお気持ちが凝縮している」と説き、また教え子たちが今なお「上代先生が山陽学園にお残しになった財産です[12]」と異口同音に語る『日々の思い出』こそ、自らは何も書き遺さなかった上代の教育理想を探り得る最も重要な資料と位置づけることができるであろう。

次節では、「山陽の財産」とも讃えられる『日めくり』の内容そのものについて、その原型である生徒たちの「お守り帳」や上代自身が備忘として書き残した夥しいメモ書きを手がかりに、更に人間学的・解釈学的分析を進めてみたい。

第2節　根底に存する「神と人」への感謝

この三一日分に分けて綴られた『日めくり』の文言の根底にあるものは、何と言っても上代の神に対する大いなる信仰であるといってよい。神から与えられた命をはじめ水や空気、そしてあらゆる生活のために必要な諸資源は、上代にとってすべて神から感謝と共に受け取ったものに他ならないのである。上代の根底にある神に対するこのような感謝と、それまで恩顧恩恵を受けたあらゆる人々への感謝こそ、彼女が山陽高等女学校での永年にわたる教育実践に献身・奉仕した原動力であったのである。この神への深い信仰の根底に存する「生かされて在るもの」としての感謝の心が、『日めくり』の中にも端的な言葉として幾つも表出されている。

例えば、第二日と第三日目の一見単純な生活習慣とも思える次の言葉に注意してみよう。「②朝起きて窓をあけ、価なしに与えられる新鮮な空気を、心ゆくまですうこと。③洗面し口をすすぎ、年中冷たい水をぐうっとのむこと」といった、表面的には老人の日常習慣としか思えないようなこの言葉にも、実は神によって生かされ、神からすべてが与えられていることに対する深い感謝の念と、そうした思いを生徒たちに伝えたいという上代の切なる願いとが込められている。誰もが代価なしに与えられる新鮮な空気や水は、まさに創造主たる神から、万人が平等に与えられている空気であり水である。また、早朝の清々しい光の中で、新鮮な空気や冷たい水を体内に摂り込む時、人は誰しも自然のうちに、神からの恵みを十二分に感得しつつ享受せざるを得ないことを、上代は自らの体験で知っていたのである。彼女の備忘帳には、讃美歌の「くるあさごとに　あさひとともに　みいつくしみを　あらたにさとる」という歌詞が、実にしばしばメモ書きされているのであるが、まさに『日めくり』の第二および第三日目は、上代の根源的な神信仰と神への感謝を、自ずと生徒たちの若い魂に感じ取らせるための生活習慣の勧めに他ならないであろう。というのも、生徒たち各自の「お守り帳」に書き込まれてあるように、それに引き続いて必ず「朝の祈り」が捧げられているからある。

しかも、同時に上代は、こうした早起きの習慣が健康維持上も極めて重要であると考えていた。残されている彼女のメモ帳には、「身と心の健康が殊に女性にとりて極めて大切、この二つが揃ってゐればどんな御役にも立つことが出来る」と記されており、この健康への関心や注意は、実は上代が留学していたMount Holyke Collegeで、常に配慮されていた重要事項の一つでもあったのである。同校の創設者Mary Lyonは、女性の健康に早くから関心を抱き、健康の維持こそが女性教師の自立・独立を支える基本要件であると確信していた。この教育方針は、淑が留学した時期にも重要視され、家事の輪番制による分担や散歩や遠足、課業として行われた声楽や柔軟体操等々、多面的な健康教育が実行されていたのである。[13]朝早くゆとりを持って起床し、規則正しい生活を始めるためにも、こうした生活習慣は心身両面で健康上極めて重要であろう。こうして、心身の健康を保ちつつ、先にも触れたように挙げてそれを「他者の幸福のために捧げ」て生きることこそ、上代の切なる願いだったのである。

こうした連関において、神から与えられた各種の恩恵をけっして無駄にすることなく、感謝と共に大切にすることを奨懣する日めくりの言葉としては、「㉕いらぬ瓦斯消せ、電気消せ、水一滴もむだにすな」や「⑥『アイロンスイッチ』（くり返し）これ忘れたら大火事だ」、あるいは「㉔糸屑・たち屑捨てる時、何と云う事教えたか、『おっとどっこい一寸まて、いつか何かの役に立つ』」等もあげられ得る。じじつ上代は、Mount Holyoke College留学時代の一八九六年九月二七日に、同校の大火焼失を経験している。この時の経験から、上代は学寮においても火の始末には厳しかったという。右の細ごました生活訓と受けとられかねない教えの中にも、実は神から与えられたものをあくまで大切にするという、神への「感謝」が根底にあることを見逃してはならない。「皆様も知っていて下さる通り又見ていてくださる通り、私はまことに質素に、倹約に過ごしております。たとえば黒板に書くのに指がいたくなる位、つかい尽くした白墨より外に使いません。……白墨鉛筆、下駄の事はほんの一例に過ぎませんが、花瓶の花、日常の調度、身のまわりのすべてに対し、決して勿体ないことをしてはならない、との心得をもって処しているのであります。『糸屑・たち屑捨てる時、おっとどっこい一寸まて、水一滴もむだにすな』は私の処世法であります。このことを何度か何十度か、あなた方の耳にたこができるほど私は話しつづけて来ました」。[14] ここにも語られている上代の倹約の主張は、決して単なる表面的な処世術や生活訓などではなく、彼女の生活態度の基本に一貫して流れる「勿体ないことをしてはならない」という心術の開陳であり、その根底にあるものこそは、神から与えられたすべてのものを心をこめて大切に扱うこと自体、神への感謝の具体的・現実的表現に他ならぬ行為だったのである。

例えば、「物の命をながく」という教えについて、上代は次のように語っている。「ものはすべて神からの賜物であります。恵みであります。我がまま勝手に、贅沢に、粗末に、つかってはなりません。人皆に間ちがいなく与えられているその賜物を、お互いが身分に応じ、心を尽くして用いる時に、世の中全体にうるおうて来るのです。神からたまわった物の命を出来る丈長く用いましょう」と。[15] 事実、上代が授業で使うチョークは豆粒ほどになるまで使われ、現在も上代淑記念館には、実に小さなチョークが展示されている。また鉛筆は、芯がけずれなくなるまで使われていた。そのほかにも、封筒が裏返しにして作り直されていたり、封筒や便箋として使われていたものが元は菓子の包み紙やカレンダーの裏などだったりする程、徹底していたのである。また、いつも「しで紐をポケットに持って役立てましょう」[16] との呼びかけも、上代が率先して実行していたのであり、機会あるごとにとっておいた短いしで紐も、たえず捨てずに利用したのであった。あるいは、上代没後三〇年の出版物には次のような一生徒の鮮明な想い出話が記されている。学校のゴミ捨て場に、誰かが「もう寿命でだめ」と捨てていったグラジオラスの花を、上代先生が「まあ、可愛そう」といって拾い上げ、下部の萎えた花を取り去った上で校長室の花瓶に活けかえておられるのを垣間見て、その後グラジオラスの花を見る度に先生を思い出し、「物の命を永く」の訓えを心に刻みこんで守ったものである[17]、と。

ところで上代は、「おっとどっこいちょっとまて」と「自制」すべき四つの場合をお守り帳の中で挙げている。すなわち、「一 物を捨てる時、二 大声を出そうとする時、三 良くない事を言ふ前、四 良くない言葉を使う前[18]」とも、また、「Stop, look, listen! 一言葉いう前に、一つ行いをする前によく考えて言ひなさい。行いなさい[19]」とも諭している。あるいは、何か物を購入する際に、「これを買わずとも事は足るのではないか、これを買わずば困るか[20]」と自分に問う習慣を生徒に身につけさせようとしているが、この点も、結局は無駄を省き、必要なものだけを有難く使う事が、神から与えられたものを大切にする所以であることの訓えに他ならない。してみれば、「凡てのことを感謝して受くる時　捨てるものはなし　ああうれしいうれしい　ああうれしいうれしい　ああうれしいうれしい[21]」という『お守り帳』に記された上代の言葉には、キリスト者上代の神への感謝に直結した「節倹」の心情・心術が、真率に語り出されていると云ってよいであろう。

こうした連関のもとで見るならば、例えば「⑦使ったものは元の場へ、借りた品物すぐ返せ」や「㉘箪笥・戸棚や押入はきちんと整理いたしましょう」も同様の趣旨に基づく訓えであることは明らかである。「物はすべて神からの賜物であります[22]」と常々語っていた上代にとっては、全て物を感謝して大切に使うということとは、一旦使った後は必ず元の場所に戻し、いつどんな時でも、直ちに役立つように準備しておくことに他ならないのである。また、人から借りた品物も、同様に大切にし、忘れぬうちに必ず返すことが、信用して貸してくれた相手を大切にするだけでなく、神からのあずかり物を感謝をこめて大切にすることでもあったのである。

昭和一七年のラジオ放送で「健全な家風」と題した講話をしているなかで、上代は「家の内の玄関から台所の隅々まで、戸棚、押入、箪笥、机の引き出しまで、整理、整頓されて居る程気持ちの落ち着く事はありませんが、これに御主人様が新聞をお読みになった後をポンとお置きになるのではなく、一寸たたんでお置きになるとか、書棚から本をお出しになった後それを元の場所へお返しになるとか……これ等は極小さな事ではございますが、子供は幼少の時からその小さな眼で、見馴れて居ると、自然にいつの間にかこれが習慣となり、大人になってもその癖が続けられるので御座います[23]」と説いている。女性だけでなく一家の主たる男性にも、物を大切にすることの真義について啓蒙しようとし、更にそれが、人間にとって成長しつつある子供にとっても大切な習慣形成になることを諭している。因みに、習慣による人間的内面の形成が、日々の些細な行為の積み重ねによってなされてゆくことは、生徒たちの「お守り帳」に次のように記されているところからも明らかであろう。「良いことは何事もつづけてなさい　それが習慣になるまでしましょう　それが徳の高い人です」と。「だらしのない人とならぬこと　部屋はキチンと片付けておく　身なりをチャンとすること[24]」も続いて諭しているのであるが、これら細ごました具体的生活の指針も、その根底には、すべて神から与えられたものを大切に扱う心情と神への感謝が潜んでいるのである。

同様に第八日目の「花の美しさを私達の心といたしましょう」についても考えてみよう。恐らく、この言葉の原型となったであろうと思われる、生徒たちの「お守り帳」には次のように書き記されている。「花を開かせる力は何ですか。それは神様の力で開かせるのです。誰の為に開くのですか。人間の為です。その神様の力と愛とを感謝しましょう」と。また、「天然の美しき不思議なものを見て　神の偉大な力と愛とを心から喜び感謝する習慣を持つやう努めましょう」[25]とも書かれてある。人は美しい花を見たとき、その花をはじめ生きとし生ける者すべての根源である神の存在に気づき、その無限に大いなる力や愛に感謝するようになることを、上代は自己の体験から識っていたのである。当時一三歳であった一生徒の思い出によれば、ある理科の授業のさいに上代が、近隣に住まう宣教師ガントレットの庭から毎朝先生へのプレゼントとして届けられた色とりどりのパンジーを持って、溢れるような笑顔とともに教室にやってきて、限りなく楽しい授業を終えたのち、その後自分たちに一輪与えられた。そしていつも一同声を揃えて「天然の巧妙驚く可く、また感ずべし」と先生と共にくり返し唱えた。こうした事実を、誰一人忘れた者はないはずであると彼女は幸福感にみちた当時を述懐している。神の創造物の一つである美しい花を手に、神から愛されたものがもつ幸福感に溢れたにこやかな上代の姿が生徒たちの目に焼きつき、それと同時に、キリスト者としての教師上代の道徳的心情・心術が自ずと直に生徒たちの心に伝わったに違いない。先の生徒が更に、「天地の風物を愛する心。花を愛する心。これこそ、肉親を、隣人を、世の人々を愛する心の泉ではないでしょうか。此泉を、清い泉を掘り下げて、美しい優しい心の女性を社会に送り出すため、上代先生は一生をお捧げ下さいました」[26]と深い理解を示していることからも、上代の神への感謝の念が、生徒たちの内面に自ずと神から与えられたものを愛する気持ちを生みだし、やがてそれが隣人への愛へと繋がりゆく内的・精神的過程が鮮やかに読みとれるであろう。例えば第一〇日目の「与えた親切忘れても、受けた親切大きく感謝」や第一八日目の「電車・自動車降りるとき、車掌さんへも〈ありがとう〉」等も、そうした連関の中で生徒たちに自然に受け取られ、内面化された教訓だったのであろう。そして、第二〇日目の「事ごとに感謝し、且つ祈りましょう」という訴えかけの言葉は、以上の考察を通じて明らかになるように、正に神への「感謝」と「祈り」が、「クリスチャン・教師」としての上代 淑の実存的基底にあるものであることを指し示しているのではなかろうか。

例えば第一二日目の「働け働け働きぬけ　今の苦労は後の身の爲　家の爲」という文言には、神への感謝の現実的証しとしての労働と奉仕が根底にある。彼女は実に勤勉に、毎日毎日を心身の限界まで働いていた。一教員は次のように回想している。「教員室でのお机の前の先生は、全く寸暇もあられぬお仕事への御精勵ぶりでした。若い私共が疲れたと思っては頭をあげても、先生はいつも、本当にいつでも、何か書いていられる御様子でした。お授業に、お書き物に、学校経営のあらゆる方面への御心ずかい、同窓会、卒業生に関する事、又寄宿舎生の日々の会計のこと迄も御手をつくして下さいましたし、その上、学校外の各種社会教育等のためにお働きになる事も、年と共にふえる一方でいらしゃいましたし、これらすべての事に、心身をお捧げになる先生のお姿を拝する事それ自身、私共にとっては何よりも大きな御教訓でありました[27]」と。上代の日常の生活は、まさに寸暇を惜しまず他者のために働きづめに働いていたのである。教師たちは、その姿に直に接して心を打たれざるを得なかったのである。「働ける人は幸運です」とか「精出せば凍る間もなし水車[28]」などの言葉も、生徒が記したお守り帳に認められるところであるが、健康を与えられ、仕事を与えられたことを心から喜び、日々神の加護のもとで生かされていることに対する心からの感謝をもって、他者への奉仕に精励したのである。また同様の趣旨は、第一三日目の「さっさせっせと働こう、手のあれたのは女の金鵄《きんし》勲章」という文言でも表現されている。他者のための精励恪勤こそ、神の僕としての責務であると同時に、神への感謝の証であるが故に、それは又キリスト者としての喜びでもあり誇りでもあったのである。

上代は稲刈りを終えた民家の情景になぞらえながら語っている。「全く平和そのものです。それこそ神様の恩寵をしみじみ感じ、礼賛しないでは居られません。天の限りない祝福が地上に満ち満ちているのです。……一生懸命せっせと働くところに神様の祝福があり、その祝福を感謝するところに幸福と平和がもたらされる様に思います[29]」と。このように、上代の生き方と、その示範を中心とする訓育の根底には、常に神への深い感謝があって、神の恩寵に対する応答として一生懸命に他者奉仕を行ずることが、彼女の一貫した行動原理であったことは明らかである。

第3節　神への愛、人への愛と奉仕

前節においては、上代 淑の実存的根底に存する神への愛・神への感謝が、やがて隣人への愛へと繋がる内的・必然性を垣間見ることができた。じっさい彼女の『日めくり』には、他者への配慮、人への奉仕についての訓えが多数見うけられる。例えば、第四日目の「人のためよろこんで尽くす事こそ『私達の尊いつとめ』であります」という訓えには、上代自身の人生そのものが表現されているが、実はこれは、梅花女学校時代の恩師コルビー（A.M.Colby,1847-1917）先生からの感化であると、自ら次のように告白している。「私が梅花女學校に過《ママ》しました間の十三から十八まで位、ミス・コルビーから特別の感化をうけましたが、先生はいつでもお話のはじめに必らず《人の幸福のために生きよ》と申されたものでした。……ずっと頭にしみこんで過して参りましたが、私の生涯を指導し支配するものとなったのであります[30]」と。こうして上代は、「人のために生きる」ことこそ人間として踏み行うべき道であるとの信念に基づき、幼い生徒たちの心にも深く浸透するように、『日めくり』のなかで極めて具体的に説き諭しているのである。第一四日目の「逢う人ごとにやさしい思いと、やさしい行為をいたしましょう」や、第一五日目の「重い荷物を持つ人に、手をかしましょう喜んで」、あるいはまた、第一九日目の「汽車・電車・バスの中でも、老人子供に席をゆずりましょう」等々、枚挙に暇がないほどである。

　生徒時代と教師時代を併せて三五年もの間、上代の身近に在ったことを自ら「幸福者」であったと述懐している岡野尚代氏によれば、日頃から淑先生は実際に次のようであったと云う。「先生は私事の相談にものって下さった。家族に病人があれば、毎日のように様子を聞いて下さり、痛みでもあるとご自分の事のように《困ったなあ困ったなあ》とご心配下さった。入院ともなれば《もしお金でも入用なら用立てますよ》とまでおっしゃって下さった。少しでも嬉しい事があると《よかったよかった》と喜んで下さった。お事多《ママ》い先生に私事を申しては……と思い乍らも、つい聞いて頂くと不思議にすうっと気が軽くなった。先生の日めくりの《重い荷物を持つ人に手をかしましょう、喜んで》を、先生は実行されていらしたのだ[31]」と。このように有言実行の人であったからこそ、最晩年の昭和三〇年に至っても、上代は高校三年生に向かって「役に立つ人となりましょう」と次のように説き勧めている。「あそこに先生がいらしゃった。沢山の重い荷物を持っていらっしゃる。早く走って行って、《先生それを持たせてください》と。又お家で夕食の支度をしていらっしゃるお母さんに、お母さん《私がお手伝いしましょう》と云う様に、色々と役立とうと云う事に、その心持を尽くしている時には、知らず知らずの内に色々の事にお手伝いが出来るのです。婦人として世の中の役に立たなければならない責任のあるあなた方、どうぞこの目標を実行してください[32]」と。つまり、常に周囲の人々の置かれている立場をこまやかに察知して、助けを求めていると思われる相手に対しては、誠意を尽くしてやさしい言葉と行為で接するよう努めよと訴えかけているのである。しかも、右の岡野氏がいみじくも指摘しているように、上代は実際に身を以てそれを実践しているのである。このような有言実行の根底にある淑の根本的信念は、恐らく次のように概括することが出来るであろう。すなわち、ピューリタン的エートスの中で人間形成をすすめてきた上代は、神からの絶対の「愛」を体験的に確信し、そのことへの限りない感謝として、ひとえに神の意志に適う生き方を選び、「神奉仕」に徹して生きることこそ、人間の務めでなければならないと考えていたのであろう。けれども、人間である以上、人は自らが受けた無量の恩寵を直接に神にお返しするわけにはゆかない。唯一許され得るのは、神が同じく愛し給う他の人々に対して報酬すること――これ以外に道はない。神への奉仕とは、現実的・具体的には隣人たちに対する愛の実践、すなわち他者への奉仕とならざるを得ない。他者、すなわち神の前での平等な「隣人」たちとの現実的交わりの中でのみ生を全うでき得る人間存在にあっては、「神奉仕」とは、専らなる他者奉仕を通じてのみ、すなわち己を一切捨てて隣人の益、他者の善のみを求めて生きる時、はじめて実現可能となるのである。

上代 淑にあっては、こうして神の愛への感謝は、ひっきょう他者への奉仕に収斂するのである。例えば『日めくり』にも「あなたの最善今すぐに……」（第二七日目）とあるように、また生徒の「お守り帳」にも、「善い事は思いついた時に早くせよ（善は急げ）[33]」と記入されているように、自己の置かれている状況がたとえ充分でなくとも、その時々の他者の苦境や求めを慧敏に察知し、それに即応する最善の助力を尽くすことが、実践上の要諦であると上代は考えていたのである。ある年の山陽高等女学校同窓会の新年会でも、自らのモットーを紹介しながら次のように説いている。「汝の能ふ総ての手段を以て　汝の能ふ総ての方法を以て

汝の居る総ての場に於て　汝の居る総ての時に於いて　汝の接する総ての人に對し　汝の能ふ最良を行ふ

べし[34]」と。その場にいた一幹事によれば、「先生の御心の底より湧きいづる御言葉、きくものをして感謝と一種の言い難い決心とを強からし[35]」めたと云う。上代の内面に厳として存在する強固な信念に感動し、自分ももてる力のすべて尽くして他者奉仕に努めようとの決意を改めて喚起させられている様子が、ここからは如実に感得できる。この専ら隣人のために奉仕するという上代のモットーが、起居を共にしていた寮生たちにどれ程着実に浸透していったかを物語るエピソードがある。かつての一寮生の思い出によればある厳寒の夜に、上代が自分の炬燵を寮生たちに貸し与えた時の話である。「火気のない凍る様な室に、どんなに嬉しかったでしょう。皆嬉しさに、はしゃぎ、口々に饒舌りつ、蹲って一様に、先生の愛情に手をかざしたのでありました[36]」と云う。この時、上代はおそらく一つしかない自分の炬燵を、あまりの寒さ故に生徒たちに差し出し、自らは寒さを耐え忍んだに違いない。生徒たちも十分、そのことを承知しており、寒さに震える自分たちへの温かな慮りとして差し出された上代の愛の行動を、日頃説き諭されている「他者への愛」「他者への奉仕」そのものとして、間違いなく受け止めたに違いない。こうした実践的示範の積み重ねこそが、生徒一人びとりに「愛」の何たるかを確実に体得させたであろうに違いない。ただ口先だけで説くのではなく、自らが説く隣人愛と他者奉仕を実際に実践してみせる上代校長の姿は、生徒の心に生涯忘れ難い刻印を残さずにおかなかったであろう。

こうした関連で、さらに若干の印象ぶかい事例を紹介しよう。卒業生の秋田鶴代は、遠く北海道で留岡幸助による例の「家庭学校」の教師として活躍していたが、一時岡山に帰省した折、校長留岡幸助が推薦者であった上代 淑あてに感謝をこめて書き綴った書簡には、次のような彼女の人物評が認められていた。「小作人によろしく　教職員によろしく　生徒によろしく　凡ての人々の憬仰する所となり　能く推挙を辱かしめ

さる次第　感謝に堪へさる事に候……秋田氏は将来神の女婢として有力なる働きをなさるべき方と　小生大に前途を嘱望いたし候[37]」と。この真率な讃辞からは、教え子たる秋田が上代の訓えどおり愛と奉仕の実践に徹し切っている様子が、ありありと見てとれる。同じように、上代から受けた愛の訓えを固く堅持し他者への奉仕を躬行していった例は他にも多々挙げ得る。かつて山陽高等女学校に勤務していた一教師は、創立四〇周年に際して次のように懐顧している。「お互いに随分克己の努力をして毎日過ごして來たものであるが、それがお互いにはまた　得も云われぬ満足と真剣味とがあって　各々が時來りて社會奉仕の仕事の与へらるる時に ready hand でその仕事を引き受けらるる準備にと　思つてして來たものであった。そして此の四十年間に次から次へとそうした思ひに充たされてはげみつつ　学びを了へて今は何千かの人たちが社會に出て　それぞれの奉仕のわざにはげみつつあると思へば有り難き事である[38]」と。これは、上代の訓えを忠実に守って生きた卒業生たちが、現に多数存在したことの証と見てよいであろう。この文中にある〝Ready hand〟とは、先述の生徒たちのお守り帳にも屢々出てくる、「他人様のお役にたつために用意されている手」という意味を、端的に示すための上代独得の言葉である。これは、『日めくり』第一七日目に見られる「〈から手であるな〉首をひねって手を働かせ」と同様、その時々に相手が何を求め、何を欲し願っているのかを鋭く洞察して、それに肌理細かく手を貸し力添えしてゆくことが、即ち「愛の実践」そのものであるとの教訓に外ならないのである。

上代はまた、隣人への愛と奉仕の実践的意味について、寮生のみならず広く通学生たちにも知らしめる機会を続けていることに注意しておきたい。一例を挙げれば、山陽高等女学校創立五〇周年記念事業の一環として、長島愛生園の少女たちの寮建設のため寄付が行われているが、同園は周知の通り、当時一般の人々からおそれられたハンセン病の患者たちが、時の政府の方針で隔離されていた場所であった。上代は、この愛生園にも自分の生徒たちと同じ年頃の少女たちがいることを知り、日頃から心を痛めていた。そのため、三年も以前から計画して、募金できた寄付金を携え、上代は有志の生徒や同窓生ら約一六〇名を率いて長島にわたり、手ずからこれを贈呈したのであった。この寄付に応じてくれた善意の人々に対する、上代からの礼状（葉書）には次のように記されている。「健やかな心身を享け　この世の働きを与えられて居る上に　尚この喜に逢った嬉しさ、全く《わが杯は溢るるなり》である。この喜の杯を　お気の毒な同胞にわかちたいと
　切なる大願をたてたのは三年前からであつた。天はこの願を賀されて　倍にして望をかなへられた。……
私達の愛の心が少しでも多く通じて　その淋しい朝夕をなぐさめるこの家としたい[39]」と。つまり、上代が心血を注いで築き上げてきた学校が、創立五〇年を迎える喜びを単に形式的に祝うのではなく、先ずは健康な心身を神から与えられ、この世で働く務めの場を与えられたことを心から感謝した上で、更にその喜びを自分たちの学校関係者だけの喜びとせず、神が与え給う多大の恩寵に対する感謝の表出として、より広い外の社会に向かってお返しをしようと発心したのであった。これこそ正に、隣人への愛、他者への奉仕でなくて何であろうか。その純真な志を深く理解したればこそ、多くの賛同者が上代に合力して、予定を倍する寄付金が集まったのであった。こうして、隣人愛に基く上代の純粋な行動は、それに参加した女学生たち一人ひとりの心をも深く動かしたのであった。「この日の慰問に参加して貴い感激を得たことに感謝しながら帰路についた[40]」とか、「私達の心も清められ感謝の念、同情の念によつて、少しでも神様の御心に近づいて行つただけでも　私達は幸福であった[41]」とか、口々にその素朴な感動を書き綴っている。

　なお、この長島愛生園への寄付は、『日めくり』第二六日目の「頼まれた事はより一尺向こうせよ、五十

糎先をせよ」という訓えの一環としても、大いに意義深いものと解釈できるであろう。というのも、そもそもこれは「人汝に一里を行く事を強いなば　汝共に二里を行け」という聖書の句[42]に由来する言葉であり、その真の意味について上代自身は次のように解説しているからである。「私はこの事を　五十センチ或いは一尺向うをする人になりなさい　と常々云って居ります。つまり　自分がなすべく与えられたその責任以上の事をするのであります。自分の事は後にして人の事を先に、自分がその為に苦労しても　人の幸福をはかる。……本校の精神は　実にこれでございます[43]」と。また同じ倫理的要請について、授業の中でも例えば、自らの「生葬礼（いきそうれい）」によって集めた香典を全て山陽高等女学校に寄贈してくれた中川横太郎[44]の奇特な例も挙げながら、次のように説き奨めている。「一尺向こうをする」とは、人から頼まれた事を、神からの呼びかけ、神からの請めと受け止めて心を尽くして奉仕することであり、「五十糎先をせよ」とは、「自分のなすべき仕事より　一寸手を伸ばして人様のお役に立ちましょう[45]」という意味である、と。つまり、相手が求める以上に多くの奉仕を行うよう心掛けよと要請しているのであり、そしてそれこそが、神によって義認される所以でもあると説いているのである。

以上のように見てくるならば、上代の『日めくり』を飾る様々な生活倫理的要請の言葉の根底には、そして彼女のあらゆる教育的活動の根幹には、神への愛と隣人への愛と奉仕が、常にアルファにしてオメガなるものとして、つまり「クリスチャン‐教師」淑の生を一貫する「原理」（Prinzip）として、厳然と存在していることは明瞭であろう。

第4節　淑の理想的女性像

『日めくり』第五日目には、「夜やすむ時『あすこそは』　朝起きる時『今日こそは』で　清く正しく、明るく強く、愛に元氣で過しましょう」とあるが、これと同様の趣旨は生徒たちが筆記した「お守り帳」にも、「今日こそ今度こそは　心の歩み方、向上の仕方[46]」と書かれており、日々の自らの行動に対する反省・吟味こそ、自己の人間的向上を約束する所以のものであるという上代の信念が、そこからは明瞭に読みとることが出来よう。日々の終わりに今日一日の反省に基づく「あすこそは」という意気込みが、朝になれば「今日こそは」といった決意を新たにすることが、日常の生活習慣や人生態度を形成し、倫理的性格陶冶を進めてゆく上で如何に有効な方法であるかを、彼女は実践的によく承知していたにちがいない。因みに、昭和一三年に入学した生徒の「お守り帳」には、こう記されている。「六月二三日　昨夜無事にお守りくださいまして有り難うございました。今日一日を清く、正しく、明るく、強く、愛に過ごさせてください。一、暗い夜中の神様のお守りを　心から一番感謝すること。二、清くとは　人を憎まず、妬まず、憤ほらず、人に誇らず、人の悪しきを思わず[47]、三、正しくとは　どこまでも正直に虚言を言わず絶對に正直。四、明るくとは何時も気持ちよく朗らかに嬉しそうにして。五、愛に過ごすとは、顔つきで、心持ちで、手で親切を盡くすこと[48]」と。このような一連の言葉を通じて見るならば、上代が理想とする女性の在り方・人間としての生き方を端的に示す言葉が、すなわち、この「清く、正しく、明るく、強く、愛に生きる」であると言えるであろう。朝な夕な隣人愛の実践に努めるべき自己の姿を内省・吟味し、これを以て「清く」あること、「正しく」生きること、「明るく」あること、「強く」生きることを、あくまで実践的課題として追求するよう、自己自身に対しても生徒や卒業生たちに対しても、つねに要求してやまなかったのである。

　上代はある同窓会支部会に出席した折、「幸福なるかな心の清き者、その人は神を見ん」という聖句を引きつつ、「神は、かく清くなれ、美しくなれと自然のすべてに常に示して下さっているのです。……つねにこころを清くし、誠実を盡くして生活してゆく時、やはり神を見ることが出来ます。神のみこころをしることが出来ます。かくあってこそ、私達はこの世に生をうけた甲斐のある人間、人のために、社会のために何かをなすことの出来る生涯が送りえられるのです(49)」と。すなわち、他者に対して決して憎まず、妬まず、憤らず、あるいは傲慢になったり、他者を疑ったりもせず、ただただ至純な隣人愛を堅持しつつ、あくまでも他者のため誠実に奉仕する時、必ずや神の真意を発見することができるというのである。彼女によれば、「心を清く美しくする」ための心得として、日頃から次の五つに留意すべきであると云う。「①よきもの　美しいものを見、又は読む事　②よきもの　美しいことを聞く事　③よきもの　美しいことを行ふ事　④よきもの　美しいことを言う事　⑤よきこと美しいことを考える事――こと《ママ》より心に光をそへることが出来ます。努めませう(50)」と。そして、「行き届いた親切は清い心、美しい心、優しい心からでるものです(51)」と説き諭している。つまり、ここでは「清く美しい」心術を獲得する実践的方法として、先ず「よきもの　美しきもの」、すなわち「善美なるもの」に眼も心も開いて直接触れ感動し、次いでそれを見倣って自らも行い、かつ言葉でも表現するよう心掛け、その後に更めて「善美」について熟考し直すという、極めてダイナミックな内的過程を推奨している。しかも、行き届いた「親切」、つまり徹底した他者奉仕は、挙げてこの「清く美しく優しい心」から由来するものとの基本的信念も明確に表明されている。たえず善美に思いを致しつつ実践的にもこれを行ずる誠心誠意の姿勢を堅持する時、人は自ずと善美の心術を獲得することができ、その結果、我欲を持たず自利から離れ、神の御心のまま専ら他者の善のために尽すことが、直ちに自己の喜びでもあるようになり得る。そうした心の在り様からは、一切の憎しみも妬みも恨みも生まれはしない。また、自己自身の幸福や成功が決して己れの力によるものでないことも深く識っているが故に、神に感謝しこそすれ、決して他人に誇るような傲慢は持ち合わせないのである。このような、「清い心・美しい心・優しい心」の持ち主こそが、すなわち「善美」の心術に依って絶えず「善美」に生きようと努める人こそが、上代の理想とする人間であったと云ってよかろう。この点を改めて確認するため、いま一度『日めくり』の第一日目の言葉に立ち還って考察を進めよう。

『日めくり』第一日目の言葉は、「美しい日は美しい月を、美しい月は美しい年を、美しい年は美しい生涯を」である。この一見簡単な言葉を解釈するに当たって、まず、上代がある同窓会支部会に出向いたさい持参したプリント[52]を見てみよう。そこには、初めに英文で〝A beautiful day makes a beautiful month. A beautiful month makes a beautiful year. A beautiful year makes a beautiful life. A beautiful life is the fruit of beautiful days.〟と書かれ、次いで日本語で「美しい日々は美しい月をなし　その美しい日によって作られた美しい月は美しい年を作り　更にそれらは美しい生涯を作る　美しい生涯は美しい日々の成果である」と綴られている。他方、生徒たちが各自に上代の言葉を書きとめた「お守り帳」を参考に見てみると、そこには「美しい生涯」についての説明として、「他人の幸福のために生きるのが美しい生涯です[53]」と書き込まれている。これを裏付けるように、上代直筆の備忘帳には、先の英文に続いて〝A life of service is the most beautiful life.〟[54]とある。つまり、他者への奉仕に生きる一日一日の積み重ねこそ、結果的に「善美なる人生」（a beautiful life）を形づくると諭しているのであって、これは、まさに『日めくり』の冒頭にふさわしい言葉と云うべきであろう。そうしてみれば、「どういう基準かはわからないが、上代先生が最終的に配列をきざみ直されました」という先の吉田氏の証言の意味も自ずと浮かび上がってくるであろう。つまり、この冒頭句は、上代が熟考を重ねた末に最も大切な文言として最初に位置づけられたものに違いない。

因みに、上代がMount Holyoke College卒業後一〇年を経た明治四〇年に、同窓会からの資金援助を得て欧米教育の視察旅行に出かけるさい、歓送の答辞として次の言葉を残して出発している。「たゞBeautiful days make beautiful years, beautiful years make a beautiful life. 之です。美しい日は、美しい年を作り、美しい年は、美しい生涯を作る。この言葉を以てお別れの言葉といたします……一日の務めをおこたらずになさったならば、終りには美しい生涯を立派に送ることが出來ます。ですから、皆様も美しい生涯を送るやうに、互いにいたしませう」[55]と。資料的にはこれが初見であるが、無論それ以前にも語られていた可能性は十分ある。けれどもこれ以後は、数々のお守り帳や同窓会での集まり等で、この言葉は実に幾度となく繰り返し記録されている。先の赤木美恵子氏も、当時の明瞭な記憶に基づいて次のように書き記している。「……先生は一日一日が大切であることを教えてくださいました。だれもが〈小さい事の日をいやしめた者は云々（ゼカリヤ四・一〇）〉から出たこの歌を、習ったのですが、それは英語で歌いました。上代先生のお声はうっとりする様にきれいなお声でした。なつかしい思い出です」と。この証言どおりに、晩年の上代の備忘帳に、この歌の英文歌詞一、二番と日本語の歌詞とが書き残されている。[56]旧約聖書ゼカリヤ書四章一〇節の冒頭は、「誰が初めのささやかな日をさげすむのか」という言葉で始まるが、『日めくり』の最初のページを上代が上記の言葉で書き起こした際に、この旧約の故事が胸の裡深く宿されていたと考えるのはごく自然であろう。

というのも、この第一日目の言葉には、上代自身をも含めて、あらゆる人間に対する教訓のエッセンスがすべて凝集されているように思われるからである。上代のいう「美しい一日」とは、先述の欧米教育視察への旅立ちの際の答辞にもあったように、自分の「一日の務めをおこたらず」に果たす時、すなわち、神への義務として他者への善を日々果たす時、たとえそれが如何に些細な事であっても、それ自体すでに「善美なる」価値を担うという意味で、「美しい一日」(a beautiful day)なのである。しかも、上代の別の(昭和二九年)メモ帳には、この第一日目の言葉のあとに「何事も足手よりです」と追記されている。つまり、一日一日の小さな務めを、自分の四肢を使って行うことが最も肝要だと考えていたのである。彼女は既に、少女期の梅花女学校在学当時から、親しく接した米国婦人宣教師たちが、文字通り身体的労苦を厭わず他者のための奉仕を日々懸命に果たしていたのを眼のあたりにしていた。また、留学中に出会った名も無い婦人たちの敬虔なクリスチャンとしての暮らしぶりも、全く同様であったことを彼女は具さに見識っていた。[57] 留学中の淑を心身両面で支えてくれた市井の人リー夫人に、先の欧米視察旅行の途次彼女は再会を果たしたが、その時の英文日記には次のように綴られている。「でも、彼女が昔よりずっと躯が弱っておられるのに気づき、とても悲しく思いました。……けれども、彼女の心は挙げて伝道の活動にあり、したがって彼女の心と気持は、常に伝道団のことで一杯です。彼女は私に、その仕事を二〇年以上も続けていると話してくれました。何とすばらしい事、何と驚くべき事ではないでしょうか。彼女は本当にすばらしい、驚くべき婦人(a wonderful woman)です」[58] と。また、同じ時現地から学校あてに書き送った書簡では、リー夫人の同居している妹についての感想が語られている。「ミセス　クーリーは少し病気ですが、非常にい丶方です、餘程つ《マ》んぼですから、大きな声ではなしをせねばは《ママ》かりませんのです、しかし自分の事はわすれてしまって、いつも人の事ばかりにい、事をしておいでゞす、實にビューチフルレデーです[59]」と。まさに神への義務を果たす喜びとして、他者への奉仕に撓まず生きている人々こそが、上代にとっては、"a wonderful woman"であり"beautiful lady"であったのである。

そうであればこそ、「神から与えられた命を大切にして、他者の幸福の為に一日一日を懸命に生きることをお互いにいたしましょう」と呼びかけつつ、淑自身もまた日々の務めを必死で果たしていたのに違いない。彼女はそのような自己確信に立って、「人は何のために生きているのでしょうか？」と絶えず生徒たちに問いかけつつ、「人を喜ばす為に生きましょう。これが人間の一番尊い生き方です[60]」と諭し、「奉仕の生活こそは最も美しい生活」（Life of service is the most beautiful life.[61]）であり、そうした意味での「美しい日々の積み重ねこそ、自ずと美しい生涯として実る」（A beautiful life is the fruit of beautiful days.）と説いてやまなかったのである。

さて、この神と同胞とに対する日々の務めを怠りなく果たしてゆくには、どうしても「克己」「忍耐」「献身」が不可欠であることは云うまでもない。じじつ、この『日めくり』の他の言葉の中には右の三つの美徳と直接関わるものが数多く認められる。また現在の上代 淑記念館に、自筆のカードが展示されているが、そこには「忍耐、克己、献身」という日本語の三文字に加え、"Patience, Abnegation of self, Devotion to others."という『エヴァンジェリン』の原典からの引用が併せ認められている。一日一日を忍耐と自己滅却と献身とを以て着実に歩む以外に、上述のごとき人間としての二重の義務を果たす道はあり得ないことを、恐らく上代はキリスト者としての体験と学習から悟っていたに違いない。じっさい彼女は、修身や道徳の時間だけでなく英語の時間にも、そうした倫理的特性を具えた人物像をモデルとして生徒たちに示そうと心掛けていた。英語の教材に、かの名作『エヴァンジェリン』（一八四七）を選んでいるが、この女性像も、彼女がかつて梅花女学校時代に愛読したナイティンゲールやメアリー・ライオンなどと同じ様に、一言で云えば正に『日めくり』第一日目の言葉通り、「美しい生涯」（a beautiful life）を全うした人と云ってよい。

周知のとおり、アメリカ文学史上著名なロングフェロウ（H.W.Longfellow,1807-82）のベストセラーの女主人公エヴァンジェリン（Evangeline）は、婚礼の前日に、突如として愛する婚約者が敵国の捕虜として連行されてしまうところから始まる悲恋物語であるが、彼女はこの別れ別れになった恋人ガブリエルを探す長く苛酷な旅にでる。そして行く先々での苦難に耐えながらも、決して世の誘惑に心を惑わすことなく、専ら神の愛の代行者として人々のために様々の善を行いながら、純粋かつ強く生き抜くのである。そして、幾多の艱難に耐え忍ぶことを通じて、実に信仰深く慈愛あふれる女性へと人間的成熟を遂げてゆくのである。この純愛物語は、日本でも逸早く巌本善治によって『女学雑誌』にその訳が掲載され、当時のインテリ女性層の憧れの理想像となった。しかしこの物語の本質的特徴は、まさにキリスト者としての女性の純粋かつ強靱な生きざまが活写されている点にあり、それゆえにこそ上代はこれを、ナショナルリーダー第四巻まで修めた最高学年の女学生たちに教材として与えたのであった。その授業ぶりについて卒業生の一人は、「あたかも作中の人物が眼前に彷彿として姿を現わしたような真に迫る名訳であったことを、三十数年を経た今日でも尚、忘れることができない(62)」と語っている。このように感動こめて語っているのは、後に岡山大学で英語の教鞭をとる身になった人物であるが、「先生に英語を教えて頂いていたことを、どんなに誇り高く思っていたことか。英語の御授業を通して私達は、単に先生の美しい発音や、流暢な訳し方だけなく、先生の学識の深さ、豊かさに全く魅了されて了った(63)」と、恩師上代 淑を偲ぶ文中に記している。その他テニスン（A.Tennyson,

1809-92）の名作 *Enock Arden*（1864）も、上代によって教材に選ばれたことがあったが、「上代先生はイノック・アーデンよりエバンジェリンの方が、お好きであることはいうまでもないことです[64]」と別の卒業生が証言しているように、上代にとってエヴァンジェリンは、やはり特別な理想の女性像であったといえるであろう。先の「真に迫る名訳」とは、上代自身がエヴァンジェリンの生き方のなかに、正しく自己の理想とする人間像を見出し、それを社会に出る直前の若い娘たちに活きたモデルとして示そうとした、その「クリスチャン・教師」としての烈々たる信念と情熱とが生み出した当然の帰結だったに違いあるまい。

　こうして、ある年の卒業式における誨告では、社会に巣立ちゆく若き魂たちに向かって、次のような訴えかけが見られる。「今日を境として世の中に進出して行こうとして居る皆さん　まづ、世の中を渡つて行くことはむつかしいものであるといふ事を念頭に置いてください。今迄の様に平坦な道ではございません。石が横たわつています。刺も出て居ります。時には落とし穴さへもまつて居ります。これらにうちかつて最後のゴールに入るまでには　どれだけの艱難をへなければならぬかもしれません[65]」と。そして、続けて上代は言う、「實に美しい、清い、尊いエヴアンゼリンの生涯があなた方の生涯の指針になることと思います。エヴアンゼリンの生涯は實に忍耐でございました。克己でございました。献身の美しさでございました。どうぞあなた方もすべてに忍び、己にも克ち、我がままをすて、人のため、社会のため、お国のために進んで下さい。かくして勝利の一生をえてください[66]」と。ここで彼女は、卒業生一人ひとりの将来に待ちうけているであろう種々の困難に想いを馳せ、人間として日々の務めを果たす際の苦難を指摘した上で、さらにそれらを試練として受けとめ、辛抱・忍耐を重ねた上で克服した時、はじめて人間的叡智が具わり、自ずと人間的成熟がもたらされる所以について、「忍耐と克己と献身」の典型としてエヴァンジェリンを引き合いに出しながら、力をこめて説いていたのである。

以上のような全体的連関の中で、『日めくり』第一日目の「美しい日は美しい月を、美しい月は美しい年を、美しい年は美しい生涯を」という言葉を改めて顧みるとき、そこには上代の理想とする女性の生き方が、すべて集約的に表現されているのを知るのである。では、そのような上代の教育理想の反映に外ならぬ『日めくり』は、生徒ひとりひとりの人間形成にとってどのような意味を持つものだったのであろうか。その点に焦点づけて一言論及しておこう。

第5節　『日めくり』の人間形成的意味

上代 淑の『日めくり』が世に出された昭和二九年は、戦後とは言えまだ生活物資も必ずしも豊富とはいえず、誰もが、戦争によって受けた様々な傷跡から地道に自らの生活を立て直しつつあった頃といえる。そうした物質的にも精神的にも逼迫した日々の生活のなかで、上代の教え子たちが、それぞれ自宅の壁に掛けておいた『日めくり』に目をやった途端、心に蘇るのは若き日の自分の純粋な姿であり、同時に恩師上代の全身全霊を傾注して語ってくれた「訓え」であったであろう。日常生活の細々した煩雑な必要事の連続を一瞬超え出て、かつて多感な少女であった頃心に深く刻みつつ「お守り帳」として書き留めた上代の訓えが、その息づかいや温かな眼差しや表情と共に、まざまざと蘇るのである。純真な少女にもどった彼女たちは、恩師上代が自分たちに何を求め、何を期待し、何を願っていてくれたのかを、その瞬間あらためてはっきりと再確認するのである。そして同時に、自分自身がその当時抱いていた夢や理想も切実に思い出すのである。

『日めくり』を目にすることで一瞬、日常性を超え出ることによって、まさにボルノウの謂う「非連続の教育」（unstetige Pädagogik）としての「訴えかける教育」（appelierende Pädagogik）が成立する可能性が開けるのである。すなわち、日常の必要に基づく連続的な生活過程を、一瞬つき破る形で時間と空間を超え出て、かつて心からの尊敬の念で仰ぎ見た恩師の肉声が蘇えり、その期待や要請や願望を実際に躬行できているかどうかを、あらためて自己に問うこととなる。そうしてみれば、目をやった瞬間に始まる自己吟味・自己省察こそが、上代の『日めくり』に込められた最大・最高の眼目ではなかっただろうか。こうした連関において見直すならば、卒業後のかつての生徒たちの再教育ないし継続教育の場と機会を与えるために、同窓会組織の活性化を目指した上代自身が積極的に各地の支部へ出向いたことや(67)、あるいは同窓会主催の修養会を開催して、人間としての撓まざる自己成長・自己成熟の機会を提供しようと企図したこと等にも(68)、実は『日めくり』と本質的に同様の趣旨と信念が一貫して認められるのである。人間としての自己教育・自己修養の必要性を繰り返し説いた上代の願いどおり、いつでも身近に置いてある『日めくり』は、卒業生たちの絶えざる自己啓発・自己成長を促す実践的契機となり得たのである。これこそ、上代の『日めくり』が持つ本質的に教育的な意味であると云ってよかろう。

ところで、この『日めくり』は、もとをただせば、アメリカ精神文化の祖と称されるベンジャミン・フランクリン（B. Franklin,1706-90）が、かつて自己の人生訓・生活訓を書き添えて自ら印刷・販売した農事暦、『貧しいリチャードの暦』（*Poor Richard's Almanack*, 1732 - 57）にまで遡ると考えられる。彼は『自伝』のなかで、次のように述べている。「近隣には暦が広くよまれていて、暦の無い地方はほとんどないということを知って、私は〈暦が、本をほとんど一冊も買わないような庶民の中に知識を伝える手段になる〉と考えました。そこで私は、暦の中のほんの少しの余白も、全部、ことわざ風の文句――主として勤勉と倹約とが富を手に入れ、徳を獲得する手段となるといった趣旨の――で満たしました[69]」と。つまり、日頃まとまった本など読む余裕のない農民たちに対して、農事に関する知識と共に生活倫理を自然に身につけさせる啓蒙的手段として暦を活用したのである。

上代の残した蔵書のなかには無論フランクリンの自伝もあり、彼女が高名な『貧しいリチャードの暦』を人々の徳性啓培上きわめて有用な一モデルとして意識していたであろうことは想像に難くない。しかし更に直接的影響としては、このフランクリン以来の暦の流れをくむ『メアリー・ライオン年鑑』（*The Mary Lyon Year Book*）が重要であろう。というのも、これはマウント・ホリヨーク校の学生達に対する日々の行動指針として編まれ、毎日、聖書からの一節と共に、他の傑出したクリスチャンの格言やライオン自身の言葉も添えられた年鑑だったからである。現存のものは、ライオン自身の出版になるものではなく、ちょうど上代がMount Holyoke College留学中の一八九五年に、当時の学長E.S.Meadが巻頭の言葉を付して発刊したものである。これを、上代が発刊の翌年九六年のクリスマスに入手にし、以後大切に日本に持ち帰り、後々まで常に座右の銘としていたことは、現在上代 淑記念館に保管されている現物の傷み具合から見ても、明らかに推察できるところである[70]。こうして、『貧しいリチャードの暦』の場合は月ごとの一年間、そして『メアリー・ライオン年鑑』の場合は毎日の一年間といった形式上の違いはあるものの、フランクリン以来の人生訓カレンダーの伝統を十分に踏まえた上で、上代が日頃書物を繙く暇の少ない女性たちに対して、基本的にピューリタン的エートスに基づく『日めくり』を提供し、絶えず自己の生活を倫理的に省みる機縁を与えることで生涯に亙る自己の人間的成熟を進めさせようと意図していたことは、ほぼ間違いなく推定できるのではないだろうか。人生の最終盤になってもなお、上代 淑は自らの人生観の結晶とも云うべき『日めくり』によって、手塩にかけてきた卒業生たちに生涯わたる自己陶冶・自己修養の具体的機縁と方針を与えようとしたのである。

第６節　「上代教育」の理念と指導原理

上代が最晩年に遺した『日めくり』は、以上に見たように、もともと彼女自身が戦前・戦中は修身科で、また戦後は社会科のなかで長年にわたり、生徒一人ひとりの生涯の「お守り」たらんと祈念しつつ、平易な言葉と身近な具体例をあげて説き諭して来た日常の生活訓ないし倫理規範の集大成とも云うべきものであった。そこには神の愛への感謝と応答としての「隣人愛」を根本動機とする徹底的な他者奉仕というピューリタン的エートスが、夫々に凝縮された短文に余すところなく表現されていた。換言すれば、「隣人愛」ないし「他者奉仕」に関する最も純粋な言行の一致、あるいは思想と実践との合致が、力強く要請されていた。つまり、これこそが上代 淑の究極の教育理念であったことは明白である。

けだし、彼女の人間形成の跡を顧みれば、それは至極当然の帰結であったであろう。少女期の淑は、自給主義のキリスト教主義女学校として創設された梅花女学校の寄宿舎において、質素倹約に努めて慎ましく暮らす婦人宣教師たちの生活ぶりを目の当たりにしながら成長したのであった。神から与えられたすべてに感謝し、それらを大切に活用することに徹し切っていた彼女たちが、他者の幸福のため絶えず忍耐と感謝と祈りの生活をし、「他者の幸福のために生きよ」と絶えず語りかつ実践していたとおりに、一〇代前半の上代自身も「望みて喜び、悩みにたえ、祈りを恒に」する生活を身につけたのであった。さらに、若き日の教師成瀬仁蔵や澤山保羅をはじめ、澤山亡き後校長となった宮川経輝など、敬虔この上もないクリスチャンたちによる無私の献身と他者への奉仕ぶりは、「自らを愛するように、汝の隣人を愛する」理想の教師の姿として、そのまま若い淑の内面に受け容れられたのであった。加えて、四年間に及ぶ米国留学で体験した Mount Holyoke College の教師たちや、毎夏休暇を過ごしたカナンディグワ村の名も無き敬虔なピューリタンたちによる日常的な隣人愛の実践ぶりも、淑の内面に隣人愛・他者奉仕を徹底的に定着させずには措かなかった。また、岡山で共に同僚として働いた大西 絹や婦人宣教師マクレナンをはじめ、更には岡山博愛会の創始者アダムスやペティ、ケアリー、オールズ等々のアメリカン・ボード宣教師のみならず、安部磯雄、石井十次、炭谷小梅、中川横太郎、林 源十郎、大原孫三郎・總一郎親子、星島義兵衛・二郎兄弟たちが、身近でくり展げたキリスト教信仰を基盤とする各種各様の他者奉仕も、淑の信念をより一層強固なものにしていったに違いない。(71) 若き日の淑が人間形成過程で出会った多くの日米キリスト者たちと彼女との本質的共通点は、要するに神への感謝と隣人への愛を、自らの身体を用いて現実の世界において実践的に行ずることであったといってよい。このことは、『日めくり』における倫理規範にそのまま反映されている通りに、彼女自身が敬虔で慎ましい暮らしぶりの中で絶えずそれを実践的に検証しつつ、同時に生徒たちにも常に諭しかつ示範し続けた事実が、何にもまして如実に物語っているであろう。

ところで、あらゆる道徳的な教育が成り立つための基本的な前提条件として、日常の折ふしに、最も親しい母親をはじめ身近かな大人たちから与えられる「示範」(example; Beispiel)の積み重ねが、いかに決定的に重要であるかは断るまでもない。従来の教育学では、こうした日常的な交わりを通じて行われる無意図的な人間形成と、明確な教育的目標をもって行われる狭義の「教育」とは截然と区別して考えられてきた。[72] けれども、概念上・原理上の区別はさておき、現実に長い長い人類史を通じて、人々はそれぞれの生活習慣・態度・行動規範・価値観などを、日常生活の必然的な交わりの中で子どもたちに着実に承け伝えてきたのは確かな事実である。そして実はこれこそが、人間形成上最も本質的な部分として最勝義の教育でなければならない。このことを、上代は自らの若き日からの諸々の被教育体験を通じて、確実かつ切実に確認していたに違いない。しかも翻って、それを自らの意図的教育実践の根幹に自覚的に据えていたことは如上の通りである。ここでは、端的な証左を一つだけ挙げておこう。彼女が昭和一三、一四年ごろ使用していた備忘帳の一部に、教師たるべき者の心得として、大略次のようなメモ書きが遺されている。教師は「生徒にとりては生き神様」のごとき存在ゆえ、つまり全き信頼と尊敬の対象である故に、常に「生きたる模範」を示せ、そして「これがためには日夜の修養」が肝要である、と。

当時は大変珍しかった洋行帰りの女性教師上代は、正に生徒たちの憧れの的であったが、その上代淑の生きざまの具体的一駒々々を眼のあたりにして、生徒たちが自ずと勤勉・真摯・誠実・忍耐・献身・奉仕・思い遣り等々の美徳を自らの内にも根づかせていったに違いない。尊敬し信頼する魅力あふれる身近な人物が、身を以て示す模範を自発的に「なぞり」「まね」「見倣い」「まねぶ」ことこそ、人間形成としての教育の最も基本に外ならない。というのも、被教育者における全面的な信頼は、やがて世界に対する開かれた姿勢へと展開するからであり、[73] しかも同時にそれは、旺盛な向上・学習意欲の源泉ともなるからである。学寮で自分たちと起居を共にしながら、さらに授業時間や放課後等々でも間近に仰ぎ見る上代の姿は、時々刻々、意識的にも無意識のうちにも、女学生たちの人格的成長に決定的影響を及ぼしたのであった。けだし、人間は文字通り「人‐間《じんかん》」的存在として、人間関係の中で自らが信じ憧れ、賛仰する具体的モデルに「まなび、倣って」、同様の人格的高みへと自らも向上してゆこうとする志向性を宿しているからである。そうした「一路向上、ないし向上への努力」(excelsior)[74]という人間存在の本質に関する深い洞察と識見に基づき、上代は意図的に様々な率先垂範を行ったのであったが、それらが多感な思春期にあった女学生たちにとって、人間形成上どれほど貴重この上もないものであったかは推して知るべきものがあろう。次の一卒業生による言葉は、それを実に端的に物語っている。「愛と真実のつくせる人間にならなければならぬ事を、この時代に先生御自身の在り方(傍点筆者)を通して、生きた教訓をいただけましたことは、生涯を通じ何よりも有難い事であったと考えて居ります[75]」。

このように、実際の生活場面での具体的行動としての示範を通じて、生徒一人ひとりの胸裡に「思い遣り」や「愛の種」を確実に植え込んでいったのである。けれども、上代は単に率先垂範しただけではなかった。自らのキリスト者としての信念に基づく人間ならではの善や美徳や価値について、あらゆる機会を捉えて不断に説き諭し、言葉を以て熱心に語り訴えたのでもあった。その感動的な語りぶりは、常に「気取らず、高ぶらず、岡山弁で極平易で、しかも意味深く　聞いて居る者が心から感じ入り、明日からは自分もそうあり度い、と思うように」させてしまう程の迫力があった、と謳われている[76]。要するに上代は、隣人愛と他者奉仕の実践を目指す教育を実現するため、その主たる方法原理として「示範」と「訴えかけ」とを謂わば車の両輪のごとくに活用した、と云ってよいであろう。つまり、「示範の教育」と「訴える教育」との相即こそ、上代教育の最も大きな方法的特徴なのである。そしてそれは、本質的には、特にピューリタンにおいて顕著な「信仰と行動との合致」ないし「言行一致」の理念の、教育指導上への必然的反映に外ならないものでもあると解せられましょう。

註

（１）『山陽学園新聞』第三四号の記事「上代先生の日めくり完成」、昭和二九年一〇月一五日。なお、赤木美恵子『恩師上代 淑先生』、一九八八年、五頁参照。

（２）『よいこのかるた』は、子どもの教育のためと、学校復興の一助にもと、昭和二四年に上代の意志で世に出されたものである。（上代 淑より杉野宛書簡、昭和二四年八月二一日付を参照。なお二四日消印との上代延世氏のメモあり。又この書簡は、太田健一、永谷美樹恵著「故上代 淑先生の書簡の紹介――昭和一九年〜昭和二四年を中心に――」（『上代 淑研究 第三巻』山陽学園大学国際文化学部比較文化学科、一九九八年、九九―一〇〇頁）にも紹介されている。

上代 淑記念館発行の「上代 淑先生年譜」によれば、カルタは昭和二七年発行となっているが、実際には、それよりも三年早く出されていることになる。『よいこのかるた』の箱の表紙には、「上代 淑・文、吉田 豊・え」とあるが、故吉田 豊氏は昭和五年から昭和五二年まで、山陽学園の美術科教師として奉職された人物で、上代の信任が篤かった。同氏によれば、土曜や日曜日に印刷屋に出向き、このカルタの絵を鉛板に直接堅い筆で描いたもので、初版は三万、再版も三万部であったという。このカルタは、約一〇年間にわたって販売し続けられ、原価は七〇円だったので収益は復興のために大いに役立ったこと、そして、最初の纏まった利益がでた際には、講堂の椅子五〇脚が購入されたこと等々を、九五歳の同氏は実に鮮明な記憶に基づいて、筆者に実にいきいきと語ってくれた。（二〇〇〇年七月一三日、岡山市吉備津の吉田邸における談話。この面談は、元山陽女子高等学校教頭、近井先生と上代 淑の教え子の今田氏とのご尽力により実現したものである。快く筆者のインタービューに応じてくださった故吉田 豊氏、ならびに故近井弘昭氏、今田 恵氏に、この紙面を借りて衷心より御礼申しあげる次第である）

（3）二〇〇〇年六月二一日の電話による談話、および二〇〇〇年七月一三日の上記談話による。

（4）上掲『恩師　上代 淑先生』、一一〇─一一一頁。

（5）故赤木美恵子氏が、二〇〇〇年七月一九日付で筆者に送付してくださった「遺訓書き」と題された原稿〈自分史講座〉に提出されたものの由）。また、同氏は二〇〇〇年秋に『上代 淑先生遺訓　日々のおしえ』と題して、「お守り帖の塊である」日めくりの第一日目から第三一日目までを、ご自身の記憶と昭和一九年の「お守り帳」から写し取ったものとによって復原し、さらに恩師上代の講話をも挿入した形で一本にまとめ上げておられる。ただし、同氏が用いた「日めくり」は、淑の後継者上代晧三氏が後に時代にあうよう書き改められた『上代 淑先生遺訓　日々のおしえ』の一日から三一日目までの言葉である。これは「山陽学園短期大学同窓会」の発刊になるものであり、筆者が考察に当たって用いた上代 淑自身の作成した『日々の思い出』と、文言上に多少の異同があることを注意しておきたい。なお、上記の『上代 淑先生遺訓　日々のおしえ』は、赤木氏ご逝去後、山陽学園同窓会によって『私の中の日々のおしえ』と題され、二〇〇三年一〇月一日に再発行されている。

（6）堀 以曽編『上代先生を語る』、山陽学園同窓会、昭和三一年、一一九頁。

（7）同上書、一一六頁。
（8）同上書、六七頁。
（9）同上書、七四―七五頁。
（10）上掲『恩師上代 淑先生』、五頁。（赤木美恵子氏が昭和元年四月一〇日に山陽高等女学校に入学の折、式場の講堂壇上に掲げられていた言葉）
（11）上掲『山陽学園新聞』、一頁。
（12）一九九五年に山陽学園大学の上代 淑研究会から発刊された「『上代 淑研究』資料仮目録」には、この上代の作成した『日々の思い出』は、不思議にもリストに掲載されていない。また、同大学の『上代 淑研究』創刊号には、「《みさお》変遷史と上代 淑――〈語られた人々〉と〈受け継がれる精神〉――」と題された労作が収められているけれども、その中で触れられている『上代 淑先生遺訓　日々のおしえ』は、すでに註５でも指摘したように、上代 淑自身が作成した『日々の思い出』とは、多少文言が異なっている点は注意されてよい。
（13）本書、第１章第６節、註38参照。Cf. Mount Holyoke College , *Annual of Mount Holyoke College in South Hadley, Mass., 1893-1894*, p.20.
（14）上代 淑「物のいのちを長く」、『山陽学園新聞』第三六号、昭和三〇年三月一〇日、一頁。
（15）『上代 淑先生訓話集』、山陽学園、昭和三二年、一一八頁。
（16）昭和一九年入学生、露無露子氏の「お守り帳」。
（17）上掲『恩師　上代 淑』、一九八八年、一九頁。

（18）昭和一八年入学　後藤泰子（須々木）氏の「お守り帳」、昭和一九年一月二七日記述。
（19）昭和一三年入学　矢尾トシ子氏の「お守り帳」、昭和一四年二月一六日記述。
（20）昭和一五年入学　太田百合子氏の「お守り帳」、昭和一八年二月五日記述。
（21）上掲、露無露子氏の「お守り帳」。
（22）上掲『上代 淑先生訓話集』一一八頁。
（23）同上書、六五頁。
（24）上掲、露無露子氏の「お守り帳」。
（25）上掲、矢尾トシ子氏の「お守り帳」、昭和一三年一〇月二七日記述。
（26）上掲『上代先生を語る』、四三頁。
（27）同上書、九〇頁。
（28）上掲、太田百合子氏の「お守り帳」、昭和一五年一〇月四日記述。
（29）上掲『上代 淑先生訓話集』七六頁。
（30）山陽高等女學校同窓会『みさを』第八三号、昭和六年、一頁。
（31）『みさお　特集母校本館建設上代先生を偲ぶ』、会報七号、山陽学園同窓会、昭和三五年、一〇三頁。
（32）上掲『上代 淑先生訓話集』一一〇―一一一頁。
（33）上掲、露無露子氏の「お守り帳」。
（34）山陽高等女学校行餘会『みさを』第六二号、大正六年、七九頁。なお、この標語は、同頁において英語でも次のように表現されている。"Do good " / Do all the good you can, / Do all the means you can, / In all

the ways you can,/ In all the places you can, / At all the times you can, / To all the people you can, / As long as ever you can.

(35) 同上書、七九頁。

(36) 上掲『上代先生を語る』五七頁。

(37) 山陽高等女学校同窓会『みさを』第二号外、大正一二年、一四頁。

(38) 山陽高等女学校行餘会『みさを　続創立四十周年記念号』第七六号、昭和二年、三二頁。

(39) 山陽高等女学校同窓会『みさを　創立五十周年記念』第九三号、昭和一二年、六七頁。

(40) 同上書、七二頁。

(41) 同上書、七五頁。

(42) この聖書の箇所は、上掲　露無露子氏の「お守り帳」にも、明確に出典を「聖書」と記されている。

(43) 上掲『上代 淑先生訓話集』三四頁。

(44) 太田健一「中川横太郎の演説〈支離滅裂〉の紹介――明治三一年〈生葬礼〉の背景――」、『上代 淑研究』創刊号、山陽学園大学国際文化学部比較文化学科、一九九六年参照。『山陽学園九十年史』、昭和五四年、三九頁参照。上代 淑研究会『「上代 淑研究」資料仮目録』山陽学園大学、一九九五年、三三頁参照。

(45) 上掲、露無露子氏の「お守り帳」。

(46) 上掲、太田百合子氏の「お守り帳」、昭和一六年一〇月二二日の記述。

(47) 因みに、「日めくり」第一一日目の文言は、「清い心の持ち主は、人を憎まず　ねたまず　人に誇らず　たかぶらず」である。

(48) 上掲、矢尾トシ子氏の「お守り帳」、昭和一三年六月二三日の記述。
(49) 上代淑「心の清きもの」、山陽学園同窓会『みさお』第二号、昭和二九年四月二七日、一頁。
(50) 上掲、矢尾トシ子氏の「お守り帳」、昭和一四年九月二九日記述。
(51) 同上、昭和一四年四月二一日記述。
(52) 上代淑記念館所蔵、藁半紙プリント。これは、晩年上代の視力が緑内障で悪化したため、身近な人々が上代の命に従って代筆したものと思われる。淑の養子晧三氏の次男で孫に当たる上代淑人氏は、昭和二四年当時、上代の授業の下準備や同窓会に持参するプリントの用意を手伝ったことを、想い出として筆者に語っておられる。
(53) 上掲、後藤泰子の「お守り帳」。
(54) 上代淑記念館所蔵、上代淑自筆の手帳、記入年月日不明。
(55) 山陽高等女学校行餘会『みさを』第三五回、明治四〇年七月一五日発行、二八―二九頁。
(56) 上代淑記念館展示ケース内の手帳。明確な記入年月は不明であるが、その記載内容から推して、昭和二二―二四年頃と思われる。この「ゼカリヤ四の一〇」に由来する淑自筆の讃美歌は、次の通りである。
「一、ささやかなる　しずくすら／　ながれゆけば　海となる／二、こまやかなる　まさごすら／　つもりぬれば　山となる／三、あだにすごす　つかのまも／　わがいのちの　一節なり／四、かりそめなる　あやまちも／　ほろびにいる　門ぞかし／五、あいのちさき　わざすらも／　地をば神の　国となさん」。つまり、この歌の趣旨は次のように纏められるであろう。一滴一滴の水がやがて海となり、小さな砂粒が積もって山となるという譬えのように、小さなことの積み重ねがやがて大きな成果を生む。また、ほんの一時も人生の一部分に他ならない。したがって、ほんの小さな過ちが人生を台無しにすることもあるし、小さな愛に基づく些細な行為も積み重ねられれば、やがてこの世を神の国ともなすほど大きな力をもっている。――ここにも、上代の日頃からの教訓が端的に表現されている。さらに昭和四年の上代のメモ帳にも、「私達の生涯の毎日毎日を　その日が最後の日であると思って最善を尽くせ　勉強でも行為でも」と記されている。また、英文メモにも、例えば"Do your best every day, at home, in school and on the street."といった類いの言葉が幾多も残されている。さらに昭和二一年ごろの手帳には、「良寛さん　いかにしてまことの道に適ひなむ　千とせの中の一日なりとも」の言葉にも見られる。無論これらは全て、上代が道徳の時間に話すべき主題の覚え書きであったことを付言しておきたい。

(57) 本書第2章、参照。
(58) 本書第2章、註91参照、一九〇七年一〇月二五日英文日記。
(59) 山陽高等女学校行餘会『みさを』第三六号、明治四〇年一二月二一日発行、五一頁。
(60) 昭和一五年入学　三好初美氏の「お守り帳」。
(61) 上代 淑記念館所蔵、上代 淑自筆の手帳（記入年月日不明）
(62) 上掲『みさお――特集母校本館建設　上代先生を偲ぶ』、一〇八頁。
(63) 同上。
(64) 上掲『上代先生を語る』、九九頁。
(65) 山陽高等女学校行余会『みさを』第八七号、昭和九年、五九頁。
(66) 同上、六〇頁。

(67)山陽学園同窓会『山陽学園同窓会会報』、昭和三五年、八四頁。
(68)本書第3章、第3節参照。
(69)Benjamin Franklin, *Writings : The Autobiography*, The Library of America, New York ,1987, p.1397. 松本慎一訳『フランクリン自伝』、岩波書店、昭和二一年、一四〇頁参照。なお、板倉聖宣『フランクリン』、仮説社、一九九六年、五二頁参照。
(70)この *The Mary Lyon Year Book* については、もともと一九八六年に、元 山陽女子高等学校教諭 西川宏氏のご協力を得て、上代 淑の諸他の蔵書と共に、その一部をコピーさせていただいたことがある。今回、先述の近井弘昭先生の御厚意により、更めて上代 淑記念館において拝見することが出来た上に、コピーをも拝受することができた。
(71)本書第3章、註121参照。
(72)和田修二『教育する勇気』、玉川大学出版、一九九五年、九六頁参照。
(73)O・F・ボルノウ、森昭・岡田渥美訳『教育を支えるもの——教育関係の人間的考察』、黎明書房、一九八四年、四八-六六頁参照。
(74)本書第3章、第3節参照。
(75)上掲『上代先生を語る』、八八頁。
(76)同上書、二六頁。

終章　上代 淑　宗教者としての実存、教育者としての実存

これまでの諸章における考察を総括する意味で、最後の本章では、「クリスチャン・教師」上代 淑の人間的特徴を全体的に浮き彫りしつつ、やがて彼女におけるキリスト者としての実存が同時に教育者としての実存でもあり得た所以を、改めて探ることに努めたい。

第1節　強さ――祈りのもたらすもの

上代 淑の言動について語られた多くの証言のなかでも、とりわけ筆者の心に強い印象を刻み込まずに措かなかったエピソードがある。それは、一三年間も彼女と起居を共にした山下薫子《しげこ》女史（皓三氏の義妹）による衝撃的な叙景の言葉である。すなわち、「先生は、白いエプロンの端で顔を覆われ、ピシャッとお部屋のドアをお閉めになってしばらく部屋の外に出てこられませんでした。おそらく、この時先生は泣かれていたのだと思います(1)」。これは、実は筆者が従来想い描いてきた上代 淑の人間像、つまり超人的な孤高のヒロインというイメージを瞬時に消失させた。そして、上代がわれわれと同じように弱さをも持つ生身の人間であり、本当に辛いとき悲しいときには、人目を忍んで独り涙を流しつつも必死に前向きに生きようと努めた一

個の女性であったことを改めて痛感し、却って深い感動とともに一層の親近感を抱いたのであった。そのか弱い人間が、一体どのようにして類い希れな卓抜の教育者として、教え子たちをはじめ周囲の多くの人々に決定的な人格的影響を及ぼし得たのか——その秘密を是非とも探り当てたい、そして叶わぬまでも、教育者の一人としてその顰みに倣うことが出来ればという強い願望が、本研究を進めさせてきた根本動機のように思われる。

この挿話についての山下女史の説明によれば、校長上代には当時多くの無理難題が持ち込まれ、学校の存続さえ危い状況にあった時のことだと云う。実は学校存廃の危機は、同校では創設いらい繰り返し起こったことであり、上代はそれを幾たびも乗り越えてきたのであったが、しかし特に戦後すぐの、空襲による校舎焼失後の校地獲得をめぐる諸困難は、これまでになく上代を苦しめさいなんだに違いない。肉体的にも精神的にもおそらく疲労困憊の極にあった彼女が、ついにどうにもならない現実的圧迫の中で、己の非力を痛感して泣き伏したい衝動を抑えることができぬまま、急いでドアを閉めた様子が目に浮かぶようである。おそらく、一人になった淑は、涙ながらに神に窮状を訴え、助けを乞い、ひたすらに祈願したに違いない。そして、そこから上代 淑は再び不死鳥のごとくに蘇ったにちがいない。後に淑は、当時をふり返りつつ「今日八二才の私の生涯の内　あの時程、心に悲しみと苦しみを持ったことはありませんでした」と語っているが、昭和二〇年六月二九日の岡山大空襲で、上代が全生涯を賭けてきた山陽高等女学校の校舎・講堂・寄宿舎・教具・教材は、既述のとおりことごとく灰燼に帰してしまったのであった。その時でさえ、彼女は関係者の面前では些かも怯むことなく「すべての困難から立ち上るため、祈って祈って祈りましょう」「山陽の精神は滅びません、雄々しく灰の中から立ち上がりましょう」と終始一貫、不撓不屈の精神を以て、学校再建の陣頭に立って渾身の力を振り絞ったのであった。先の山下証言が具体的にはどのような時点でのことか必ずしも明確でないが、ここでは正確な日時などむしろ問題ではないであろう。この実に強靱無比な信念の校長上代における、もう一つの人間 淑としての内面を精確に受けとめることが肝要であろう。

これまで多くの後援者からの有形無形の援助・協力のお陰で、長年教育の業に打ち込むために維持してきた学園のすべてが焼け落ちてゆくのを、長孫の上代知夫氏の腕に支えられて、すぐ近くの地蔵川に腰まで水に浸かりながら、ただ凝視する外には何もできずにいた上代の無念さはどれ程のものであったろうか。復興一〇周年記念座談会でも、「講堂の焼け落ちる時は今も目に見えるようです。東京から買ってきたグラウンドピアノがありました。六高が焼けるとすぐ山陽に火がついたんです。私は川の中で草につかまって見ていたんですが、その時の気持ちはなんとも云えませんでした(2)」と言葉に尽くせぬ無念さを語っている。自己の人生の全てを捧げてきた場というだけでなく、その維持のためどれほど多くの人々からの喜捨を受けてきたかを思えば思うほど、その口惜しさ無念さは、恐らく他の何ぴとも推測できぬ深い苦しみと悲しみを伴うものであったに違いない。先の「あの時ほど」と淑自身が述懐したのは、正にそうした一生で最も苛酷な苦しみの時期を指すであろう。その苦悩の最中で、クリスチャンたる彼女は間違いなく、全知全能の絶対の神にひたすら祈りに祈ったのであろう。

しかし、淑の祈りはただの「願かけ」としての祈りではなかった。彼女における「祈り」とは、自らが心底より愛し信じてやまぬ至高の神と一対一の対話を深めることであり、畢竟それは自己凝視に他ならない。「汝、何故に今ここに在るや?」という自己吟味・自己検証を繰り返す中から、やがて不動の自己確信・不抜の信念が生じ来たったに違いない。それが上代 淑の超人的な「強さ」の根源にあったものであり、彼女は神への祈りの只中から比類なき強靱な意志と逞しい実践力とを獲てきていたのである。焼け跡の整理作業をはじめ、様々な手立てによる復興資金の調達に至るまで、淑が実際に率先垂範した行動の数々には文字通り目を見張るものがある。その老校長 淑の挺身的な活動の一端について、昭和二七年卒業の生徒が後に強烈な思い出として次のように語っている。太陽がぎらぎらと照りつける炎天下の午後のこと、「瓦や煉瓦のくずは何年かかって整理しても、ここが綺麗になるものかと思われるほど山積みされていたのです。それを一つでも拾い学校をきれいにし、みんなが気持ちよく勉強できるようにするため運ぶのだと、おっしゃるのです。数人出勤していらした先生方は、《私達でしますし、先生、そのお年でこのお暑い中におよしになって下さい》とおとめ致しました。先生は《何を云うのです、貴方達はそれぞれの仕事をなさい。すんだら一つでも拾って下さい。私も一つでも拾い学校のために役立ちたいのです》と、おっしゃり手ぬぐいで姉さんかぶりをなさり、校門近くの瓦のくずをかごに入れ、何回となく往復してお運びになったのです。その一つでもとおっしゃる学校を愛する御心が、何千人の生徒、先生、同窓生一人一人の心にしみわたり、みんながそれを実行したおかげで、実に今日のあの姿があるのでございます。御元気とは云っても八十才になんなんとする御高齢で、あの身を粉にしてお働きになった御姿は、一生私の心をとらえてはなさないのです[3]」と。この証言の主は、毎年暑くなる度にこの日の光景を思いだしつつ、「これは一人《ママ》、人間の力だけでなく、何ものか大いなる御手が働いている[4]」ことに気づいた、といみじくも述懐しているのである。高齢の校長が、未曾有の難関の只中での苦しい祈りを通じて、人間業ならぬ超絶的な気力と体力を奮い立たせた姿を目の当たりにした関係者一同が、どれほどの強い衝撃と深い感動を覚えたかは、推して知るべきものがあろう。

老いの身に鞭打って学校再建に邁進する上代校長の姿に接して、深い感動と感謝と信頼と愛を喚びさまされた、在学生をはじめその保護者、同窓生、かつて親しく交わった人々等々が、多数打って一丸となって戦後の学園復興に力を尽くしたのである。しかも、上代のあらゆる苦難に立ち向かう姿の背後には、常にキリスト者としての神への感謝が裏打ちされていたことを忘れてはならない。彼女は常日頃から生徒に語り聞かせてきた。「どんな苦しみの中悲しみの中にも、そのみこゝろを味ひ、感謝して受けるとき必ず希望は見出されるのでございます。むしろ苦しみのあるところこそ、私共を玉にする試錬の鞭があるのでございまして、これを感謝して受ける事により、真の希望は湧き出でて来るのだと思います」[5]と。そして、この言葉どおりに、上代は山陽高等女学校がすべて焼失した時でさえ、神に祈りつづけながら、その試錬にむしろ感謝の念を懐きつつ神と隣人への揺るぎなき愛を身をもって実証すべく、学園復興への希望と意志を堅持して渾身の奉仕・献身を重ねたのであった[6]。

　およそ一〇年後、創立七〇周年を迎えた記念式典の席上、上代は見事に復興した学校の有様と、そこに至るまでの関係者全員による苦心惨憺の努力と善意に対する感謝を、そして究極的には神への感謝の念を次のように披瀝している。「それから一〇年間、随分多端な月日でございました。焼け野原と化した校地をせっせと整理してくれた生徒たちの健気さ、借家の名のみの教室で不自由な授業にも何一つ不平をいわず、しかもあれこれと手内職をしたり、あちこちに演劇、舞踊をもって旅旅《ママ》行までしたり、ひたすら学校の復興のみを希ってくれた生徒の純真さ、可隣さ、これを思うと今でも胸が一杯になります。こうした生徒達、それを指導して共に苦労してくださった先生方、また、いろいろはげまして助けて下さった父兄の方々のその熱誠、これがどうして報われないでおりましょう。祈らないでおられましょう。なお、多くの同窓生の助けも実にありがたい事でした。遂に昔にまさる広い校地が与えられ、校舎も次、次と築かれて参りました。かくして山陽高等女学校は復興され、時代に即した山陽学園になったのであります。《願いに勝る恵》を神様は与えて下さったのであります。全く感謝、感謝の外はありません」[7]。

復興資金寄付者の名簿中には、多数の在学生の父兄や同窓生の間にまじって、かつて淑の留学先マウント・ホリヨークでの同級生で、それ以後も親友でありつづけたオリーブ・ホイテ[8]からの多額な寄付金も記載されている。また、上代自身が山陽の罹災状況をのべ、復興の援助をアピールした母校マウント・ホリヨーク大学あての書簡が、早速同大学の校誌にも掲載され、この報せを知った同窓生たちからも、遠くアメリカから上代宛に、当時は貴重この上もなかった種々の生活物資の箱がたえず送り届けられ、それらが復興資金の一助として役立っていたことを、淑の孫で、ちょうど昭和二一年から二四年半ばまで生活を共にされた上代淑人氏が覚えておられる[9]。

生活必需品をはじめ、あらゆる物資の欠乏・食糧不足・インフレの進行といった当時の状況を思うと、学校の再建と教育の復興と一口で云っても、その困難さはまことに想像を絶するものがあったであろう。その真只中にあって既に、「かしこの森かげ、ここの灰の中と授業が始められました[10]」という事実記述に出会うとき、我々は改めて上代の教育にかける堅固な情熱と信念、次世代に対する先行世代の思いの深さ切実さ、さらには未来に対する絶大な希望を如実に感得して、自ずと襟を正さざるを得ない思いに駆られる。校舎焼失・校地消失の悲劇でさえ、上代はそれを試錬と捉え、なんとしてでも乗り越えてゆこうと勇気を奮い立たせ、学校における最も主要な活動である授業を逸早く再開させたのであった。一般に人は、あまりに苛酷な境遇下では自らを見失い、時には生きる希望さえ失ってしまうことが屢々起こる。しかし、そうした弱さを露呈してしまうことが許されないのが、師表としての教師であろう。生徒たちの前に立つ者は、そうした絶望の時でさえ、けっしてそれを表には出さずに、凛として果敢な姿勢を崩してはならないのではなかろうか。教師には、如何なる苦難如何なる失望に直面しても、教え導く立場として決して失ってはならないものがある。人智の限りを尽くして積極的に行動する姿勢・態度を堅持するならば、どのような艱難も必ずや突破できるという希望と信念を教師自身が固く持していなければ、どん底にある子どもや生徒たちと共にそこから抜け出すことなど、到底できない相談であろう。

云うまでもなく、神ならぬ身の教師は断じて全智全能ではあり得ない。したがって、折りにふれ事に即して自己の無力さを識り、その卑小さを愧じ、その罪深さにも戦かざるを得ない場面に幾度も出くわす筈である。そのように弱き存在であるにも拘わらず、しかし、自ら愛してやまぬ次世代の未来の成長に対して、己れが全面的に責任を負わざるを得ない立場に立つのが教師である。その意味で、意図的・意識的に相手をより十全な人間存在へと教育する義務をもつ「教師」は、必然的に己のあらゆる限界性・有限性を凝視せざるを得ないと同時に、そうなればこそ、絶対の神に問いかけることによって自己の是非・善悪・理非・曲直についてて徹底した省察を、そのつど繰り返さざるを得ないであろう。そうしてみると、意図的に教育的働きかけを為す者にとっては、自らの為し得る努力や知恵や計らいの全てを尽くした果てには、最早やたった一つの道しか残されていないのではなかろうか。すなわち、絶対者たる神の全能を信じ、ひたすらに被教育者の善と幸福を願って行う「神との対話」としての祈り以外に道はないのである。本節冒頭に紹介した山下女史の証言にも明らかなように、上代 淑は根っからの鉄石の人ではなかった。彼女には生身の人間としての弱さの面もあった、と同時に如何なる時にも神に祈ることによって、そこから無量・無尽蔵の力を汲み出すことの出来た超人でもあった。換言すれば、祈りによって神の愛をますます確信しつつ、それを外ならぬ我が身を用いて此の世で顕現させようとする至純・熾烈な志の持ち主であった。そのことは、次のような最晩年の言葉にも如実に示されている。「人間的に苦しい時　四面真黒暗《ママ》で悩みあがいている時も、神は決してそのままになしてお置きにはならないのです。いつもいつも私達を見守り恵みたもうています。……祈りは必ずきかれます[11]」。人は祈ることによって、人間を遥かに越えた絶対的なるものと出会い、そのことによって、はじめて真に人間らしい人間になることができるのである。人は絶対者と対面して自らの有限性を徹底的に自覚することによって、実ははじめて、単なる有限性のレベルを超え出ることが出来、通常の人間の力を遥かに超え出た力を自らの内に獲得できるのではないだろうか。

因みに、岡山にある清心高等女学校の第二代校長として着任し、後にノートルダム清心女子大学初代学長となったシスター・メアリー・コスカ（Mary Kostka, 1888–1961）は、上代 淑との二二年間に及ぶ交友の印象として、「一度お会いしただけで《百年の知友》と言った感じのする先生は、交際すればするほど底知れぬ温か味のある誠実な人、力の人という印象が増します[12]」と語っている。ここで語られている上代の人間的特徴は、温か味と誠実さと、そして力の三つである。これらはいずれも、上代 淑を外ならぬ上代 淑その人たらしめた、根本的に人間的な力としての「美資・美質・美徳」（virtus, arete）であるが、最後の「力の人」という印象は、一見前二者とは直ちに繋がり難いように思われるかもしれない。けれども、「祈り」がもたらす「強さ」をめぐる上来の考察を通じて、「クリスチャン‐教師」としての彼女を深く知るならば、これら三者が何らの矛盾も異和感もなしに、淑という稀有な並はずれた人格を具体的に形づくっている不可欠の契機であることは、直ちに了解されるところであろう。けだし、シスター・コスカの心に印象づけたほどの上代の強靭な意志力と実践力の根源にあったところのものは、神への絶対的な信仰と、それに基づく絶えざる神との対話としての神への「祈り」であったからである。上代の温かさ、誠実さ、優しさ、弱さは、決してその強さや迫力と無縁だった訳ではなく、逆に云えば、彼女の人間的強さや迫力は、その弱さや誠実さと無縁のものではなかったのである。上代の「力」、淑の「強さ」は、実は弱さを内に深く秘めた「強さ」だったのであり、その弱さを克服し得たのは唯一「祈り」によってであった、と云ってよいであろう。

第2節　明るさ――神信仰に由来するもの

上代 淑における「強さ」ないし「力」と並んで、彼女の人間的美質の第二として挙げうるのは、微塵の翳りもない清々しさ・明るさ・温かさであろう。けれども、それはどうやら生来のものではなかったようである。つまり、彼女の人間形成の途上で自ら陶冶して身につけたものではないだろうか。それというのも、淑の幼少期を顧みると、その成育過程は必ずしも決して明るく楽しいだけのものでは無かったと想像されるからである。淑が生まれてすぐの一八七一（明治四）年七月に断行された廃藩置県の結果、父知新は浪々の身となり、出自としては松山藩家老職の菅家の四男であったとはいえ、上代家の養嗣子としての生活はおそらく不安定なものであったに違いない。いつの頃の話かは定かでないが、上代の母さいが、夏冬それぞれ一枚しか着替えを持ち合わせていなかったという言い伝えからしても、経済的には苦境にあったと思われる。郷里を棄てて家族そろって大阪に出てきてからは、父知新にとっては、新島 襄から承けたキリスト教信仰[13]だけが、謂わば唯一の財産であったとも云い得るであろう。また父が伝道師としての道を選んだため、母を伴っての地方回りが多かったことや、次々に生まれた妹たちの存在[14]をも考え併せると、長女淑が母を独り占めできるような環境にはなかった。そうした中にあっても、「私の母はとてもとてもやさしい人でしたよ。ほんとうに愛情深い人でしたよ」[15]と後に淑が語るように、母さいは情の深い信仰心に篤い女性であった。この母と子の自然な関係の中で培われた基礎的信頼の形成は、やがて淑がもの心ついてから後、絶対者としての神に出会う予備的要件ともいえるであろう[16]。

序章で既に述べたように、八歳からは梅花女学校の小学科に入学し、家族から離れ学寮で生活していたのであるが、病床にある母を看病するため岡山県落合の伝道先の家に帰っていた淑が、その甲斐もなく母との死別という憂き目をみたのは一二歳の時であった。思春期直前の淑の心に深い悲しみと寂しさが宿ったとしても当然であろう。梅花女学校卒業当時の肖像写真からは、母親から譲り受けたと思われる優しげで知的な面をもちながら、寂しげな印象は覆うべくもない。その後直ちに、一八歳で初めて岡山の山陽英和女学校に着任した当時は、「風俗もちがい言葉もちがうという境遇の淋しさをなぐさめてくれるもの」は、ただ祈りだけだったと後に回顧しているように[17]、幼き日より淑という存在を内的に支えてきてくれたのは、神への「祈り」の習慣であったと考えられる。

このような弱々しく翳りのある若き日の淑が、では一体いつの頃から、その表情をも含めて躯全体から溌剌とした明るさと揺ぎない信念の力を照射するような、見事な印象をもつ教師に転生していったのであろうか。おそらく、それは淑が米国留学を終えて帰国後、山陽高等女学校に再就職〔一八九八（明治三一）年〕し、教頭の任を務めるようになった一九〇二（明治三五）年頃からではないかと考えられる。この点については、既に第2章において詳しく論じておいた通りである。信仰の縁によって留学中深い交わりを得た多数の名もなき米国婦人たちの「隣人愛」に接し、そのことへの限りない感動・感謝・感激を胸一杯に懐いて帰国した淑は、「アメリカの人達のこの深い愛に対して、自分は何も出来なかったけれども、日本に帰ったら生涯を捧げて日本の女子教育と、神への感謝のために尽くそう」[18]と固く心に決していたのであった。というのも、聖書の教え通りに「神を愛するように隣人を愛する」ことをモットーに、ひたすら誠実に日々の生活に勤しむピューリタン女性達から受けた大小様々な善意と親切に、彼女は骨の髄まで滲み通る程の深い感銘を覚えずにはおれなかったからである。そして、その恩義に酬いる唯一の現実的に可能な道として選んだのが、すなわち、帰国後における日本の女子教育への文字通りの献身だったのである。それはまた、目の前にいる一人ひとりの生徒を、正に奉仕すべき「隣人」として自分に遣わし給うた神に対する絶対的信頼であり感謝でもあったであろう。そのことを、日々の教育活動において実践的に証行する具体的な場が、帰国後の淑にとっては山陽高等女学校だったのである。

その意味では、キリスト者たる彼女における教育実践は、神への絶対の信、絶対の愛を自ら証する自己吟味の場であり、自己確信の源泉でもあったと云えよう。そして、そのような自己吟味による自己確信が強まれば強まる程、淑の人格は深みと迫力を増すと同時に、その心情は明るくスッキリと、微塵の曇りもないふっ切れた晴朗さを獲得することになる。

そして、それは翻って日々の教育実践に直ちに反映せざるを得ないであろう。というのも、この明るさ、晴れやかさが、そしてそこから発する温かさ、寛やかさが、生徒たちの存在そのものを温め励まし、勇気づけ、喜ばしい気分の中で生徒たちを未知の世界へと引き出してゆく重要な情調だからである。因みに、現代教育哲学界の泰斗ボルノウによれば、「陰鬱な気分のもとでは、生全体が陰鬱になる。人は自己自身の中に引きこもり、己の殻に閉じこもって、あげくは周囲の世界との接触を失ってしまう。そして成長のすべての力が抑圧されるのである。……あたかも日光にめぐまれない植物のように、文字通りの意味で萎縮するのである。反対に喜ばしい気分は、人を世界に向かって開くのである。彼は周囲への関心を取り戻し、自分の活動に喜びを見いだす。喜びは、人間のあらゆる心的な諸力の成長を促すのである」[19]と。「晴れやかな気分」の持つ教育的意義とは、概ね以上の如くであるが、上代 淑における神への絶対的な愛と信が必然的にもたらした明るさ・晴れやかさこそ、多くの生徒たちの心を惹き付け、自ずと善へと導いていった本質的に教育的な美徳であったといって間違いなかろう。

最晩年に上代 淑自身が、ラジオ放送の中で次のように語っている。「《上代先生、日曜日だけお休みになられたらどうですか》とおっしゃいますけれども、私は小さい時から神様のことを聞かされて、それでずっとこの八十六年の間、神様のお守りのもとに居るのですから、……ほんとうに神様にしたごうて、神様のために私、尽くさせていただくことを本当に有難いとおもいまして、……日曜日にも日曜学校で（小さい子どもたちに）神様の愛、キリストの恵みの話をしております。……それが一つの学校以外の楽しみで、楽しみで、あーあ今日も神様の愛を、キリストの恵みを生徒に云うて聞かすチャンスが与えられているということを覚えまして……日曜学校をいたしております。……それが私の楽しみ、感謝のあらわれの一つでございます」と。ここに溢れんばかりに吐露されている神への愛と信頼と感謝の念こそが、上代における明るさ・晴れやかさ・温かさ・寛やかさ・優しさを自ずと生み出す根源なのであり、この神への絶対の信仰に裏付けられた淑の活き活きとした人間性そのものが、日曜学校の子どもたちをまとわりつかしめ、多くの山陽高等女学校の生徒ならびに卒業生たちの人間的成長を促し、そして更には、次に触れるように第六高等学校の学生たちをも多数心服させた所以のものだったのである。

第3節　感謝――「神と人への愛」がもたらすもの

ところで、上代 淑の淑たる所以の最大のものは、死の床における最期の言葉「ありがとうございます」に、全て集約的に表現されているのではないだろうか。長く厳しくも重い人生を終えんとする今際《いまわ》の「感謝」こそ、全生涯を貫く上代 淑という人間実存の真髄であろう。

上代とYMCA操山寮[20]在住の六高ボーイズとの緊密な関係を、「葡萄の木とその枝」[21]と表現しているかつての操山寮生の一人によれば、まだ淑の召天を知らぬまま一九五九年一一月二九日午前六時半、寮生たちはそれぞれオーバーの襟をたてながら上代の恢復を祈願して操山山頂で早天礼拝の集いをしたという。そう回顧する寮生は、次のように書き記している。「先生は常に祈りと感謝の人でありました。私達理屈の多い学生も、先生の感謝と喜《ママ》に充ちた生活の背後に、神をみとめざるを得ませんでした」[22]と。そして告別式の日に、棺をかつがせてもらえたことについて「最も光栄であり、最も悲しい事」と述べつつ、五五年もの長きにわたり三二二名に及ぶ自分たち寮生が、上代によってその信仰を育まれてきたことに深甚の謝意を表している。この証言からも、親許を離れて生活する青年たちの魂に対しても、淑は山陽高等女学校の生徒たちに対するのと全く同様の配慮と愛をもって、長年接していた事実が明らかに看取できる。しかも、何らの別け隔てもなしに注がれた淑の愛は、それを享けた全ての者の心に深い感謝の念を自ずと起こさせただけではない。やがてそれは、直接に恩誼を蒙った上代個人を超えて、さらに彼女自身をささえていた神信仰への目覚めをも、明らかに誘い出していたのである。日頃からのこうした精神的感化と、それへの限りない感謝が青年たちの胸に深々とあったからこそ、初冬早朝の寒風の中で、容態の悪化を案じた彼等は居ても立ってもいられぬ想いで早天祈祷という行為に及んだのであろう。この青年たちの純真な行為の動機は、間違いなく彼らの淑に対する敬愛と感謝の念であったであろう。それこそ実は、常に淑が若人たちに身を以て示してきた教えそのものであり、その自然な帰結に外ならぬものであった。感謝の念は必然的に、自らも他人《ひと》のために何か善きことを為そうとする「他者奉仕」の志向となって発現するのである。このように、「神と人への感謝」は、翻って「神と人への奉仕」へと自ずと連なってゆくのであり、この点こそ、「クリスチャン・教師」上代淑を理解する本質的に重要な鍵と云うべきであろう。

上代が卒業生から乞われるままに書いた色紙にも、「感謝」という文字が実に多い。その理由について彼女は云う、「これを書くということは、《事毎に感謝せよ》と教えられ、かくありたいと希っておるからであります。又すべて私共のまわりには感謝すべきことが満ち満ちているからであります[23]」と。淑はその言葉通り、「事ごとに感謝し且つ祈れ」との聖句にしたがって、実際あらゆる人あらゆる事物に対して、また、あらゆる場面であらゆる時に、感謝と祈りを励行している。彼女の質素・倹約を旨とする日常生活の習慣も、その本質は神から授けられた物に対する感謝から発する振る舞いに外ならなかった。この点については、すでに前章第2節で述べたとおりであるが、この「感謝」こそ、淑自身をクリスチャンとしても教師としても、卓越した域にまで至らしめた決定的契機に他ならないし、同時に翻ってそれが、幼児をはじめ女生徒たちや男子学生など、多数・多様な人々の人間的成長を促した根本動機であったと考えられる。この点について更に論究してみよう。

上代が作製した前述の『よいこのかるた[24]』の中に、「ひ」の項として「ひとりだけではおおきくなれぬ」

という一枚が含まれているが、それは幼児の頃より、自分が生きているのは、多くの人々のお蔭を蒙っているからであり、さらには、神さま仏さまといった、人間を超えた遙かに大きな存在の力に支えられて成長してゆけるものだということを、子ども心にしっかり刻みつけたかったからであろう。子どもが最初に世話してくれる親への感謝にはじまり、次第にそれが周囲の人々へ、さらには自分を支えてくれる全ての存在へとつながり行き、やがて究極的には、世界そのものを統べる絶対・至高の存在に対する感謝へと繋がりゆくであろう。上代は云う、「私はいつも生徒に申しています。値なしに頂かれるこの太陽の光、この空気、この水と、どんな人でもこの恩恵に浴さないものはありません。これらにはじまって、この世の中の生活万般にわたり……天地の恩恵をうけないものはありません。その上智能のはたらき、感覚のはたらきがあたえられ、また働く力と、健康とがあたえられています。何という感謝でしょう[25]」と。ここには、われわれ人間の生を基本的に支えている自然環境をはじめ、内なる「働く力と健康」や知能や感覚・感性等々、ありとあらゆる「恩恵」を授け給う絶対者への感謝が謳われている。さらに、例えば先の『日めくり』における「与えた親切忘れても、受けた親切大きく感謝」にも見られるように、他人への感謝も大いに強調されていることは云うまでもない。加えて上代は、次の点を高調することも忘れていない。「この人間の世の中には、不如意な事、不満な事、苦しい事悲しい事が随分沢山あります。けれども静かに心を落ち着けて考えますとき、祈りますとき、どのような場合、どのような所にも感謝しなければならない事情が会得されるようになります。感謝によって事毎に当たるとき、当然来るべき不幸さえ幸にかえて行くことが出来る筈だとおもいます[26]」と。

ここで確認すべきは、上代の説く感謝とは、一般に解されているような御都合主義の感謝ではないという点である。彼女の「感謝」とは、ただ単に全知全能の神に縋った「願いごと」としての祈りが叶えられたが故の感謝といった、特殊的・個人的で身勝手な次元でのそれでは断じてない。その理由は、上記の文中に見られた「感謝によって事毎に当たるとき、……不幸さえ幸にかえて行くことが出来る筈だ」という一節を思い出すだけで、すでに十分明らかであろう。淑における「感謝」は、われわれ人間をも含めて万有を産み成し、万象を統べ給う造物主としての神の無辺・平等な愛に対する、つまり神そのものに対する普遍的な感謝なのである。それゆえ、この一文の趣旨は、たとえ不本意や不如意や不幸の只中にあっても、なお「静かに心を落ち着けて」沈思・致思するならば、必ずや神の愛の働きをそこに発見することが出来、必ずやそこに「感謝しなければならない事情」が、つまり、感謝せざるを得ない道理《ことわり》が心底から「会得され」るものだ、という確信の表明に外ならないものである。しかも改めて注意を喚起しておきたいのは、「静かに心を落ち着けて考える」時と「祈ります」時という、二つの表現がここでは重ねて用いられており、謂わば〝同格名詞〟的な語り口となっている点である。つまり、先程も指摘しておいた通り、彼女における「祈り」とは、決して利己的な一方的な「願かけ」などではなく、自己の内面深く思いを潜めることによって、全知全能の神と至純の対話を交わすことに外ならないのである。これらの諸点を念頭に置いた上で、更めて上代における「祈り」と「感謝」との内的必然的連関について纏めれば、概ね次のように云うことが出来るであろう。

　淑にあっては、「祈り」とは手前勝手な「願いごと」や「願かけ」ではない。神からの絶対の愛への至純な感謝から発する、人間としての極めて積極的・実践的な応答——場合によっては正に、淑がコレラに罹った生徒に相対した時の前記エピソード[27]のように、「我が身に代えても」と願う自己犠牲さえ厭わぬ——究極の「答禮」としての人間的営為なのである。神の愛、神の意志を此の世において顕現すべく、謂わば神の「手足」ないし「手先」となって働くため、自己自身が何をなし得、いかに行動すべきかを、折りにふれ時に応じて誠実に考え抜くことが、すなわち「祈り」の具体的・実践的な内実なのである。換言すれば、「隣人愛」としての「他者奉仕」を誠心誠意実践するため、神との対話を撓まず繰り返すことに外ならない。ただし、「無言の神」との対話である以上、それは自らの内なる「良心」(conscience,Gewissen) を鑑《かがみ》とする自己内対話とならざるを得ない。それは、神ならぬ身としての人間にとって、神の意志である「隣人愛」を正に手足となって実現し、時と場合によっては、我が身を捨てても他者に奉仕する道を、自己自身の身に引き据えて行為的に索求、吟味、検証する厳しい実存的営みに外ならない。――これこそ、実は以前[28]に論究したフォーサイスの譬え、すなわち「感謝」と「祈り」とは――あたかも肺における呼気と吸気との「二重運動にも似た」形で成立するものとの寓意の、より実践的・人間学的な解釈と云うべきではなかろうか。人がひとたび神の絶対の愛を識るとき、それは直ちに翻って、あらためて「祈り」へと人を導く。フォーサイスはこれを「呼・吸」に譬えていたけれども、しかしそれは、同一次元での単なる循環運動ではないであろう。「感謝と祈り」の関係は、最初の段階の循環よりも、次々に両者ともより深い実践的な内容を獲得してくるという意味で、その都度スパイラルに深まりゆく相互連関を構成している、と解すべきであろう。

こうして、自らの信仰により、神からの絶対の愛・無条件の愛を悟った「キリスト者」上代 淑にとっては、この神の「愛」(ἀγάπη, caritas) への実存的応答として、己れを捨てても専ら隣人の益、他者の善のみを求めてやまぬ「奉仕」の実践以外に、彼女自身が納得できる生き方はなかったのであろう。淑におけるこのような「感謝と祈り」の躬行ぶりに直に接した人は、誰であれ深い衝撃を受けたに違いない。もっとも親《ちか》しい山陽高等女学校の教師たちであれ、生徒たちや卒業生たちであれ、また日曜学校の子どもたちであれ、そこでの教師役をかって出た操山寮の六高生たちにしろ、あるいは上代を取り巻く親しい知友たちにしろ、彼女の徹底した神信仰と感謝と奉仕の生き様を目のあたりにした人々は、一様に激しい驚きと感動を禁じ得ず、上代を敬愛すべき人格的モデルと仰ぎ見、自らもその顰に倣って「他者の幸福のために生きる」高潔な生き方を選び取ろうと努めたであろう。そうした人格的・精神的影響を深く蒙った多くの人々の中には、後に社会事業家としても名を馳せた大原孫三郎をはじめ、政治家として社会改良を志した星島二郎や、必ずしも有名ではないけれども、九〇歳近くまで純粋なボランティアとして、身近な身障者の車椅子をいつも颯爽と押し続けた那須衛一など、明治・大正期のキリスト教系インテリゲンチャ層におけるリーダー格の名前も屡々登場してくるのである。(29)

これらの人々にとっては、上代 淑は絶えず師表であり、自らが見倣うべき模範として、否、むしろ自らの「導きの星」(Genius)として、あるいは自己陶冶の鑑として意識されていたに違いなかろう。淑自身は、必ずしも意図的に範を示したつもりの無かった場合もあったであろう。しかし、日常的に淑を仰ぎみる人々にとっては、正しくその都度の行動自体が、そして彼女の生き様そのものが、すでにして教育的「示範」としての意味を十分にもっていた、と云わざるを得ない。この点については、以前に具体的事例に即して論じてあるので、(30)ここでは詳論する必要はないが、要するに、上代における宗教人としての徹底した有り様そのものが、直ちに他者の人格的形成に有無をいわせぬ迫力で決定的な影響力を及ぼしたのであり、その意味で、淑にあっては宗教的実存が、同時に卓越した教育的実存でもあり得た必然的理由は明らかであろう。けだし、教育の本質的意義が、人間の人間たる所以の実践的・道徳的価値や意味を経験・味得させ、被教育者の人格内裡にそれらを具現化させることにあるのだとすれば、それは知識や事実や情報の伝達とは異なり、あくまでも生身の教育者自身を介して、その実存としての息吹きに直に触れさせることによって、被教育者における人格的な驚きや感動とともに、はじめて会得され伝授され得るものだからである。その意味からすれば、教育者上代 淑の本領は、本質的には正に、何ごとにつけ自己の行為・行動をもって率先垂範した「示範」にこそあり、上代教育の究極の原理は「示範」であったと云って間違いないだろう。

けれども、だからと云って上代が、意図的に説き聞かせたり、語り教えたりする教育をしなかった訳でないことは、すでに前章でも、「示範の教育」と「訴えかける教育」との相即が上代教育の特徴である、と説いておいた通りである。ここでは、印象的な一例のみを付け加えておこう。神の愛に対する感謝が、ひるがえって他者奉仕としての「親切」に転ずる道理を熱心に説き教えている記録である。それは、彼女が一九〇七年に欧米視察旅行の途次、日本代表として出席した「国際キリスト教共励会大会」の会場で偶々聴いた〝Pass It On〟と題された歌の趣意について、晩年になってから語っている言葉である。六歳になるかならない少年が唄ったこの歌に、いたく心を動かされた淑は繰り返し「今も耳に響いてくる」と述懐していた由であるが、その歌詞は、彼女によれば次のようであったと云う。[31]「あなたになされた親切は、あなた一人の為のものではない。次から次へと宣伝する（宣べ伝える――筆者加筆[32]）為である。次から次へ宣べ伝えるためである。次から次へ、他の人に譲り渡す為に与えられた親切である。この親切によって、悲しめる人を慰め、悩める人をいたわり、いためる人をいやし、その他あらゆる困難をも克服して行く。こうして世界を廻って、遂にそれは尊い神の御座に到達するのである」と。このような歌の内容を紹介した上で、「この歌詞は、それ以来生徒達への教えともなり、私自身の祈りともなっているのでございます」と語り、続けて次のように全体の趣意を解説している。「心をひそめてとくと考えて見ますとき、神様は広大無辺な愛をもってこの私どもを恵みうるおして下さってます。しかも《その受ける愛をもって他に接すると云うことが、真の人生を歩む道だと》と教えてくださっているのであります[33]」と。

このように上代は、神への感謝の実践的表現としての「親切」を主題に取り上げ、その人間ならではの隣人愛・他者奉仕の精神を生徒たちに熱っぽく説き教えているのである。しかも同時に、それは単に個人的な善意による営みであるばかりでなく、絶えず人から人へ、世代から世代へと承け渡され、「譲り渡され」てゆくべき人類としての使命であり、「真の人生を歩む道だ」とも訴えかけている。無辺なる神の愛の認識にはじまり、それへの無限の感謝が、現実的実践的には隣人愛・他者奉仕としての「親切」に焦点化されるという、一連の倫理的連関を個人を超え、世代を超えて次々に継承し続け（pass on）てゆくことこそ、人間として最も大切な使命であるとの自覚を淑自身も新たにしつつ、同時に若い生徒たちの魂にも深く滲み通るよう説き教えている。そしてその結果は、前述のとおり、「聞く者が心から感じ入り、明日からは自分もそうありたい」と熱心に願うまでに至っているのである。

このような「説き聞かせ」「訴えかける」教育も、しかし、それだけでは必ずしも力をもち得るものでないことを、ここでも改めて確認しておくべきであろう。実は、これまで再々指摘してきた日常生活での何気ない場面での地道で具体的な「示範」が伴ってこそ、つまり率先垂範の積み重ねという裏付けがあってこそ、はじめて「訴えかける教育」も被教育者に対して、圧倒的な有無を云わせぬ迫力をもった形成力を発揮するものなのである。上代淑という人物は、正にその両面補完・相即の機微を、見事に心得ていた稀有の教育的個性であったと云ってよかろう。

第4節　Pass It On!――次から次へ・人から人へ・世代から世代へ

上代 淑の最も良き理解者の一人で、親交も厚かった岡山博愛会々長の更井良夫氏は、彼女の逝去に際して、「この先生を見ればキリストが判る。……広い視野と見識を以て、いと小さき女学生の一人に仕えることは神に仕える事であり、この一人を愛する事は神を愛する事であると信じて、一路白髪に至るまで初志を貫かれた事は、神の栄光の証しであります」という思いの深い惜別の辞を述べている。(34) これこそは、正しく「クリスチャン・教師」としての上代の本質を、ズバリ言い当てた見事な讃辞であり、また追悼の辞であると云って過言ではあるまい。では、淑において「よきキリスト者」であることと「よき教師」であることとは、一体どのように結びついていたのであろうか。実はこの点については、すでに具体的には第3章、第4章を通じ、折りに触れ時に応じて検討を重ねてきているのであるが、以下では総括する意味で、最後に四つの問題視角から原理的にそれを整理しておきたいと思う。

第一には、教義に関する面である。一般に「クリスチャン」とは、聖書に記されているイエス・キリストの生き方を模範と仰ぎ、徹底的にそれに倣い、その愛の訓えに随順して生きる者のことである。(35) とりわけ、ピューリタニズムにおいては、「信仰のみ」(sola fide)によって神からの絶対の愛・無条件の愛に与り得た「キリスト者」は、翻ってこの神の「愛」(caritas)を自らの行為・行動の根本動機としつつ、己れを捨てて専ら「隣人」の益のため、他者の善のために努める「他者奉仕」を実践的課題として引き受ける時、はじめて神への感謝としての「神奉仕」を実現することができるとされるのである。(36) このように、「キリスト者」

の行為は、本質的に〝カリタス〟に由る（charitable な）行為なのであって、神の絶対の愛に基づく奉仕の性格を必然的に担うものになる。そして、このような「奉仕性」（Dienstbarkeit）こそは、また明らかに〝教育〟活動の根本にも直ちに連なるものであることが、ここでは特に注意されてよいであろう。なぜならば、「教育」という営為の根底には、絶対的・無条件的・非選択的な愛としての〝アガペー〟が不可欠であり、この本来は神の愛に外ならぬものを原動力として、ひとえに他者（隣人）としての被教育者の益ないし善のために、止むにやまれぬ奉仕的・助成的活動に勤しむことこそ、すなわち「教育」の本質だからである。

このように見るならば、上代 淑こそは、正に「キリストに倣う」（imitatio Christi）を文字通り躬行した最勝義の「クリスチャン」であったと同時に、正にそのことに依って、教育の本質たる絶対的・無条件的な「奉仕性」を余すところなく体現した真正の「教師」であったと断じて間違いないであろう。けだし彼女は、——上来たびたび論じてきたように——神と自己との一対一の人格的関係において、神からの無償の恩寵である「愛」が自分に注がれていることを確信し、そのことへの全面的感謝として偏に「神奉仕」に生きようとした人物である。そして現世における神奉仕とは、必然的に、神の前で平等な「隣人」ないし他者への奉仕に外ならない所以を深く悟り、その自覚に徹したからこそ敢えて、次代を担うべき心身とも健全で高潔かつ聡明な日本女性を育成する教育実践の場で、あくまでも隣人愛・他者奉仕の生涯を生き抜いたのであった。つまり上代の教育活動そのものは、実に神の愛に基づく「他者奉仕」の実践に外ならないものだったのである。

さて第二には、キリスト者に対する「イミタチオ・クリスティ」の要請には、もともと教育的契機が内在している点について言及せざるを得ない。キリスト者にとって救世主イエス・キリストは、隣人愛・他者奉仕の絶対的範型（Vorbild）であり、「キリストに倣え」とは、あらゆる行動の究極的基準であり行為規範であって、その故にまた、自己陶冶の指針であると同時にその方法原理でもある。そこには明らかに、イエスとその弟子たちとの倫理的・教育的関係の「原型」（archetype, Urtypus）の直接的投影が認められる。イエスによる他者奉仕を根幹とするあらゆる善の「示範」と、弟子たちによるその「模倣」とに始まる本質的に〝教育的〟な連鎖が、世代から世代へと継続されて時・空を超え、人類の自己向上的・自己陶冶的契機として連綿たる伝統を形づくっている。このように見るならば、「示範」と「模倣」との関係は、単にキリスト者の世界においてのみならず、広く人類の世代連鎖性において必然的かつ普遍的に成立する「教育関係」の一環と見做すことが、客観的には妥当と云うべきであろう。というのも、総じて自覚的存在としての人類にあっては、先行世代の行う卓越した「示範」は、後続世代にとっては自ずと憧憬にみちた「模倣」の対象に外ならず、結果的にそれは、自らを陶冶し向上させずにはおかぬ原動力となるものだからである。

このような人類の世代間における本質的に〝教育的〟な関係について、上代がどこまで明察していたかは別として、実際に、先にも屡々強調しておいた通り、彼女による「示範」と教え子たちにおける自らなる「模倣」とは、上代教育に見られる最も大きな特色であったことは確かである。最早ここでは、多くを語る必要はあるまい。「キリストに倣って[37]」他者奉仕に生きた校長上代の言動を、常日頃から具に仰ぎ見ていた教師たちの心には、自ずと「あのようになりたい、ああでありたい[38]」との熱望が喚び覚まされたのは、けだし当然のことであったであろう。また、「先生に似たものになることが出来るようにと、私は切に切に願っております[39]」と云う別の一生徒による真摯な言葉も、同じ様に上代への憧憬と自己向上への熾んな意欲の吐露と見て間違いないであろう。

以上では、上代淑にあって信仰者としての実存と教育者としての実存とが相即している原理的条件を考察してみた。そこで第三には、両者相即の多面的な諸相について、本節の標題にも掲げた〝pass it on〟（人から人へ、世代から世代へ）という彼女のモットーに焦点づけながら、全体としての意味的連関を追尋してみたい。

すでに本章第3節で述べておいたが、上代淑は晩年の一九四八（昭和二三）年になって、かつて四〇年前に日本代表として国際キリスト教共励会大会に出席した折り聴いた讃美歌〝Pass it on〟について、「この歌詞は、それ以来生徒達の教えともなり、私自身の祈りともなっているのでございます」と、実に感慨深げに語っていた。そこで、和服の正装でその歌を耳にした当日の生き生きした感懐を知ろうと思い、彼女の自筆英文日記の一九〇七年七月一〇日の頁を開けてみると、そこには次のような言葉が認められている。

「年少者の部会（Junior Rally）において、子ども達が或る一つの橋を（われわれに―筆者補足）架け渡してくれた。それは、重要な部分が全てキリストと教会信仰とに基づくものから成る橋であった。その頂点で、五歳ぐらいの男の子が〝パス・イット・オン〟という讃美歌を唄ってくれたが、それは今の瞬間も耳許で聞こえるように思える程、強い印象を私に与えたのであった。このことこそ、私の生徒たちや関わりの深い方々の間で、私がしっかり行じていきたいことである。すなわち、クリスチャンとして他者のために生きる幸せ（the blessings of Christian life to others）を、次から次へと《伝え続けよう、手渡し続けよう》（Pass it on, pass it on.）」[40]。

ここで注目したいのは、上代淑が意気軒昂の若々しい情熱をもって〝pass on〟（＝伝え渡し、受け継がせ）ようと志しているものは、いったい何なのかという問題である。上記の文面から直接的に読みとれるのは、一般的に隣人に対する愛と奉仕に励む生き方を、是非とも「次から次へ」伝承させたいというキリスト者としての不屈の意志であり、真摯な祈りであり、また真率な願いである。けれども、「キリストに倣って」生きるにしても、具体的には幾通りもの道があり得るであろう。先ずは「宣教師」(missionary)として、神の絶対の恩寵を信じ、もっぱら神の栄光のため、国や言葉や民族の壁をも超えて出来る限り多くの人々に福音を宣べ伝えることを自らの「使命」(misson)として選ぶ道がある。或いはまた、文字通り「キリストにまねぶ」原点に立ち還って、この世の片隅で貧困・病気・障害・不信・絶望等々に呻吟する、いわゆる社会的弱者に対する救済・福祉の社会事業活動に挺身する道もあり得る。他方それらとは異なり、もっぱら「私人」として「家庭婦人」として、家庭の内にあって「隣人愛」「他者奉仕」にひたすら努めるのも、立派なキリスト者としての証であろう。さらには第四の道として、当時ようやく女性の職業として認められつつあった「教師」として、神の御心に適う善と正義の社会の実現を期すべく、次世代の人間陶冶に一意専心するのも、正しく「キリストに倣う」実践の新しい形態であったであろう。

これらの道はいずれも、神の愛を此の世において実現する「キリストの肢[41]」として働く所以のものに外ならないが、上代 淑が選んだのは、云うまでもなく第四の教育実践の道、すなわち「クリスチャン‐教師」としての生涯であった。その実存的な判断に基づく「選び」が、彼女自身において自覚的に行われるに至るまでには、幾つかの段階ないし、節目があったように思われる。梅花女学校で恩師　澤山保羅をはじめとする優れた「クリスチャン‐教師」たちに育てられた少女時代。そして、その当時から憧れの的そのものであったM・ライオンの創設になるマウント・ホリヨークに留学が叶い、ライオン死後とはいえ、「クリスチャン‐教師」の「原型」たる彼女の遺風がなお濃厚に残るキャンパス内[42]で学生生活を満喫した四年間。更にその間、カナンディグア村の名もなきピューリタン女性たちから、陰に陽に享受することの出来た隣人愛の数々。――こうした具体的な経緯については、しかし既に第1章および第2章において詳しく論述してあるので、あらためて再説する必要はなかろう。ただ、こうした幾多の人生階梯を経るごとに、淑は「次から次へ」と先行世代から〝パス・オン〟されるものの何たるかに目覚め、やがてその大きさ重さを自覚していった結果、留学を終えて帰国するに当たり更めて教職に復帰する覚悟を固めた事実だけは、もう一度ここで想起されてよいであろう。そのさいの淑の崇高なまでの覚悟については、第2章の末尾で次のように結んでおいた。彼女が「〈女子教育せざるべからず〉と日本の将来を考へ、神に捧ぐべき己の本分を考え」て決意したのは、「無償の〈仁愛〉をもって親しく接してくれた、あの大恩ある全ての米国人たちの驥尾に付して、自らも同じ信念・同じ心術を堅持し、同じ人生を歩みつつある者としての、静かなる喜びと感謝と自負とに由来するものであろう」と。

ところで、この時点より約一〇年を隔てた一九〇七年に、上代淑は――先述のように再度渡米して国際キリスト教共励会に参加し、端なくも〝Pass it on〟という讃美歌に接したのであったが、その三ヶ月後の――一一月七日から一五日まで母校マウント・ホリヨーク大学を訪れている。その初日の英文日記には、(43)「一〇年前に私がこのカレッジを去る時は、二度と戻ってくることもなかろうと思っていたが、きっと神は全て私の進む道を計画していて下さったに違いない。嬉しさのあまり興奮してその夜は長く寝つけませんでした」とあり、続いて神に次のように固く誓っている。「これまでと同様、私の人生を神に献じ、神の思し召し通りこれからも忠実に歩んで参ります」と。ここからは、過去一〇年にわたり「クリスチャン - 教師」として必死に生きてきた淑が、今後も今まで通り、教育に身を捧げて生きてゆく決意を新たにしている様子が如実に窺われる。そして同カレッジを去る最後の日（一一月一五日）の最後に、淑は構内ほぼ中央の小高い丘上に、深い木立の閑もりの中で永遠の眠りについているメアリー・ライオンの墓前に詣で、今度こそは間違いなく最後になるであろう別離の挨拶を密かに行っている。[44] 白いイタリア産大理石の墓碑の四面に、それぞれ彫られている以下のような銘文[45]を、あらためて淑は心に深く刻み込んだであろう。


（正面）

「メアリーライオンは、／マウント・ホリヨーク・／フィーメル・セミナリーの／創設者であり、／一二年間／同校々長職を勤め、／また教師としては／通算三五年に亙って精励し、／その教え子たちは三〇〇〇名を／優に越える。／彼女は、一七九七年二月二八日に生れ、／一八四九年三月五日に逝く」

（背面）

「この宇宙で／私が怖れるものは、他に何もない。ただ一つ、／自らが為すべき義務について無知であるか、／さもなくば無能であるか――只々そのことを怖れるのみ」

（右側面）

「神の下僕《しもべ》よ、よくやった！／汝が愛してやまなかった職務《つとめ》から、今や退いて休め。／（神の栄光《さかえ》のための）戦いが戦いぬかれ、そして勝利が克ちとられた。／いまこそ、汝の主イエスの歓《よろこ》びの内《うち》に入れ」

（左側面）

「彼女の両手《もろて》より齎《もた》らされし果実を、／彼女自身の許に帰せよかし。／彼女自身の成就せし　あまた功績《いさおし》をして、／永遠《とわ》の憩いに旅立つ彼女への讃歌たらしめよ」

この碑銘を前にした淑は、「クリスチャン‐教師」の典型として自分の全てを教育に捧げ尽くしたライオンが歩んだ跡を、自らも「ライオンの（衣鉢を継ぐ）娘」（Lyon's daughter）の一人として引き継ごうとする切なる祈りと意志を胸に秘めつつ、――彼女自身の英文日記によれば――七日前の「〈創設者の日〉（the Founder's Day）以来そのまま残されていた花束から、バラの花弁一葉（a rose leaf）をそっと頂戴して」[46]マウント・ホリヨークを去ったのであった。この事実が物語るのは何であろうか。恐らく淑は、この時、幼い日から尊敬措く能わざる理想の「クリスチャン‐教師」であったライオンの衣鉢を、あらためて自覚的に継承することを神と自己に誓ったのではないだろうか。この時こそ、実に淑における宗教的実存と教育的実存との相即が、「即自かつ対自的（an und für sich）」に成立した瞬間であったと解して差しつかえなかろう。

さて、そうだとすると、少女期より私淑し抜いた「クリスチャン‐教師の〈原型〉」メアリー・ライオンから、――たとえ直接の薫陶は受けなくとも――その衣鉢を継ぐ「娘」たることを決意した上代が継承した最も本質的なもの、すなわち、両者に共通する基本的教育観ないし教育理想はどのようなものであったと考えられるか。この点についても、先行各章を通じて個別的に論考してきたところを総括する意味で、ここで改めて整理しておこう。それが、次なる第四の課題である。

これまで上代の教育理想について、日本の戦前における家父長制下の「良妻賢母」がモデルであったとする立場[47]も無くはなかった。そうした立場からすれば、例えば、召天する二年前に語られた彼女自身の、「私の教育方針は戦前も戦後もかわっていない。りっぱな娘になるよう、りっぱな妻になるよう、りっぱな母になるよう、そしてりっぱな日本女性になるよう教育するだけです[48]」といった言葉が、恐らくは論拠として挙げられるであろう。この言葉の限りで見るならば、そのような発言と捉えられるかもしれない。けれども、上来詳しく見てきたように、上代が目指した教育は、決して狭義の「良妻」のためでもなければ「賢母」のためのものでもなかった。そうした狭隘な日本特有の範疇に、本来納まるはずもないものであった。上記の「りっぱな娘・りっぱな妻・りっぱな日本女性」と表現されている理想の女性とは、彼女が別のところで「常に人間らしい　娘らしい人になってほしいと希います[49]」とか、「勉強して戴きたいのです　人間らしい人間に……[50]」とか語っているように、あくまで「人間として立派な」娘・妻・母・日本女性に外ならないことを、このさい銘記しておくべきであろう。上代が教育理想とした女性像は、既に先行の諸章を通じて指摘したように、例えばエヴァンジェリンやライオンやコルビーといった、典型的に「キリストに倣う」女性たちであった。換言すれば、要するに他者の善のため「愛と奉仕」に徹し、誠実・勤勉・忍耐・克己・親切・快活明朗・質素・節倹等々を旨として生きる敬虔な女性像であった。

　しかしそれは、単にキリスト者としての理想だけにとどまるものではなかった点に、ここで特別の注意を払う必要があろう。彼女が目指したのは、そもそも人‐間《じんかん》的存在としての人間には必然的・普遍的な「生き方」の理想なのであって、人間本来の「善美（beautiful）なる」在り方に外ならぬものだったのである。そのことを端的に示す淑自身の英文によるメモを、幸いにも遺された備忘帳のうちに見い出すことが出来た。「あなた方が真に美しいのは、唯一、他の人々のことを思い遣り、彼らに助けの手を差し伸べようと努力する時だけです。（You are truly beautiful only when you are thinking for others. & trying to help them.）[51]」。ここには、人間普遍の倫理性に重点をおく上代の「善美」の理想が、鮮やかに示されている。そこには、倫理的契機を必然的にその内に含むところの「美」が、生き生きと観念されている。それゆえ、彼女が追求した人間理想は、したがって又その教育理想は、要するに、自己自身をはじめとする個々人における、また生徒一人ひとりにおける「性格の善美」なのであり、「善美なる生き方」（beautiful way of life）だったのである。[52] そして之こそ、長年にわたり「生徒達への教えともなり、私自身の祈りともなっている」[53]と告白していた、あの上代淑の抱懐する理想美(beau-ideal)だったと云って間違いなかろう。その意味で彼女の理想は、正しく心情の陶冶を重視したライオン[54]のそれと同じように、[55]他者の「回心」（conversion）を目的とする狭いキリスト教教育の枠を遙かに超え出た、——況わんや日本の家父長制的枠組みなぞ論外の——「普遍的人間的」（allgemein-menschlich）な理想像だったのである。この点、淑の留学当時のマウント・ホリヨーク学長で、あらゆる学生の回心を目指した宣教主義に立つミード女史[56]と、「ライオン—淑」のラインとは明らかに、基本的教育観において異なる立場であると思われる。

上代が先述のとおり唱道してやまなかった、例の「他者のために生きるキリスト者としての幸せ」（blessings of Christan life to others）という言葉にしても、より広く普遍的な立場に立って、もしも「キリスト者としての」（Christian）と「人間としての」（human）とを一語だけ入れ替えたとしても、意味上さしたる誤謬は生じないであろう。なぜなら、「クリスチャン・教師」としての上代のばあい、神の栄光のためばかりでなく、人間存在としての普遍的倫理性の陶冶にこそ、むしろ重心が置かれていたと考えられるからである。この点については、先の第4章において、彼女の日常生活倫理規範集とも称すべき『日めくり』の詳しい分析を通じて見たとおりである。以上要するに、上代もライオンと同様、キリスト教の理念に発しながらも、しかし実践的には、原理主義的な狭隘さや宣教主義の押しつけがましさに陥ることなく、「自由教育」（liberal education）の伝統的趣旨[57]をも踏まえ、教育の主たる目標として先ずは人間性の陶冶に重点を置く、より自由で開かれた教育観と教育理想を有していたと思われる。

「私は何のために生まれてきたか」という淑自身の自問は、――すでに何度も触れたように――いつも直ちに、「人の幸福のために生きる」という実践的回答を導き出した。そしてそれは、彼女による「示範」の裏付けを伴いつつ、「人は何のために」という一般的な人生の目的ないし意義の問いかけの形で、周囲に集まる人々に向けられることとなる。すると、それは更に翻って、「あなたは、一体何のために生きるのか」という退引きならぬ問いへ人を誘い込まずには措かなくなる。つまり、日頃より敬愛してやまない上代先生から語り説かれ、同時に率先垂範される「他者への愛と奉仕」を眼のあたりに見て、自ずと人々は、そしてとりわけ年若い純真な生徒たちは、この問いを改めて主体的・実存的に真正面から受けとめざるを得なくなる。こうして、彼女が重視していた心情・心術の陶冶、ないし人間性の陶冶は、まさしく右のような人間形成的連関において、ごくごく自然に、しかも極めて力強く成立したのではないだろうか。「生きる姿勢」ないし人生態度そのものとしての人間性の、このような自然な形で行われる「パス・オン」こそ、実は勝義の「教育」の核心であり、教育の真髄と呼ぶべきものであろう。この、人間として〝まっとう〟に生きる姿勢のパス・オン、換言すれば、人間として最高に価値ある生き方の継承が、上代 淑という並外れた「教育的個性」の出現によって見事に達成されたのであった。むろん彼女自身は、キリスト者として真摯で敬虔な生き方に終始したのであったが、人間としての生き方を大事にし、人間が人間らしく生きるとはどういう事かと問うことを、たえず教育の根本課題として重視していた上代であったからこそ、それを身近かで見聞きした人々は、キリスト教の世界をも超えた人間普遍的な諸々の美徳ないし徳性を培われる結果となったのである。そしてそれは又、戦前・戦中の政治的・社会的・思想的に困難な時代状況の中にあっても、彼女自身淡々と語っていたように、一貫して普遍的な人間性の陶治理念を抂げる必要がなかった所以でもあったであろう。このようにして、山陽（高等）女学校ならびに同女子高等学校で薫陶を受けた「上代の〈娘〉」たちは固よりのこと、旭東日曜学校の幼児たちにも、又そこで教師の役を勤めた操山寮の青年たちにも、そして更には教え子の孫子たちに至るまで、次から次へ、人から人へ、世代から世代へと、半世紀以上にわたって彼女は、持続的かつ深甚な人格的影響を及ぼし続けたのであった。そのことを、鮮やかに示す具体的証左を最後に披露しよう。

中学生の頃より最晩年の上代淑に教えを受けたことのある一生徒（昭和三七年卒）が、後に人の子の親となってから母校に書き送った書簡である。「上代淑先生ご逝去の時、私は高一でございました。中学から山陽学園に行き、母も姉も一族みんな卒業生でしたので　先生のお教えの流れの中に生まれながらに生活させていただきました。在学中に人間としての正しい道を　くりかえし根気よくお教えいただき、体のすみずみまで身につけさせていただきました。おかげさまで今、子供達を育てる母の立場にいますとき本当にありがたく思います。四十才になりましても、中学時代に受けた教育が一生ついてまわりますことを　つくづく思わずにはいられません。美しい物に感動し、人のやさしさに感動し、人を思いやる奉仕の心が私の終生の宝物でございます。何才になりましても、今はなき上代先生にお教えいただいた人間として大切な道をひたすら歩んで行きたいと思います。そして、子供達にも伝えて行きたいです[58]」。ここで改めて注目されるのは、上代がたえず後代に伝え続けようとしたものが、「美しいものに感動し、人のやさしさに感動し、人を思いやる奉仕の心」であること、そしてそれが「人間としての正しい道」「人間として大切な道」に外ならないものとして、見事なばかり正確に受けとめられている点である。しかも、その同じ道を、自分のみならず子ども達の代にも、きちんと引き継がせたいと切望している点である。これを要するに、上代にとってはキリスト者として至極当然の自己滅却や他者奉仕も、実は人間存在として不可欠の善美なる生き方に直接繫がるものなのであって、この謂わば人間性の「原液」のごときものが、確実に世代を超えて脈々と〝パス・オン〟されているのは、正に驚異と云う外ない。そして、これこそは、本来、人が真に人間らしく生きるのを誠心誠意助け成らせる「教育」という営みの、謂うなれば「原質」（Urwesen）なのではあるまいか。この人間ならではの根源的営為を、何の衒いもなく、何らの報いも期待せず、ひたすら「人（他者）のために」実践しつづけたのが、上代 淑その人であった。その意味で、彼女は紛れもなきキリスト者であると同時に、明らかに教育愛としての「アガペー」[59]の実存的証行者でもあったのである。

註

（1）一九九六年五月二二日、大阪ヒルトンホテルにおいて開催された山陽高等女学校の同窓会関西支部会で同席させていただいた際に、同校恩師として招かれた故山下薫子女史に伺った話である。
（2）『山陽学園新聞』第三八号、昭和三〇年七月一五日、一頁。
（3）堀 以曽編『上代先生を語る』昭和三一年一〇月一八日、一七一頁。
（4）同上書、一七〇頁。
（5）山陽高等女学校同窓会『みさお』第八二号、昭和六年七月一八日、巻末の一〇頁。

(6)校舎はすべて焼失してしまったのであるが、実に不思議なことに、同窓生たちが上代のために寄贈した家作は、近隣にあったにもかかわらず焼け残り、この校長宅が全ての復興活動の拠点となったことは云うまでもない。「山陽高等女学校復興計画書」(昭和二〇年一一月六日付)をはじめ、「復興資金募集趣意書」(昭和二一年三月)等々の当時の重要書類が、現在も一部は上代淑記念館に保管されている。復興資金の調達が計画され、かつ実行に移されていたのであるが、当時の生徒の一般的な生活状況や激しいインフレを思うにつけても、その困難は測りしれない。

(7)『山陽学園新聞』第四五号、昭和三一年一〇月一一日、一頁。

(8)オリーブ・ホイテ(Olive S Hoyt, 1874-1966)は、上代 淑と共にマウント・ホリヨーク・カレッジに学び上代と同年の一八九七年に卒業している。一八九六年の同校大火の折りには、窮地の中同じベッドで休んだというエピソードもある。在学中から始まった交わりは、終生続き淑のかけがえのない友の一人であった。彼女は卒業後アメリカン・ボードの宣教師として神戸女学院に着任後、松山東雲高等女学校に移り奉職、大正九年には同校第三代校長を務めた。昭和二五年に日本を去る間際に、山陽高等女学校の上代に別れを告げに来訪したおり、同校食堂の一杯のすうどんを前に、両者が楽しげに長時間語らっていた様子を目にしたことが今でも心に蘇ると、当時の同校教諭佐原佑明氏が筆者に語ってくださった。(二〇〇二年一月二三日、電話による談話)

(9)七〇周年記念式典での上代の言葉には「随分多端な月日」とあるが、彼女はさまざまな品物を持ち歩いて売りさばき、利益が僅かであっても復興資金に充て続けたのである。上代だけでなく、生徒も復興の一助として行商したものには、学校で安く仕入れたイモあめや、たくわん漬、昆布巻き、高野豆腐等々、実に多岐に亙る品々があった。こうした物品販売の依頼や御礼などが認められた直筆のハガキなどが今も残されており、その努力のほどが具にうかがわれる。また、先の生徒たちの「演劇、舞踊の旅」とは、復興資金募集のために催された旅回りの芸能会のことで、生徒たちが出演し、各地の同窓生が入場切符を売りさばき、その売り上げを復興資金に充てたのであった。こうした芸能会にも、上代は必ず同伴したといわれている。こうして生徒や上代が苦労して作り出した資金が、実際どれほどの役に立ったか否かは不明であるが、しかし老齢にもかかわらず一途に「愛と奉仕」の精神で学校再建のために献身して止むことのなかった上代の姿が、自ずと生徒たちの内面に奉仕の精神を培い、また寄付する多くの同窓生や保護者のこころにも、必ずや大きな感動と共に深い共鳴をもたらしたことは、疑いの余地がない。

(10) 創立六〇周年祝辞、昭和二二年一〇月一七日、生徒総代　中澤三和の原稿の写し。
(11) 上代 淑「私のあかし」『わがよろこび　クリスマス号』、太田静湖発行、一九五九年一二月、六頁。
(12) 「名誉ある教育者、誠意の人、上代山陽学園長」『山陽新聞』、昭和二七年四月二一日。この記事の内容は、故上代晧三氏が備忘風に書きためておられた原稿の中に遺されている。しかし、この日付の同新聞には、この記事を見つけることが出来なかった。
(13) 浜田栄夫「上代知新と新島 襄」、山陽学園大学国際文化学部比較文化学科『上代 淑研究　創刊号』、一九九六年参照。
(14) 上代晧三「上代家の始祖」、山陽学園地歴部『どんぐり四〇』所収、一九八六年参照。この資料によると淑のすぐ下の妹禮は早世、明治一一年四月一日には大阪でハナ（花）が生まれ、続いて明治一四年九月一日には千代も同様大阪で生まれている。

(15) 堀 以曽筆録「上代 淑先生、母を語る」、山陽学園地歴部『どんぐり四〇』所収、一九八六年、二〇頁。
(16) そもそも、母の胸に抱かれて安心して眠っている乳呑児の「被包感」(Geborgenheit) は、最初、母への全面的信頼そのものに外ならない。次いでそれは、その母が信頼している存在、例えば父や兄や姉、祖父母等々といった家族への信頼へと拡大される。こうして、家庭内には相互に信頼され安心感を与えてくれる者たちから放射される、温かな陽射しのごとき情調が充ち、そうした雰囲気の中心からのみ、周囲の世界は子どもに対して意味をおびた秩序を開示してくるのである。そして、こうした周囲への一般的信頼を経て、やがては最後に絶対者に対する信頼も生ずるといえる。ボルノウは「絶対者は、はじめは母親の姿の中でおぼろげに捉えられるのであって、後年における絶対者への接近は、すべて、この根源的経験によって媒介されるのである」(O・F・ボルノウ著、森昭・岡田渥美訳『教育を支えるもの──教育関係の人間学的考察──』昭和五〇年、黎明書房、五六頁) と述べ、母という特定の他者に対する絶対的信頼が、徐々に存在と人生の全体に対する普遍的信頼へと転化してゆき、さらには存在そのものを支える絶対者への信頼へと深まりゆくことを指摘している。淑においても、母さいに対する信頼が、やがて母の信頼する神への信頼へとつながったと考えられる。
(17) 上掲「私のあかし」、五頁。
(18) 故堀 以曽女史筆録の原稿。
(19) 上掲『教育を支えるもの──教育関係の人間学的考察──』、六九─七〇頁。
(20) 操友会「七〇年史」刊行委員会編『第六高等学校 岡山医学専門学校 岡山大学 基督教青年会・操山寮七十年史』、一九八三年参照。山岡 望伝編集委員会編『山岡 望伝──ある旧制高校教師の生涯』、内田老鶴圃、一九八五年、一四〇―一四九参照。

(21)『聖書（新約）』、ヨハネによる福音書一五章五節には、「わたしはぶどうの木、あなたがたはその枝である」の聖句がある。ぶどうの木はイエスを指す。

(22)『みさお　特集母校本館建設上代先生を偲ぶ』、会報七号、山陽学園同窓会、昭和三五年八月二〇日、三三頁。

(23)上代 淑「感謝」、山陽学園同窓会『みさお』、三号、昭和三〇年五月一〇日、一頁。

(24)本書第4章、註2参照。

(25)本章註23参照。

(26)同上。

(27)本書第3章、第1節参照。

(28)本書第3章、第2節参照。

(29)本章註20参照。

(30)本書第3章、参照。

(31)彼女には長年にわたり必携メモ帳として利用していた小型の茶色革表紙の手帳があったが、その扉部分に英文タイプされた〝Pass It On〟の歌詞が貼り付けられている。その原文は次の通りである。

Have you had a kindness shown? / Pass it on! / 'Twas not given to you alone. / Pass it on! Let it travel down years, / Let it wipe another's tears. / Till in Heaven the dead appears. / Pass it on!

なお、〝Pass It On〟の歌は、現在もキリスト教の世界では可成り人口に膾炙している歌で、Kurt Kaiser

による歌詞と曲が一般的なものの様である。
（32）ここで用いられている「宣伝」とは、現代における政治的な宣伝やコマーシャリズムのそれとは、本質的に異なる。神の愛や意志を世界に広く「宣べ伝える」という意味なのであって、それは宣教の「宣」、伝道の「伝」の意味であることに、注意されたい。
（33）上代淑「次から次へ」昭和二三年二月、『上代淑先生訓話集』、昭和三二年、一二五―一二九頁。
（34）『みさお　特集母校本館建設上代先生を偲ぶ』、会報七号、山陽学園同窓会、昭和三五年八月二〇日、三四頁。
（35）『聖書（新約）』のコリント信徒への手紙一、第一一章一節の次の言葉を参照。「わたしがキリストに倣う者であるように、あなたがたもこのわたしに倣う者となりなさい」。
（36）マルティン・ルター著、石原　謙訳『新訳キリスト者の自由・聖書への序言』、一九八一年、岩波書店、一三―四九頁参照。
（37）正しく、淑自身の次のような言葉も遺されている。「…どうぞ私達はイエス・キリストのやうに、身を捨て、命を捨てて、さうして生きませう。尊い生き方をいたしませう。何時神様が私共をお召しくださっても　そのお召しくださる最後の呼吸をする瞬時まで　人の為に〳〵にとキリストに倣って生きませう。眞に生きませう」（上代淑「母校の思い出」、梅花高等女学校この花会雑誌部、『この花創立六十周年記念号』、昭和一二年、八五頁）
（38）本書第3章、註114参照。
（39）本書第3章、註108参照。

(40) 上代 淑英文日記、一九〇七年七月一〇日、一六六―一六五頁。

(41) 本書第2章、註21参照。なお、澤山保羅は同遺稿の中で、ケンクレア教会のフィベやプリスキラとアクラの働き（『聖書 [新約]』ローマの信徒への手紙、第一六章一―三節）を例として挙げて説いている。

(42) 淑が留学していた当時のマウント・ホリヨーク学長 Mead による「学長年次報告書、一八九六―七年度」には、「創設当初の精神が、そのまま今日の精神でもある。不運や不幸にめげず、それを大らかに明るく受け容れる姿勢態度、他者奉仕への精進、真摯な目的への献身的努力などが、今年度もかつてと同じように示されている」との記述が見られる。E.S.Mead, Report for 1896-7, p.24, Annual report of the President, Mount Holyoke College.（本資料は、一九八八年に山梨英和短期大学で学術研究助成金を与えられて渡米した際、Mount Holyoke College Library/Archives で発見し、これの複写を特に許されて持ち帰ったものである。）

(43) 上代 淑英文日記、一九〇七年一一月七日。

(44) マウント・ホリヨーク時代の恩師（動物学博士）C.M.Clapp は、「一九〇七年のクリスマス、あなたの友人　C・Mクラップより」と英文で自書し、正面から撮影したライオンの墓碑の写真を淑にプレゼントしている。この一葉の写真を、淑は生涯特別の思いをもって大切にしていたと思われる。現在は、上代 淑記念館に保管されている。

(45) この碑文について触れられた研究を寡聞にして知らないので、ここに筆者が現地で筆記してきた原文を添えておくことにする。

（正面）

MARY LYON.

The founder of
Mount Holyoke
Female Seminary
and for twelve years,
its Principal :
A Teacher
for thirty five years ;
and of more than
three thousand pupils.
Born Feb.28.1797,
Died March 5,1849.

（背面）

〝THERE IS NOTHING IN THE
UNIVERSE THAT I FEAR BUT
THAT I SHALL NOT KNOW ALL
MY DUTY, OR SHALL FAIL
TO DO IT.〟

（右側面）

〝Servant of God, well done!
Rest from thy loved employ;
The battle fought, the victory won:
Enter thy Master's joy.〟

（左側面）

〝Give her of the
fruit of her hands,
and let her own works
praise her in the gates.〟

（46）上代 淑英文日記、一九〇七年一一月一五日。

（47）「良妻賢母」という概念も時代とともに変容し、その内容は必ずしも一様ではない。しかも、必ずしも日本特有の狭い概念でもない。けれども、前山陽学園大学長　故秋山和夫氏は、これを一般に流布している見解と同様、日本における戦前の家族制度の補強補充の機能を果たした狭義の「良妻賢母」の意味で捉え（秋山和夫「山陽学園の教育精神と上代 淑」、『岡山の教育』、日本文教出版株式会社、昭和四七年、九二頁参照）、上代 淑は「女子教育の理想像を良妻賢母に求めた」（秋山和夫「上代 淑」、『岡山県歴史人物事典』、山陽新聞社、平成六年、二九〇―二九一頁参照）と断じておられる。しかし、果たしてそうなのであろうか。既成の概念枠に捉われず、上代の人となりと思想と教育実践の全体から、総合的に判断するべきではなかろうか。

（48）「日曜訪問」、『毎日新聞（岡山版第二）』昭和三二年九月二九日付記事。

（49）山陽高等女学校行餘会『みさを』第七七号、昭和三年、四頁。

（50）『塾報　創立十周年記念号』、山陽家政塾、大正一〇年、二―三頁。

（51）淑自身が、昭和一三、一四年頃に使用していた備忘帳。（山陽学園、上代淑記念館所蔵）

（52）本書第4章、第4節参照。

（53）本章、前節参照。

（54）Cf. Hitchcock, *The Power of Christian Benevolence …… the Life and Labors of Mary Lyon*, op.cit., pp.126-158. なお、自他の心術・心情の陶冶を大事にしたM・ライオンについては、彼女の卓越の人格を形づくった不可欠の諸美質――節度・中庸・誠実・勤勉・知的教養・善美の魂（beautiful soul）・友愛・自侍・自己把持・決断力・仁愛等々――を、沢山の挿話を用いて分析した前記W.T.Thayerの著『良き少女、真の女性』（*Good Girl and True Woman Or Elements of Success Drawn from the Life of Mary Lyon and Other Similar Characters*, op.cit.）に詳しい。

少女や若い女性を対象とした、この陶冶小説ならぬ「陶冶伝記」は、出版年不詳である。しかし第1章を始めるに当たり著者は、読者にライオンの生家について、「想像力で半世紀以上も前に遡り、マサチューセッツ州はバックランドの田舎町にあった、貧しいながらも平和と愛に充ちていた《山の家》（〝mountain home〟）」を想い描くよう求めていることから推して、一八五〇年代後半以降の出版と思われる。しかも、上記Hitchcockの著作から「現在形」の形で引用されている箇所が複数見られるところからすれば、一八六〇年前後の出版か。そうしてみれば、一八九四年に留学した上代 淑が読んだ可能性も十分にあったであろう。

(55) この点に関して、前記の上代晧三氏──若い六高生の頃から、操山寮の寮生として淑の薫陶を受け、後に養子縁組して上代家を嗣ぐとともに、山陽女子中学校・高等学校の校長職ならびに山陽学園短期大学学長職をも長年勤め、上代 淑の最も優れた理解者・後継者であった──の見解も、全く同様である。「教育についてMary Lyonからうけついだもの」と題された彼のメモ（上代晧三メモ、山陽学園大学・短期大学図書館内、上代 淑研究会保存資料）によれば、「淑自身の口から山陽の生徒達のみならず、後年には教師たちにも語られた言葉の中から、Mary Lyonその人の教えに基づくものが多い」とされており、その具体的な例として、「見えない所で働け」「人の嫌がる仕事を引き受け」「目立たないようにする」「Wear a cheerful face」「for others に徹せよ」などが挙げられている。また上代自身も、山陽学園に学ぶ者の目的について、「決してわが身のためではありません　ひろく世のため　はらからの為に捧げ行く生涯を作らんためであります。人の幸福、社会の福祉をもたらすための奉仕を全うせんためであります」（上代 淑「よき家風を作ろう」、山陽学園『みさを』第一号、昭和二三年一二月二〇日発行、一頁所収）と述べているが、ここに示されている基本的教育目的は、正にライオンいらい引き継がれてきた同一の精神に基づくものと解してよいであろう。

(56) Meadは例えば、その「学長年次報告書、一八九三─四年度」の中で、「本年度の記録が全体的に喜ばしいものであるとはいえ、私達は本学のあらゆる学生がキリスト教の信徒になっていない点では、まだ満足していません。というのも、彼女たちが神と共にある者である時にのみ、彼女たちの教育が世界に対する神の御恵を証するものであると、私たちは承知しているからです」と述べている。（E.S.Mead, Report for

1893-4, op.cit., p.14.）ここからは、人間陶冶としての教育の論理よりも、先ず宣教の論理が優先されているのを看取できるであろう。

(57) 本書第1章、第2、3節参照。

(58) 山陽女子中学校・高等学校図書委員会編『私たちが本から捜した上代淑先生 Ⅲ』、山陽学園図書館、二〇〇三年三月、一二五頁。なお、この卒業生の書簡が、現在の山陽女子中学校・高等学校に学ぶ生徒達の手で纏められた同冊子の中で、幼い手書きの文字で写し取られた形で収められているものであることにも、ここで特に着目しておきたい。同冊子は、現在三冊目を数えるが、もともと山陽学園創立百十年を迎えた一九九六年に、「山陽学園のこころや淑先生が教育者として大切にしていたものを感じ」とりたい（山陽学園図書委員会編『私たちが本から捜した上代淑先生』、一九九六年一〇月、巻頭の辞）との思いから、同校図書委員たちによって発案・企画され、同校図書館内に所蔵されていた上代 淑関係の書籍や記事を蒐集したものである。上掲の第三冊目の巻頭には、「私達は今後も、上代 淑先生のお心が山陽学園の精神であり根幹であることを大切にしていきながら、《愛と奉仕》《感謝》の心を皆様と共に守っていきたいと思っています」と書かれている。ここには明らかに、上代の生き方、淑のこころが、今なお若い生徒たちに受け伝えられてゆく様子が窺われる。その冊子の形状は、色画用紙の表紙と藁半紙印刷と大そう貧しくはあるが、筆者の眼には実に眩しいほどの光芒を放つ貴重な宝として焼き付いている。おそらく、生徒達が放課後や休み時間を利用しながら、教師たちが常々敬愛の念をもって口にする「上代 淑」なる人物の全体像をもとめて、断片的ながらも人々が記した上代の言葉や行動や教えを探し歩いたはずである。そうした作業を通じて、自らが学ぶ学園が、かつてキリスト教徒たちの拠金によって建てられたものであり、次世代の女子教育発展への多数の大人たちの熱い思いが、度重なる財政難をも乗り越えさせ、上代 淑という稀に見る卓越した教師の登場によって、その切なる願いが受け継がれ、守られ更に拡充されてきたことを、彼らはしかと認識できたであろう。そして、それらを導き支えた精神が、「山陽魂」と呼ばれる「人への愛に基づく奉仕と感謝」であったことをも、あらためて「まねびとった」に違いない。因みに、この活動に参加した生徒たちが、「自分の一生をかけて、山陽を愛し、守ってくださった上代先生に改めて、感謝したい気持ちです」とか、「一歩でも上代先生のお心に近づけるよう努力したいと思います」（山陽学園図書委員会編『私たちが本から捜した上代淑先生』、一九九六年一〇月、一一五頁）とか、曽ての淑の教え子たちと同じ様に、素直に自分たちの真情を吐露している。このような生き方の継承、精神の伝播、魂の伝承こそが、教育活動の真髄をなすものではないだろうか。そして、この生徒達の自発的活動を、彼らの人間的成長を願いつつサポートした教師たちが現にいることも、忘れられてはならない事実である。正に「上代に倣う」教師たちの姿を通して、今なお「山陽魂」が生徒達に伝えられている厳たる現実があることに、深い感動を覚えずにおれない。

（59）本節冒頭の部分を参照。

あとがき――この書の上梓に思うことども――

今回この書を上梓するに当たり、私は以下に、真率な諸々の感懐を忌憚なく披瀝させて頂きたいと存じます。ついては文体と主語も、ここでは「デス・マス」調と「私」に変えることと致します。

かつて私が短期大学を卒業し、非常勤講師として某私立中学校で家庭科の教師として勤務して二年目のことです。授業を終えて廊下に出た時、そこに生徒のお母さんが待っておられたのです。若い私に「先生」と呼びかけられ、「うちの子は大丈夫でしょうか」と尋ねられたのです。その時、被服実習としてパジャマの製作をしていたのですが、わざわざ訪問された理由は、視力の弱い我が子を案じてのことであったことが分かりました。子を思う母の姿、そして遙かに年若い私に「先生」と呼んで信頼しきった眼差しで仰ぎ見て下さった姿に、私は初めて大きな衝撃を感じたのです。教育という営みに直接携わる仕事の重さに、その時ハッと気づいたのです。それまで殆ど何らの疑問も抱かぬまま楽しく「教師」をしていた自分に、深い自省の念が芽生えたのです。

その恥ずかしい思いに悶々としていた頃、ある書店で、『生涯教育――現代学問のすすめ』という題名の、当時お茶の水女子大学におられた森 隆夫教授が書かれた小さな本に出会ったのです。「人はいつからでも学べる」という内容に大きく心を揺さぶられた私は、卒業式の際に「いつでも、この甲南の丘に戻っていらっしゃい」という、母校甲南女子大学学長の故鯵坂二夫先生の温かいお声を突如思い出したのです。曲折はありましたものの、私は母校の文学部人間関係学科で再び学ぶことが許されました。その時の喜びは格別で、かつて高校から短大に進学した時には全く感じなかったものでした。「勉強がしたい、教育とは何か、教師とはいかに在るべきかを知りたい」。そして、「ほんものの教師になりたい」というのが当時の切なる願いでした。実はこれこそ、この書に収めた一連の研究へと、私を導き入れた根本の動機だったのです。

そうした中で、勉強する機会が与えられた感謝の念に伴って、わけても自分たち女性が自由に教育を受けられる道が、どのようにして拓かれたのかといった、学問的興味が湧いてきたのです。「明治期における我が国女子教育の歴史的考察」と題する卒業論文や修士論文「金沢女学校の設立に関する研究」といった、女子教育の制度的研究から学んだことは、日本の女子教育を振興・発展させた主たる要因についてでした。中でも、強い関心を覚えたのが、明治期のキリスト教主義女学校で活躍した米国人女性教師たちの役割の大きさでした。彼女たちは、名目上は米国のキリスト教宣教団から派遣された宣教師でしたが、熱心に教鞭をとり、敬虔なキリスト者として生徒たちへの面倒見もよく、日本人たちの信望も篤く、立派な教師と尊敬され今も高く評価されています。加えて、彼女らが主眼とした「自由教育（Liberal Education）」による全人的陶冶の考え方も、正に新たな女子教育の理念として、大きな独自性を発揮したのでした。

こうした純真無比の、人間性陶冶への情熱を具えて来日した女性教師たちの中には、母校マウント・ホリヨーク・セミナリーで学び、その名高い創設者M・ライオンの精神を身に体した通称「ライオンの娘たち（Lyon's daughters）」が数多くいたのです。うち若干名がキリスト教主義の梅花女学校にも勤務しており、当時の同女学校に在学中の上代淑は、それら「ライオンの娘たち」から親しく指導を受けているのです。また、既に本文第二章で述べましたように、梅花女学校そのものが、マウント・ホリヨークをモデルにつくられたことを考えますと、上代 淑がM・ライオンと間接的ではありますが確固たる精神的絆へとやがて向かう機縁を得た〝現場〟こそ、梅花女学校だったと云えましょう。

この米国女子高等教育の先駆者たるM・ライオンこそ、上代が少女期から長く私淑してきた理想の教師像なのでありますが、その理想とするライオンがかつてマウント・ホリヨーク・セミナリーを創建するに当たって、自ら手がけた『最終趣意書』からは、この私の書における〝陰の主題〟とも呼ぶべき「クリスチャン-教師」の原像ないし「原型」が、明らかに読み取れるのです。つまり端的に云えば、M・ライオンと上代淑との両者が抱懐する理想の人間像・教師像には、――第1章に見た通り――本質的に同根・同質の共通点が認められるのです。

ところで、私が上代 淑を研究対象として選んだのも、潜在意識としては多分に、生涯独身で五一歳になるまで学寮で生徒たちと起居を共にしていた上代校長の、いかにも「クリスチャン-教師」ならではの生き方・生活ぶりに強く惹かれたからと申せましょう。私の心が上代を呼び求めるような、上代が私を呼んで下さったような、心と心が喚び合い響き合って、既にご他界なさって実際にはお目もじできない上代 淑先生が、私の心に入って来て下さったように、今も感じられているのです。「魂の飛び火」などと表現すると誇られるかもしれません。しかし、私は彼女が入学式や卒業式で生徒たちに語りかけた言辞をはじめ、教え子たちの思い出として語られる上代先生の言葉の総てに、すっかり魅了されてゆきました。それは、ちょうど私が苦境に立っていた時と重なります。「私は何のために生まれてきたのか」「目の前の人々のため、私は一体何ができるのか」といった自問を、日に何度も繰り返す毎日でした。そうした折りに、上代先生は私の魂に語りかけ訴えかけて下さったのです。「この人間の世の中には、不如意な事、不満な事、苦しい事、悲しい事が随分沢山あります。けれども静かに心を落ち着けて考えますとき、祈りますとき、どのような場合、どのような所にも感謝しなければならない事情が会得されるようになります。感謝によって事毎に当たるとき、当然来るべき不幸さえ幸にかえてゆくことが出来る筈だとおもいます」という、思いもかけない御言葉でした。世間一般の常識とは全く異なる「不幸を幸に変えることが出来る」という見方・考え方に愕然としながらも、私は強く心惹かれたのでした。

時間はかかりましたが、現在私は幸いにも、以前とは全く異なった境地に立つことができ、今では研究者として教師として、あるいは母として娘として、それぞれ間違いなく必要・不可欠の人間として生かされて在ると確信できるようになっています。私を立ち直らせ励まし、活き活きと生かしめて下さったのは、紛れもなく上代 淑先生という御方であり、そして先生と同じキリスト者としての私の信仰であります。

実際には印刷された文章にも拘わらず、先生の言辞が生きた声となって、私の魂に訴えかけて下さったからとしか言い様がありません。「教育とは、教師とは？」という根本的な問いを頭で考え続けるだけでなく、実際目前にいる我が子や生徒・学生たちに対して、自分自身がいかに在るべきかを切実に探り求めていたためかもしれません。不思議な御縁により幸い巡り会わせて頂けた上代 淑先生のお言葉や行動が、私の心の奥底にまで浸み込んで離れないのです。何をしていても、何処にいても、上代先生のお声が聞こえてくるようになったのです。爾来「このような時、先生ならどう為さるだろうか、何とおっしゃるだろうか」とたえず自問自答しながら、私は人生を歩んできたように思います。

「出会いは人を変える」とは誰しもが認める事実でしょう。あの方に出会ったから今ここに、自分はこうして在るのだと感謝の念をもって受けとめる場合があるでしょう。逆に、出会いさえしなければと悔やむこともあるかも知れません。また、あの事故さえなければ、あの災害さえなければと様々な出来事の場合も同じでしょう。出会った人や事柄すべてを感謝しつつ受け止め得るようになるには、時間がかかると思います。場合によっては一生かかっても、そうした受けとめが叶わぬ場合もあるかもしれません。しかし人は、そうした出会いによって「生き方・在り様」を自ら変えるように祈りつつ努力したいものです。

何らかの信仰を持つ方は、それを「お与え」と考えられるでしょう。信仰をお持ちでない場合は、「偶然」とか「運命」とかの表現になるのではないでしょうか。キリスト者たちは、それを「神の御計画」とか「御業」とおっしゃることでしょう。いずれにしても実証的には説明できないことながら、人は確かに、生まれ出る時代や環境や親を、自分自身で選ぶことが出来ないように、出会う人を自分で選ぶことはできないように思われます。けれども果たして、それだけなのでしょうか。かつて教育哲学者ボルノウは、「出会い」の持つ意味を次のように解釈しました。「出会いが成就するためには、当の人間そのものによってそれが受け容れられ、かつ、自由において引き受けられねばならない」と。すなわち、人と人との出会いは、一面では確かに「お与え」であり「偶然」であるとしても、その反面には、出会いを自らの自由意志で選びとり維持するところに、人と人との真の関わり合いが成立するものだと考えられます。研究者にとっても、どのような研究対象と巡り会えるかは、なかなか説明しかねることです。この書に取りあげた上代 淑先生と私の出会いも、勉学の流れからは一見必然のように見えますが、どうにも説明がつかない途轍もなく大いなる力に導かれて、今こうした形で研究書を世に問うことが可能となったと申せましょう。しかし、他方で私は、また自覚的に自分の心の声に正直に従って、上代 淑研究を自由に選びとったのも確かな事実と云えます。どうしても、そうせずにはおられない熱い想いが湧き出て、それが二五年も尽きることなく続いているのです。

さて、人は皆それぞれに、この世の中で果たさなければならない使命が与えられていると思います。そして私は、この書を世に出すことが自分に与えられた使命の一つと見做しています。この研究に直接にも間接にも御尽力ご協力下さった皆々様や、その所属機関に対して心からの感謝を申し上げる意味も無論ありますが、それだけではありません。昨今の青少年犯罪のみならず、あらゆる分野で思いもかけない様々な悼ましい事態を見聞きするたび、周りにいる親や教師たちは、「大事な子どもを〈まとも〉に教育してきたのか」と激しい憤りを禁じ得ないと同時に、私ども教育学者は、世間に対して一体いかなる能動的な役割を果たしてきたのかと自責の念に駆られずにはおられません。しかも、そうした事態のなかで、今や教育の本質を問う学問などは無用とばかりに無視される反面で、教育現場で即刻役立つとされる教育技術や技能ばかりが重視され、教員養成においても狭隘・些末な「実践」が、恰《あたか》も万能の秘薬のごとく珍重されているのが現状です。にも拘わらず、そうした動向に対して全く無力である、自分自身に対する慚愧や怒りの念が、実は胸中に深く伏在しているのです。

そうした教育界の低調・低劣ぶりを反映というよりも――煽り立てるかのように、一部ジャーナリズムの世界でも人間存在としての品位も尊厳も忘却したかのように、専ら利益追求の市場原理に則って、目に余る記事が氾濫しています。先日も、ある書店で見かけた某雑誌の表紙に、「お金に困らない子の育て方」なる文言が大書されていたので、呆れかえって中を覗いてみると、「大学対決！　人生安泰なのはどちら？」といった驚くべき目次が目に跳び込んできました。いったい人は、何のために生きるのか？　何を目指して教育するのか？　といった根本からの問いかけが、今や「人の世」から全く欠落していることを証しするかのようで、実に暗澹たる想いに陥ったことでした。トルストイではありませんが、「人は何のために生きるのか」といった本質的な問題を少なくとも「教師」を志す人々には、是非とも本気で考えてもらわなければと痛感している次第です。

ところで、そのことと関連して、この書を敢えて公にしようと考えた理由が、更にもう一つあります。すなわち、現代社会の病根そのものに深く関わる根本問題であります。現代日本では、あらゆる社会共同体の絆を根底から担保すべき超越的価値が、完全に忘れ去られた結果、個々人自身の「存在意義（raisond'être）さえ定かではなくなっています。しかも、社会ないし世間とは、実は自分たち自身の集合体に外ならないとすれば、現代人は自らの「アイデンティティ」を見失っただけでなく、同時に自らの時代の人類史上の位置付けまでも確認できずに居ると云わざるを得ません。そこでは専ら、個々人の「エゴ」ないし「我執」「我欲」が人間生活のあらゆる局面で際限なく蔓延していると云って過言でないでしょう。

けれども、それとは全く正反対の〝人間ならでは〟の尊厳性と品位を有する「生き方・在り様」が、つい一世紀前までの日本では粛然と存在していた事実を、私たちは決して忘れてはならないと思います。そのことを、私は「隣人愛」の権化とも称すべき上代 淑先生の研究を通じて、正に肝に銘じることが出来たのでした。この紛れもない歴史的事実を、皆様方と共々に今こそ深く再認識し再評価すべきではないでしょうか。そして「上代 淑」という具体的な典型的〝モデル〟に徴しつつ、自らの生き方・在り様を自覚的に正し、もう一度「他者奉仕」「隣人愛」の精神を我が身に執り戻し、その実践・実行に一人ひとりが主体的に取り組み励むような、そうした社会風潮を何としても蘇らせたいものと、私は教育学者として今や真剣に腐心しているところなのです。

そこで次に、上代 淑の良き理解者の一人による印象深い言葉を掲げましょう。「この先生を見ればキリストが判る。……広い視野と見識を以て、いと小さき女学生の一人に仕えることは神に仕える事であり、この一人を愛する事は神を愛する事であると信じて、一路白髪に至るまで初志を貫かれた事は、神の栄光の証しであります」。生前に親交のあった、当時の岡山博愛会会長の更井良夫氏による上代　淑追悼文の一部です。これこそクリスチャンとしての淑と、教師としての上代がどのような生き方をした人物であったのかを、端的に言い表した見事な賛辞であると思われます。上代　淑という御方は、もっぱら隣人のために生きるのをモットーに常に他者のため、ひたむきに働き廻られたのです。すべては自分のためでなく、隣人の幸せのために懸命に尽くす生涯だったのです。そのお姿に直に接した人々は、誰しも心底から感動したのです。私利私欲の全くない無償の愛による行動は、周囲の人たちの魂を揺さぶり、「先生があれ程一生懸命なのだから」と誰もが上代に注目し、その善意の言動を見倣おうと努力したのです。こうした上代先生の高潔な人格力・感化力は、まず強力無比な教師集団を創りあげ、次いで善美な心情の生徒たち、卒業生・同窓生たちの、更にはその家族たちの集団へと、次々に拡大させてゆき、やがて全体として所謂「山陽スピリット」と呼ばれる独得の倫理的な雰囲気をもった精神的共同体が、自ずと重層的に形成されていったのです。これは正しく、淑先生が実際に呈示された至純な「他者奉仕」の実例に強く感動・共感して、多くの人々が自然な心の絆を形づくった成果に外なりません。

　ところで従来の教育学では、主として教育方法上の概念として、通常は「示範」とか「垂範」（example）という用語が使われるのが慣わしでした。けれども、この書に謂う「示範」とは、それらと些か異なる意味合いで用いられております。すなわち、個別的行為や行動に関する特定の見本や狭義の範型ないし標準例ではなく、本質的には「より根本的」で深刻な、全人格的な生き方・人生態度そのもの、あるいは倫理的生活態度一般に関する勝義の「示範」を指しているのです。従来の所謂「感化」とか「人格的影響」、あるいは

「薫陶」などと呼ばれてきたハイ・レベルでの「模範呈示」を意味しているのです。従って「示範」とか「お手本」（exemplar）とかいう際には、詳しくは二通りのレベルがあることを見のがしてはならないと思います。上代先生における「示範」とは彼女自身の編纂になる『日々の思い出』（日めくり）や『よいこのかるた』に見られるように、一見は個別の行為に対応して説き訓えているかのように見えても、その全体を通覧すれば、淑先生が本来目指し企図していたものが明白に看取できるでありましょう。実は寧ろ、それは人間ならではの精神的・倫理的な「陶冶」が目指されていたのであり、総じて人間性一般の錬磨・研磨としての人格の陶冶ないし醇化が、ひいては人間独自の心情や心性の聖別化が、究極の狙いであったと考えられるのです。

そのことを、いみじくも証左する原資料が実に多数遺されています。上代先生から直に薫陶を受けた卒業生たちが、同窓会雑誌『みさを』の各号にわたって自由に投稿した回顧談です。詳しくはこの書の第3章を参照して頂くとして、ここでは特に印象深い複数の彼女らの文章から、適宜にハイライト部分を摘記するだけで十分でしょう。

「愛と真実を尽くすことが出来る人間にならねばならない事を、あの若い時分に先生ご自身の生き方を通して、生きた教訓を頂けましたことは、生涯を通じて何よりも有難い事と考えております」。「私が今、自分の生活を振り返って見て、その大部分の四十年は、全て上代先生につながり、導かれたものです。戦後、苦労の多かった時から現在まで、私の生活の指針は、いつも上代先生から頂いたものと、今、強くはっきりと自覚することが出来ます。先生のことを思い出すと、自ずと素直に反省が出来る喜びを、幾度も経験しました。今後も、……あの魂のこもったお声を身の底に聞きながら、精進して参りたいと思います」。「先生の御高徳、御人格によって、私どもは人間の歩むべき道を、心の底に達する迄、熱心にお教えくださいました。……これまで幾度も人生の迷路にとまどいました時、いつでも先生の心優しい、しかも強いお言葉の数々が耳元に聞こえてまいります。〈明るく、強く、愛に生きていますか、あなたの最善を尽くして居ますか〉と。……心の弱い小さな私が、世間の一隅でお気の毒な方々のお世話をするようになりましたのも、〈人の為、喜んで尽くす事こそ、山陽の精神〉と奉仕の誠をお教えくださいました賜物と感謝しております」。

このように「他人（ひと）の幸せのために最善を尽くして生きておられた」上代先生ご自身の日常を、具に見聞きしつつ多感な年代を過ごしたかつての少女たちは、長じてからも幾多の苦難にめげず、確乎として上代先生の人生態度・信条・信念・価値観を継承・堅持しつづけ、それぞれに自己の人生に誇りをもって、「明るく、強く」立ち向かっている姿は、正に「山陽スピリット」を体する「上代の娘たち」の名に相応しい美事な生き方・暮らしぶりと讃えずにはおられません。実にこれこそ、上代 淑先生が生涯を賭して実践なさった「人間性の陶冶」としての教育の成果でなくて何でしょうか。

さて、上来論じてきた上代 淑先生という稀有の「クリスチャン-教師」の内面で、「キリスト者」としての〝隣人愛〟の実践と、「教育者」としての次世代に対する〝全人教育・全人陶冶〟とが、一体どのように分かち難く結びついているのかについて、その必然的相関関係が成り立つ根本的契機ないし動機を更めて焦点づけて再確認するため、先生自身の具体的発言に依拠しつつ、核心部分の論理を私なりに簡潔に抽出してみます。

上代先生は、次のように語っておられます。「あなたの与えられた親切は、あなた一人のためのものではない。次から次へと伝えるためにするのです。次から次へ、他の人に譲り渡す為に与えられた親切です」。

これはかつて先生が米国で偶々耳になさった〝Pass it on!〟という題の歌を想起して語られた言葉の一節ですが、続けて「この歌詞は、それ以来、生徒への教えともなり、私自身の祈りともなっている」とおっしゃり、さらに「心をひそめとくと考えて見ますとき、神様は広大無辺な愛をもって、この私どもを恵みうるおしてくださっています。しかも、《その受ける愛をもって他に接すると云うことが、真の人生を歩む道だと》お教えくださっているのです」と。つまり、淑先生は受けた親切、頂いた御恩、つまり頂戴した善意や愛は、その当のお方に直接お返しは出来なくても、その恩誼は、別の人々に対して同じように為すことによって、次から次へと繋がり広がりゆくもの、と説いておられるのです。

畢竟するに「愛」は、注がれた当の人間に必ずや感謝の念を喚起しますが、その感謝は必ずしも目の前の恩誼を下さった御本人に、直接向けられるとは限りません。寧ろ、叶わぬ場合の方が多いでしょう。それは、やがて個人的な特殊なケースだけではなく、自分を支えてくれている大きな「生」そのものや、世間様一般に対する深い感謝の念となってゆくことでしょう。そして究極的には、恐らく絶対者への感謝へと連がりゆくでしょう。しかも、その感謝の念は、必然的帰結として自発的に己れ自身も、他者のため「隣人」のために役立とうとする自主的な〝報恩〟の意志へと転化し、そこから積極的な「他者奉仕」が発現してくるのです。そうした他者に対する、人間ならではの無償の奉仕の最たる「他者奉仕」こそ、本来「神の子」たるべき人間の内的・精神的成長を真心込めて〝助成〟する努力なのであり、この「人間性の涵養・陶冶」が、即ち「教育」の中核部分に外ならないのです。

こうして、上代 淑先生においては、神と人への「感謝」は、翻って「神と人への奉仕」としての〝教育〟へと収斂してゆくのであります。これこそ、キリスト教における「隣人愛」の最も自然な発現形態と申せましょう。しかも、この「報恩」ないし「恩がえし」としての教育の理念は、必ずしもクリスチャンのみに限らず、一般に人間にとって普遍的な倫理の視点からも、さらには「ホモ・サピエンス（叡智の人）」としての「ライフ・サイクルの連鎖」という人類史的観点からしても、十分な妥当性を有する道理と観てよいのではないでしょうか。何となれば、自分が今ここに、こうして人間として生きて在ること自体、――真摯に省みるならば――洵にもって〝有り難き〟こと以外の何ものでもないのであって、いま自己自身が十全に支え導かれている「人間ならではの生」（humanlife）の深みに対する〝信頼と感謝〟の念が心中に厳として存在する限りは、他者への最たる奉仕としての「教育」の営みも極く〝当たり前〟の事として、素直に受けとめ積極的に担われる筈でありましょうから。換言すれば、それこそが「世代連鎖」の中に生きる「人間（ジンカン）的存在」にとっての、正しく〝自然〟なのでありましょうから。――その意味で、上代 淑先生も「愛と感謝と奉仕」を〝山陽スピリット〟と呼んで、敢えて校是と為されたのでしょうし、又それを「人間として生きる道」であると喝破された所以でもありましょう。

　このような上代 淑先生の内奥における生きた真実に接し得て、キリスト者であると同時に教育学の徒である私の魂は目覚めたのでした。そう〝Pass it on!〟――これこそ、教育実践の本旨と云えるのではないでしょうか。

　以上を顧みる時、上代 淑という一人の教師が、生涯かけて献身した「教育ないし人間性陶冶」の営為は、総じて「教育とは何か」「教師とは如何に在るべきか」をあらためて現代に生きる私どもに向かって、鋭く烈しく問いかけてくるのではないでしょうか。してみれば、それをどのように受けとめ、どう活かすべきかは、専ら私ども「教育に携わる者」自身の、真摯な責任感と人間的力量に懸かっていると云わねばなりません。その厳粛な使命の大きさ・重さに堪えて、私たちは敢えてそれを〝承け継ぐ〟覚悟を定めるのでなければならないと云わざるを得ません。

（二〇〇六年九月二六日記）

［付記］

あらためて振り返れば、ここに至るまで三〇年間、実に長い長い道のりでした。それだけに、この研究をめぐり実に多くの方々から文字通り「有り難い」御恩の数々を頂戴いたしました。ご芳名に添えて忘れ得ぬ思い出も含め、ここに簡単ながら特記させて頂くことで、私の深甚の感謝に代えさせて頂きたく存じます。

まず上代家ご一統の皆々様には、格別ご親切な御高配を賜りました。岡山の旧制第六高等学校在学中のお若い時期から淑先生に心服し、のちに先生の御養子になられた上代晧三先生は、日本医科大学の教授でいらした後、義母の最高の理解者・最善の後継者として、「山陽学園」の女子中学校・高等学校校長、同短期大学学長をお務めになられました。その当時から一介の大学院生の私に、晧三先生ご夫妻からは、全く善意そのものの御高配により、お手持ちの資料等を拝観させて頂く光栄に浴し、また絶えず温かいお励ましを頂戴いたしました。晧三先生に最後にお目もじが叶ったのは、一九八四年五月、日本医科大学附属病院の一室でした。御見舞いに伺った私に、「淑先生の研究をしてくれますか」と息も絶えんばかりのお声で御依頼がございました。正に「死の床」からのお言葉と悟り、私は身の震える思いで「ハイ」とお返事を申し上げました。たいへん遅くなりましたが、今回お約束を最終的に果たす運びとなりました。ここに心からの感謝とともに、御霊前に謹んで御報告申し上げます。

二〇〇四年春ようやく博士論文の審査を経て、学位授与式が行われる前日に、私は次の御三方様に製本した学位論文を持参いたしました。そのお一人は、晧三先生のご次男で淑先生のお孫様に当たる、当時は京都大学大学院医学研究科の先端領域融合医学研究機構長でいらした故上代淑人先生でした。同先生がかつて東京大学医科学研究所にご在任中の二五年も前から、御両親様の意を体してか、資料提供のみならず終始激励して下さり、論文の完成を喜んで下さっていたからです。もうお一方は、いわゆる「上代 淑の娘たち」の一人、故小林恒子様です。当時はご存命で、京都は北白川のバプテスト・ホームにお住まいでした。私が、淑先生に関して種々お尋ねするためのインタビューに伺う度に、淑先生のことを必ず「私の校長先生」と呼び慣わされ、心からの敬愛の情を露わになさっておられました。そのご生活ぶりも、淑先生その人と紛うほど洵に清廉な趣があり、ホーム入所の折には、私有物を殆ど処分されましたが、ただ私が淑先生に関して書いた一連の個別論文だけは、手許に置かれていました。更に私が博士論文をお届けに伺った三番目のお方は、先述の、甲南女子大学時代の恩師、故鰺坂二夫学長先生であります。私の大学教員としての就職のため幾度も推薦書を認めて下さり、その後も研究に関して絶えずお励まし頂きました。

これら御三方のみならず、上代万里江様をはじめ以下に御氏名を列挙させて頂く方々からも、それぞれ多大のお力添え・ご配慮・ご親切を賜りました。衷心より厚く御礼申し上げます。

山陽学園関係の資料収集に奔走していた際、多様な便宜・ご支援を頂きました山陽高等学校の故西川宏先生はじめ、元同校校長で上代 淑記念館館長でもいらした杉本 勝先生、その後を継がれた故近井弘昭先生、山陽学園の元同窓会長の故赤木美恵子様、中島智恵子様、矢部禮子様、同会の事務を担当なさった今田 恵様、山陽学園女子中学校・高等学校の図書館司書を勤めておられた戸田多恵様、松田八代子様、さらには遠く米国マウント・ホリヨーク大学のアーカイブ所属の図書館司書 E.D.Trehub 様 P.J.Albright 様等々、洵に枚挙に暇がないほど多くの方々の多岐にわたる御好意とご尽力のお蔭を蒙って、私は上代 淑の研究を続けることが出来たのです。

そして、最後になりましたが、特に御厚礼申し上げたい方がいらっしゃいます。上記の恩師、故鰺坂学長と同じく甲南女子大学教授の故藤原英夫先生のお計らいにより、大学院在学中より博士論文審査に至るまで長年ご指導下さいましたのは、京都大学名誉教授の岡田渥美先生です。そもそも「本の読み方」とはから始まり、様々なお教えを頂きましたが今にして沁みじみ思うのは、先生の学問に対する、あくまで厳しい態度・姿勢と熱い情熱、そして人間に対する誠実かつ深いお慈しみ――これらは、私にとって生涯忘れ難い尊いお訓えであり御恵となっております。ここに更めて、深甚の謝意と敬意を表し上げる次第です。

二〇一五年一月六日記

齊藤育子

初出一覧および関連論文等

（イ）初出一覧

序章

「〈クリスチャン＝教師〉上代淑の研究――解釈学的・教育学的接近」、神戸女子大学大学院文学研究科、博士学位論文、二〇〇四年三月。

第1章

「Mary Lyon の女性〈教育者〉（Educator）の理想像――Mount Holyoke Seminary の『創設趣意書（一八三七年五月）』を中心として」、『山梨英和短期大学紀要』第二三号（山梨英和学院創立一〇〇周年記念特集号）、一九八九年一二月。

第2章

「山陽高等女学校の上代淑（Ⅰ）――若き日の人間形成過程」、山梨英和短期大学『山梨英和短期大学紀要』第二一号、一九八八年一月。

「山陽高等女学校の上代淑（Ⅱ-a）――留学を支援した米国の人々とその〈隣人愛〉」、山梨英和短期大学『山梨英和短期大学紀要』第二四号、一九九〇年一二月。

「山陽高等女学校の上代淑（Ⅱ-b）――留学を支援した米国の人々とその〈隣人愛〉」、山梨英和短期大学『山梨英和短期大学紀要』第二五号、一九九一年一二月。

第3章

「〈祈り〉の人間形成的意味――上代淑の教育実践を通して――」、岡田渥美編著『人間形成論―教育学の再構築のために』所収、玉川大学出版部、一九九六年三月。

「山陽高等女学校の上代淑（Ⅲ）――〈同窓会〉活動の人間形成的意味を中心に」、西南女学院短期大学『西南女学院短期大学研究紀要』第四三号、一九九六年一二月。

「学校教育におけるクリスチャニティの涵養――上代淑の場合」、日本キリスト教教育学会『キリスト教教育論集』第五号、一九九七年五月。

第4章

「クリスチャン教師　上代淑の〈日めくり〉――その人間形成的意味」、日本キリスト教教育学会『キリスト教教育論集』第九号、二〇〇一年五月。

終章

「〈クリスチャン＝教師〉上代淑の研究――解釈学的・教育学的接近」、神戸女子大学大学院文学研究科、博士学位論文、二〇〇四年三月。

※いずれも本書への収録に際して、加筆・修正を行った。

（ロ）関連論文等

「こころ豊かに生きる――上代淑の場合」、西南女学院短期大学公開講座委員会『現代豊かさ考』所収、一九九五年二月。
〝Pass It On〟、山陽学園創立一一七周年記念講演録（二〇〇三年一〇月一七日）、山陽学園。
「理想の〈教師〉像を求めて――〝クリスチャン＝教師〟上代 淑を手がかりに」、日本キリスト教教育学会『キリスト教教育論集』第一八号、二〇一〇年三月
「〈〝静かさ〟の時・空間〉の人間形成的意義――現代教育へのアンチ・テーゼ」、西南女学院大学『西南女学院大学研究紀要』第一五号、二〇一一年三月。

人名・事項索引

は行

ま行

や行

ら行

わ行

著者紹介

齊藤育子（さいとう　いくこ）

1953年生まれ。

甲南女子大学大学院文学研究科教育学専攻博士後期課程単位取得退学。

神戸女子大学大学院文学研究科教育学専攻博士後期課程修了文学（教育学）博士。

現在　西南女学院大学短期大学部教授。学校法人西南女学院理事。日本キリスト教教育学会理事。学校法人山陽学園理事。日本キリスト教団小倉東篠崎教会現住陪餐会員。

祈りの教育者　上代《かじろ》 淑《よし》――示範《しはん》による人間陶冶《とうや》

2015年3月31日　第1版第1刷発行

著者　齊　藤　育　子

発行所　キリスト新聞社出版事業課

〒162-0814　東京都新宿区新小川町 9-1

和光市オフィス〒351-0114 埼玉県和光市本町 15-51 和光プラザ 2F

電話 048(424)2067

URL. http://www.kirishin.com

E-mail. support@kirishin.com

印刷所　モリモト印刷株式会社

ISBN978-4-87395-667-1　C0016（日キ版）

Printed in Japan